Biblioteca Mexicana
Director: ENRIQUE FLORESCANO

SERIE HISTORIA Y ANTROPOLOGÍA

La biodiversidad de México

LA BIODIVERSIDAD DE MÉXICO

*Inventarios, manejos, usos, informática,
conservación e importancia cultural*

Víctor M. Toledo
(coordinador)

FONDO DE CULTURA ECONÓMICA
CONSEJO NACIONAL PARA LA CULTURA
Y LAS ARTES

Primera edición, 2010

Toledo, Víctor M. (coord.)
 La biodiversidad de México. Inventarios, manejos, usos, informática, conservación e importancia cultural / coord. de Víctor M. Toledo. — México: FCE, Conaculta, 2010
 356 pp. : gráfs. maps. ; 13.5 × 21 cm — (Colec. Biblioteca Mexicana)
 ISBN

 1. Biodiversidad — México 2. Recursos Naturales — México 3. Ecología — México I. Ser. II. t.

LC QH541.15   Dewey 574.5 T818b

Distribución mundial

Diseño de portada: Laura Esponda

Coedición: CNCA / FCE
D. R. © 2009, Consejo Nacional para la Cultura y las Artes
Dirección de Publicaciones
Av. Reforma 175, 06500, México, D.F.

D. R. © 2009, Fondo de Cultura Económica
Carretera Picacho-Ajusco, 227; 14738 México, D.F.

Comentarios: editorial@fondodeculturaeconomica.com
www.fondodeculturaeconomica.com
Tel. (55)5227-4672 Fax (55)5227-4694

ISBN 978-607-455-531-8

Impreso en México • *Printed in Mexico*

Índice

Introducción

Han pasado más de dos décadas desde que apareciera, en 1988, la primera publicación científica sobre la diversidad biológica de México, y durante estos 20 años hemos sido testigos de un notable y afortunado crecimiento en el conocimiento sobre la riqueza biótica del país. En este lapso se ha multiplicado el número de investigadores e instituciones dedicados a estudiar este patrimonio estratégico: se han creado nuevos centros de investigación aplicada (como la Comisión Nacional para el Estudio y Uso de la Biodiversidad o Conabio), instituciones gubernamentales (como la Comisión Nacional de Áreas Naturales Protegidas) y financieras (como el Fondo Mexicano para la Conservación de la Naturaleza). De manera similar, se han publicado cientos de artículos de investigación y divulgación, así como una veintena de libros, además de materiales educativos y exposiciones.

Sin temor a pecar de exagerados, podemos asegurar que este desusado interés por el patrimonio biológico del país ha sido genuinamente apoyado y desarrollado por numerosos ciudadanos e instituciones, y es un ejemplo de cómo la conciencia y la voluntad de muchos se orquestan y ponen en práctica para alcanzar objetivos concretos. Los resultados más tangibles de estas iniciativas intelectuales, financieras y políticas son, sin duda, la consolidación de los inventarios biológicos nacionales, encabezados por las colecciones del Instituto de Biología de la Universidad Nacional Autónoma de México (UNAM), y la existencia de casi 20 millones de hectáreas del territorio declaradas como reservas o áreas protegidas; acciones que, sin embargo, no son más que la primera etapa de un largo proceso.

Con tales antecedentes, la aparición de un nuevo libro sobre *La biodiversidad de México* pudiera parecer ociosa o redundante.

9

Muy por el contrario, el volumen que el lector tiene en sus manos viene a cumplir dos tareas que no habían sido cubiertas por anteriores publicaciones. En primer lugar, no obstante la prolífica edición de obras sobre el tema, éstas han sido por lo común aportes especializados dirigidos a los investigadores o publicaciones dedicadas a actualizar los inventarios (como los recientes libros que se ocupan de la riqueza biótica de Chiapas, Oaxaca y Michoacán). La obra que hoy aparece intenta, por el contrario, poner al alcance de lectores no dedicados al tema, pero interesados en él (por ejemplo, profesores y estudiantes de educación media y superior), información pertinente y actual.

Asimismo, el compendio ofrece un panorama multidimensional del tema de la biodiversidad, al abordarlo desde muy diferentes ángulos y ya no sólo desde una perspectiva meramente biológica. Los 12 capítulos que conforman la obra atienden temas como la distribución de la riqueza biológica de México (por sus diferentes hábitats), los modos y técnicas para su cuantificación y cómputo, su relación con las culturas indígenas del país, su importancia para nuevas ramas de la ciencia —como la biotecnología—, o su uso y manejo en diferentes sistemas productivos (huertos, jardines de café, desiertos, milpas) y, por supuesto, su conservación. Para ello, veintidós conocidos autores de nueve instituciones, entre las que destacan la UNAM y la Conabio, ofrecen al lector una revisión que actualiza y pondera los innumerables valores de este patrimonio de México.

Como coordinador de la obra, no puedo sino dejar testimonio y mi más sincero agradecimiento a todos los autores participantes, al maestro en ciencias Pablo Alarcón-Cháires, cuyo esfuerzo como asistente editorial fue de nuevo puntual y eficiente, al doctor Enrique Florescano, quien fue entusiasta promotor del libro y animó siempre su desarrollo y terminación, y a la casa editora representada por el Fondo de Cultura Económica.

Víctor M. Toledo
Morelia, Michoacán, junio de 2006.

Bibliografía

Comisión Nacional para el Conocimiento y Uso de la Biodiversidad, Conabio (www.conabio.gob.mx)

Comisión Nacional de Áreas Naturales Protegidas, CONANP (www.conanp.gob.mx)

Fondo Mexicano para la Conservación de la Naturaleza, A. C., FMCN (www.fmcn.org)

García-Mendoza, A., M. J. Ordóñez y M. Briones-Salas (eds.), 2004, *Biodiversidad de Oaxaca*, Instituto de Biología de la UNAM, México, World Wildlife Fund, 605 pp.

González-Espinosa, M., N. Ramírez-Marcial y L. Ruiz-Montoya (eds.), 2005, *Diversidad biológica en Chiapas*, Colegio de la Frontera Sur, Plaza y Valdés, México, 483 pp.

Toledo, V. M., 1988, "La diversidad biológica de México", en *Ciencia y Desarrollo*, núm. 81, México, pp. 17-30.

Villaseñor-Gómez, L. (ed.), 2005, *La biodiversidad en Michoacán: estudio de estado*, Consejo Nacional para el Conocimiento y Uso de la Biodiversidad, Gobierno de Michoacán, Universidad Michoacana de San Nicolás de Hidalgo, México, 266 pp.

I. La diversidad biológica de México: ecosistemas, especies y genes

Leticia Durand y Lucila Neyra

Introducción

En 1859, Charles Darwin presentó su teoría de la evolución a partir de la selección natural, y como pocos postulados científicos, la idea desencadenó una revolución del pensamiento. Hasta entonces, a pesar de que la noción de evolución había sido trabajada por otros naturalistas, la carencia de evidencia contundente hacía predominar la visión de que el mundo pasado era igual al del presente y que de ese modo continuaría en el futuro. Los animales, las plantas, los paisajes habían sido, eran y seguirían siendo como los conocemos. Sin embargo, a partir de Darwin sabemos con certeza que en vez de habitar un mundo estático e inmutable, somos parte de una secuencia de cambios que se traducen en la esencia misma de la vida (Sarukhán, 1993).

Cada organismo vivo es una combinación única de características que pueden ser más o menos adecuadas a determinadas situaciones ambientales. Estas variaciones surgen de manera aleatoria y permiten que algunos individuos estén mejor equipados para enfrentar altas temperaturas, desplazarse con mayor velocidad, enfrentar a sus depredadores, alimentarse o conseguir parejas y reproducirse con éxito. Esta coincidencia entre las particularidades individuales y las exigencias ambientales es la base de la teoría darwiniana de evolución por selección natural. Aquellos individuos mejor habilitados sobrevivirán, heredando los rasgos ventajosos a su descendencia. Cuando las condiciones ambientales se modifican, la selección actúa como un filtro, permitiendo la reproducción de los individuos que portan el conjunto de características más viable para enfrentar la nueva situación, y de esta forma se originan las nuevas especies.

Se calcula que desde el origen de la vida, hace 3 400 millones de años, se han producido cerca de 100 millones de especies, de las cuales actualmente existen sólo entre 1 y 4% (Futuyma, 1987). Cada una de estas especies es resultado irrepetible de esta secuencia de ajustes y desajustes, de tal suerte que todo individuo representa una combinación única de caracteres. La variedad de formas de vida en la Tierra y sus interacciones representan tanto el desenlace como la continuidad del proceso evolutivo, su presencia es el atributo distintivo de nuestro planeta, y conforman lo que conocemos como diversidad biológica.

PRECISIONES EN TORNO A LA DIVERSIDAD BIOLÓGICA

Existe una cierta tendencia a equiparar los términos diversidad biológica o biodiversidad con el número o la riqueza de especies (Toledo, 1994), lo cual es una idea correcta pero incompleta. La diversidad de especies que existen en nuestro planeta, en una nación o una región determinada, es uno de los niveles de expresión de la variedad de formas de vida en la Tierra, pero es importante señalar que cuando hablamos de diversidad biológica no nos referimos tan sólo a la cantidad de especies que conocemos. ¿Por qué? Sencillamente porque encontramos variación o diversidad por encima y debajo del nivel de especies, esto es, entre los individuos que conforman una especie, y en la forma en que diferentes especies se congregan en el espacio.

Los individuos de una misma especie son distintos entre sí debido a que poseen conjuntos de genes particulares. El hecho de que cada ser humano tenga un rostro singular que podemos diferenciar y recordar es la expresión de esta diversidad individual en el interior de las especies. Aun en organismos que a primera vista nos parecen idénticos, existen rasgos individuales. La coloración y el patrón de manchas de la cola de las ballenas jorobadas es una característica que difiere en cada uno de los individuos, al igual que la resistencia a plagas en ciertas plantas o los niveles de productividad en variedades de maíz o trigo. En la actualidad la variación genética o individual puede determinarse directamente por medio de complicadas técnicas bioquímicas que permiten medir la frecuencia y distribución de diferentes genes en una población. Esta variación en el interior de las especies o entre sus individuos es lo que conocemos como diversidad genética.

Un hecho que por familiar no deja de ser importante es que las especies o sus poblaciones no viven solas, muy por el contrario comparten el espacio con muchas otras especies estableciendo intrincadas relaciones entre ellas y con el ambiente físico en el que habitan, dando lugar a los ecosistemas. Estos agregados tienen también características distintivas, como por ejemplo el número y tipo de especies que congregan, la altitud y clima en el que se desarrollan, la cantidad de materia orgánica que albergan o la forma en que responden a procesos de perturbación o alteración. Podemos distinguir entre ecosistemas diferentes como las selvas, los bosques, las praderas, desiertos y demás, y dentro de estos grandes grupos diferenciar subtipos según variaciones mucho más particulares. La diversidad de ecosistemas conforma el tercer nivel de expresión de la biodiversidad y se refiere justamente a las distinciones presentes en estos grandes conjuntos y subconjuntos de especies.

Como proceso, la vida es tenaz y con ese ímpetu ha logrado conquistar los lugares más recónditos del mundo, desde las pequeñas fisuras de un muro en el que vemos crecer musgos y pequeñas hierbas, hasta las montañas más altas y las profundidades del océano. Sin embargo, la diversidad biológica no se distribuye de igual manera en todo el planeta, hay regiones más ricas que otras, hay especies que encontramos en prácticamente todos los países y otras que se restringen a unas cuantas hectáreas. La distribución de la biodiversidad en el planeta sigue en general un patrón sen-

cillo y contundente: la riqueza biológica tiende a incrementarse hacia el ecuador (Toledo, 1988; scdb, 2001). Existen más especies por
unidad de área en las zonas tropicales que en las zonas templadas,
y éstas disminuyen aún más hacia los polos. Esta variación está
fuertemente relacionada con la disponibilidad de agua, la incidencia de luz y la temperatura, factores que incrementan la producción primaria a partir de la fotosíntesis que llega a sus máximos
niveles en zonas ecuatoriales. Al parecer, la mayor abundancia
de recursos permite la existencia de un número superior de especies (scdb, 2001). En consecuencia, los países más diversos en términos biológicos son aquellos localizados en la franja comprendi-
da entre el ecuador y los 20 grados de latitud norte y sur (trópicos
de Cáncer y Capricornio). Dependiendo de los puntos de vista de
diferentes autores y fuentes, entre 12 y 17 de estas naciones forman
parte del grupo de países conocidos como megadiversos o de megadiversidad biológica (Mittermeier y Goettsch, 1992; Mittermeier
y Mittermeier-Goettsch, 1997; Grupo de Países Megadiversos Afines,
2002, cuadro I.1). En general se considera que un país megadiverso
contiene al interior de sus fronteras por lo menos 10% (170 mil) de
las especies conocidas en el mundo y 2% de las especies endémicas
(5 mil especies de plantas, 480 de vertebrados), aunque existen
otras características importantes como la diversidad de ecosistemas terrestres y marinos, y la presencia de ecosistemas tropicales
húmedos (Mittermeier y Mittermeier-Goettsch, 1997; Sarukhán y
Dirzo, 2001). En conjunto, los países de megadiversidad biológica
albergan entre 60 y 75% de la biodiversidad total del planeta en
cerca de 35% de la superficie terrestre (Mittermeier y Goettsch,
1992; Mittermeier y Mittermeier-Goettsch, 1997; Grupo de Países
Megadiversos Afines, 2002). México es uno de estos países, y a continuación exploraremos las causas que hacen a nuestro territorio
un sitio privilegiado en diversidad biológica.

CUADRO 1.1 *Datos seleccionados para países considerados megadiversos*

País	Número de especies[3]					INB[4]	% de la superficie terrestre[5]	% de la población mundial[5]
	Mamíferos	Aves	Reptiles	Anfibios	Plantas con flor			
Australia[1]	252	751	748	205	15 000	0.853	5.11	0.31
Bolivia[2]	316	1 274	208	112	16 500	0.724	0.73	0.14
Brasil[1,2]	394	1 635	468	502	55 000	0.877	5.68	2.87
China[1,2]	394	1 244	340	263	30 000	0.839	6.26	20.80
Costa Rica[2]	205	850	214	162	11 000	0.820	0.03	0.06
Colombia[1,2]	359	1 695	584	585	50 000	0.935	0.70	0.66
Ecuador[1,2]	302	1 599	374	402	18 250	0.873	0.19	0.22
EUA[1]	428	768	280	233	16 302	0.677	6.15	4.55
Filipinas[1,2]	153	556	190	63	8 000	0.786	0.20	1.35
India[1,2]	316	1 219	389	197	15 000	0.732	2.00	16.69
Indonesia[1,2]	436	1 531	511	270	27 500	1.000	1.23	3.61
Kenia[2]	359	1 068	187	88	6 000	0.643	0.38	0.51
Madagascar[1]	105	253	252	144	9 000	0.813	0.39	0.25
Malasia[1,2]	286	736	268	158	15 000	0.809	0.22	0.36
México[1,2]	450	1 026	687	285	25 000	0.928	1.29	1.67
Papúa Nueva Guinea[1]	214	708	280	197	10 000	0.775	0.30	0.08
Perú[1,2]	344	1 678	298	315	17 121	0.843	0.86	0.45
República Democrática del Congo[1]	415	1 096	304[6]	208[6]	11 000	0.651	1.52	0.84
Sudáfrica[1,2]	247	790	299	95	23 000	0.714	0.82	0.72
Venezuela[1,2]	305	1 296	259	199	20 000	0.850	0.59	0.39

[1] Considerados megadiversos por Mittermeier-Goetsch, 1997; [2] Considerados megadiversos por el Grupo de Países Megadiversos Afines, 2002; [3] World Conservation Monitoring Centre, 1994; [4] Índice Nacional de Biodiversidad, calculado con base en la riqueza de especies y endemismos en cuatro clases de vertebrados terrestres y plantas; los valores varían en un intervalo de 1 (nivel máximo) a 0 (nivel mínimo), SCBD, 2001; [5] Diversas fuentes; [6] www.unep-wcmc.org.

La diversidad biológica en México

La gran diversidad biológica que encontramos en México es reflejo de la complejidad física de su territorio. Al contrario de muchos otros países cuyas características naturales son más o menos homogéneas a lo largo y ancho de su superficie, México es sumamente variado. Rusia, por ejemplo, es una nación cuya extensión territorial abarca más de 12% de toda la superficie terrestre del planeta; sin embargo, la variación climática en su territorio es reducida, predominando los climas árticos y subárticos. En la república mexicana, al contrario, encontramos prácticamente todos los grupos climáticos posibles en una área que comprende tan sólo 1.3% del total mundial. Esta amplitud climática tan acentuada se debe a varios factores, entre ellos a la ubicación del país, en medio de la frontera que separa los climas áridos y húmedos marcada por el trópico de cáncer, la reducción de la anchura del territorio cuya frontera sur representa tan sólo una fracción de su límite norte, y la enorme extensión del litoral que incrementa los niveles de humedad en el sur del país (Conabio, 1998).

A esta gran heterogeneidad climática se suma un relieve accidentado. Desde las zonas costeras del país, ubicadas a pocos metros sobre el nivel del mar, registramos hacia el interior un incremento de la elevación que llega a superar los 2 000 msnm en los puntos más altos de la Sierra Madre Oriental y Occidental. Sin embargo, los niveles de altitud van más allá de los 5 000 msnm en las cimas de montañas como el Pico de Orizaba, el Popocatépetl y el Iztaccíhuatl. De esta forma, en un planeta donde la elevación promedio de la superficie terrestre es de 800 msnm, la topografía mexicana se presenta como una de las más desiguales (scbd, 2001). En México, con un territorio de casi 2 000 000 km², las llanuras costeras dan paso a las grandes elevaciones de las cordilleras y sierras que se complementan con extensas planicies en el centro y sur del país (Challenger, 1998; Conabio, 1998; Delgadillo Macías y Orozco, 2001).

FIGURA 1.1 *Relieve terrestre (hipsometría) y marino (batimetría) del territorio nacional* (Conabio)

Altura

0-500
500-1000
1000-1500
1500-2000
2000-2500
2500-3000

Profundidad

3000-4000
200-500

El clima y las condiciones físicas del paisaje mexicano han dado lugar a la coexistencia de múltiples condiciones ambientales que generan una gran variedad de hábitats ocupados por miles de organismos diferentes (Flores y Gerez, 1996; Sarukhán *et al.*, 1996). Pero la historia de su flora y fauna son también factores de enorme importancia para explicar el esplendor de la biodiversidad mexicana. En Centro y Sudamérica dominan las especies de origen tropical, dada su mayor cercanía con el ecuador; mientras Norteamérica, con climas más fríos y estaciones bien marcadas, está poblada por una fauna y flora de origen boreal. México se ubica en una zona intermedia entre los extremos sur y norte del continente americano, por lo que encontramos una combinación de ambos tipos de especies. Las especies de afinidad boreal ocupan las zonas montañosas de climas fríos, mientras que aquellas de origen tropical se ubican en partes menos elevadas del país con climas secos o húmedos, constituyendo una mezcla muy rica y llena de particularidades en todos los niveles posibles (Toledo, 1988; Flores y Gerez, 1994).

ECOSISTEMAS

Durante mucho tiempo, las investigaciones en ecología consideraban a los organismos como la parte fundamental de los paisajes naturales, pero poco a poco fue quedando claro que la distribución de las especies y la forma en que se combinan en el espacio tienen mucho que ver con variables no biológicas, como el clima, la altitud, la humedad y el tipo de suelo. El concepto de ecosistema, acuñado en 1935 por Transley, parte de este tipo de reflexiones y se concibe como una unidad integral a las comunidades bióticas y su ambiente físico. A partir de entonces, el ecosistema es considerado como la entidad fundamental de la organización de la biosfera, y al mismo tiempo como condición para la existencia y mantenimiento de los procesos biológicos (Mass y Martínez Yrízar, 1990).

Evaluar la diversidad de ecosistemas de un país no es tarea fácil, ya que implica generar una descripción del medio natural tanto en sus componentes bióticos como abióticos. Un primer acercamiento es el estudio de los tipos de vegetación, o la composición de especies de la cubierta vegetal, ya que ésta resume el comportamiento de muchas de las variables implicadas en un ecosistema (Conabio, 1998). Se sabe, por ejemplo, que el tamaño de las hojas en las plantas varía de acuerdo con los gradientes de luz y humedad, y también que la dominancia de ciertas formas de crecimiento, ya sean árboles, lianas, arbustos o hierbas, son reflejo de las características físicas del ambiente (*v. g.* disponibilidad de agua, luz, temperatura y humedad) (Krebs, 1985). Al enfocar, entonces, nuestra atención hacia los tipos de vegetación, logramos identificar la forma en que variables físicas, químicas y biológicas se entretejen para dar lugar a ecosistemas diferentes.

La clasificación más utilizada para los tipos de vegetación en México fue elaborada por J. Rzedowski (1978), quien identifica grupos principales de acuerdo con particularidades fisiográficas, climáticas, edafológicas y fisonómicas. Según este esquema son diez los tipos generales de vegetación, divididos en bosques, matorrales, pastizales y vegetación acuática (fig. I.2). Conforme a las estimaciones sobre la extensión original de cada uno de estos tipos, la mayor parte del territorio estuvo cubierto por matorral xerófilo (38%), bosques de coníferas-encinos (19%) y bosque tropical caducifolio (14%) (Conabio, 1998). Sin embargo, estas superficies se han visto alteradas debido a una gran variedad de procesos que han modificado la cobertura original como la urbanización, la agricultura, la ganadería, la explotación forestal y reiterados incendios. El inventario forestal más reciente (Palacio Prieto, 2000; Velásquez, 2001) documenta que todos los tipos de vegetación, con excepción de los pastizales, se han reducido en extensión. Hoy en día los matorrales, los bosques y las selvas cubren en conjunto más de 60% de la superficie del país; sin embargo, cerca de 17% se considera como vegetación secundaria o perturbada, con una preponderancia de especies no dominantes en los ecosistemas originales (Velásquez, 2001).

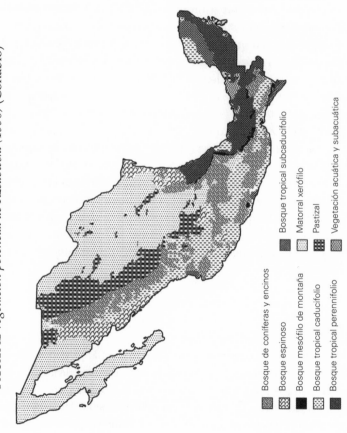

FIGURA 1.2 *Vegetación potencial de Rzedowski (1990)* (Conabio)

Bosque de coníferas y encinos

Bosque espinoso

Bosque mesófilo de montaña

Bosque tropical caducifolio

Bosque tropical perennifolio

Bosque tropical subcaducifolio

Matorral xerófilo

Pastizal

Vegetación acuática y subacuática

Una clasificación de los ecosistemas terrestres que incorpora una mayor complejidad fue realizada para América Latina y el Caribe en 1995, por la World Wildlife Found y una serie de especialistas en el tema (Dinerstein, 1995). Integrando variables como la flora y fauna, las condiciones ambientales, las interacciones ecológicas y los métodos de conservación, entre otras, se detectaron un total de cinco ecosistemas: a) bosques tropicales de hoja ancha, b) bosques de coníferas y bosques templados de hoja ancha, c) pastizales, sabanas y matorrales, d) formaciones xéricas y e) manglares. Estos tipos generales se dividen en 11 hábitats y éstos, a su vez, en 191 ecorregiones para toda el área de estudio. En este escenario, México aparece como el país de mayor diversidad ecológica de América Latina y el Caribe, seguido por Brasil y Colombia, al contener todos los tipos de ecosistemas, 9 (82%) de los 11 tipos de hábitats y 51 (26.7%) de las ecorregiones identificadas (fig. I.3). Casi un tercio de las ecorregiones mexicanas son consideradas como prioritarias para la conservación de la biodiversidad en todo el continente y cerca de 20 categorizadas como máxima prioridad. Como veremos en las siguientes secciones, la sorprendente diversidad de ecosistemas en México se desdobla en una diversidad igualmente rica de especies y genes.

Especies

Aun cuando las especies son tan sólo un semblante de la biodiversidad, su número es hasta el momento uno de los mejores indicadores para evaluar la riqueza biológica. Los taxónomos han discutido mucho sobre la forma de concebir lo que es una especie, y a pesar de que la polémica continúa, existe un cierto consenso en su definición. Las dificultades se encuentran con mayor frecuencia entre organismos de reproducción asexual —como los virus, bacterias, protozoarios y algunas plantas—, donde el aislamiento reproductivo que caracteriza a la especie es difícil de acotar. En otros casos también es complicado diferenciar si poblaciones geográfi-

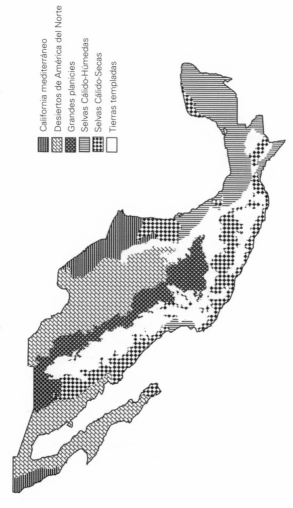

FIGURA I.3 *Ecorregiones de México* (cca/Conabio/wwf, 1997)

California mediterráneo
Desiertos de América del Norte
Grandes planicies
Selvas Cálido-Húmedas
Selvas Cálido-Secas
Tierras templadas

camente separadas pertenecen a una misma especie o no. Sin embargo, a pesar de las salvedades, las especies continúan siendo la unidad más utilizada en los recuentos de biodiversidad, principalmente debido a que reflejan de forma observable y discreta la diversidad de la naturaleza (World Conservation Monitoring Centre, 1994; scbd, 2001).

Estimar el número exacto de especies que pueblan el planeta es sumamente complejo debido, entre otras cosas, al enorme capital humano y económico que implica esta tarea, y a la existencia de una multiplicidad de organismos poco evidentes como las bacterias e insectos, que habitan lugares poco explorados. Las copas de los árboles tropicales son un ejemplo de hábitats desconocidos, y su estudio ha revelado cifras sorprendentes: en las selvas de Panamá un solo árbol puede albergar más de mil especies de insectos, lo que equivale a 40 mil especies por hectárea (Morell, 1999; Odegaard, 2000). Según los últimos inventarios, hoy en día conocemos 1.7 millones de especies, la mayor parte de ellas, insectos (cuadro I.2). Sin embargo, cálculos recientes indican que el número total de especies que existen en la Tierra ronda los 14 millones, aunque para algunos esta cifra podría ascender hasta 100 millones (Morell, 1999; scbd, 2001). Basándonos en la estimación más conservadora, resulta que apenas conocemos alrededor de 10% del total de los organismos que comparten el planeta con nosotros.

La forma más sencilla de medir la diversidad de especies de un área es contar el número de estas que se presentan dentro de ese espacio, medida que se conoce como "diversidad gamma". Pero, aun cuando los ecosistemas sean semejantes, las especies que los conforman varían notablemente en su número y abundancia, por lo que sólo sabremos qué tan rico es un ecosistema cuando lo comparamos con otro similar. Este tipo de estimación se conoce como "diversidad alfa", y básicamente coteja la riqueza de determinados grupos de especies como mamíferos, mariposas u otro cualquiera en ecosistemas semejantes con ubicación distinta; por ejemplo, las selvas tropicales del sureste de México y las del Amazonas. Otra forma de analizar la riqueza de especies es contrastar la diversi-

CUADRO 1.2 *Cifras máximas de especies estimadas y descritas para el mundo y para México*

Grupo		Mundo[1]	México[2]		% del total mundial
			Estimado	Descrito	
Bacterias		4 000	s/d	s/d	s/d
Protozoarios		30 800	s/d	1 014	3.30
Algas		26 900	s/d	2 702	10.04
Hongos		46 983	120 000	6 000	12.77
	Cnidarios	9 000	s/d	152	1.70
	Esponjas	5 000	s/d	107[6]	s/d
	Platelmintos	12 200	s/d	594[3]	4.87
	Nemátodos	12 000	s/d	217[3]	1.81
Invertebrados	Anélidos (Oligoquetos y Poliquetos)	12 000	2 729[5]	1 393[5]	11.61
	Moluscos	50 000	s/d	5 000	10
	Equinodermos	6 100	s/d	503	8.25
	Arácnidos	35 000	s/d	2 625	7.50

Cuadro i.2 (*continuación*)

Grupo		Mundo[1]	México[2]		
			Estimado	Descrito	% del total mundial
	Insectos	751 000	36 255	19 011	2.53
	Crustáceos	38 000	2 480	2 010	5.29
	Peces	19 056	s/d	2 122	11.14
	Anfibios	4 184	s/d	290	6.93
Vertebrados	Reptiles	6 300	s/d	704	11.17
	Aves	9 040	s/d	1 054	11.66
	Mamíferos	4 000	s/d	522[4]	13.05
Plantas	No vasculares	28 428	<14 400	2 000	7.04
	Vasculares	220 000	>21 600	19 000	8.64

[1] scdb, 2001; www.wri.org; www.bwf.org; [2] Conabio, 1998; el número estimado se refiere al número probable establecido por los expertos en cada grupo y el número de especies descritas se refiere al número de especies registradas o que se conocen; ambos datos tomados de bibliografía publicada; [3] Toledo y Ordóñez, 1998; [4] Ceballos *et al.*, 2002; [5] Fragoso, 2001; [6] Gómez y Bakus, 1992; Gómez, 1998; Sarà *et al.*, 2001; Gómez, 2002 y Gómez *et al.*, 2002.

dad entre hábitats diferentes, observando los cambios en el tipo y número de especies a medida que pasamos de un ecosistema a otro. Esta dimensión es llamada "diversidad beta" y nos informa sobre la heterogeneidad de hábitats contiguos. Mientras menos especies compartan ecosistemas colindantes, más distintos serán entre sí y más diversa resultará la región en su conjunto (Sarukhán *et al.*, 1996).

México es especialmente rico en diversidad gamma, y debido a esto es considerado como un país de megadiversidad, ocupando los primeros lugares en las listas de riqueza de especies (cuadro I.1). En nuestro país se han registrado y clasificado científicamente un total de 64 878 especies, pero se estima que el número final superará las 200 mil (Conabio, 1998). Como país megadiverso, se presume que México alberga entre 10 y 12% de la diversidad terrestre conocida del planeta (Mittermeier y Goettsch, 1992; Toledo, 1994), (cuadro I.2.) En lo que respecta a las plantas, nuestro territorio engloba 48% de las especies de pinos del planeta, 42% de cactáceas (cactus, biznagas, nopales) y 75% de las agaváceas (agaves, magueyes). En animales la situación es similar: 32% de las especies de mamíferos marinos, y 10% de las aves y reptiles forman parte de los paisajes mexicanos (Conabio, 1998).

Además de contar con un impresionante número de especies, nuestro país se caracteriza por tener una gran cantidad de especies que se distribuyen exclusivamente dentro de los límites de nuestra nación, es decir, que no se encuentran en ningún otro sitio del planeta. Estas especies se conocen como endémicas. México es el país del mundo con mayor porcentaje de especies endémicas de vertebrados terrestres, y entre 20 y 30% de su flora la constituyen especies de este tipo (Toledo, 1988). Más de la mitad de las especies registradas en México para algunos grupos como pinos, agaváceas, nolináceas, araneidos, anfibios y reptiles son únicas de nuestro país (cuadro I.3). Esto produce que México sea el tercer país del mundo con el mayor índice Nacional de Biodiversidad (cuadro I.1).

Un ejemplo destacado de especies endémicas mexicanas es *Lacandonia schismatica*, una planta descrita a finales de la década de

CUADRO 1.3 *Grupos de organismos que sobresalen por su porcentaje de endemismo en México*

	Grupo		Total de especies[1]	Especies endémicas[1]	%
Animales	Invertebrados	Artrópodos	Arácnidos	Araneidos	2 506	1 759	70
			Insectos	Coleópteros	7 988	>2 087	26
			Peces	Peces de agua dulce	506	163	32
	Vertebrados		Anfibios		290	174	60
			Reptiles		704	368	52
			Mamíferos		522[2]	157[2]	30
Plantas	Vasculares		Gimnospermas	Pinos	48	21	44
				Agaváceas	217	146	67
			Angiospermas	Nolináceas	49	32	65
				Cactáceas	900	715	79

[1] Conabio, 1998; [2] Ceballos *et al.*, 2002.

1980, cuyo descubrimiento alteró profundamente los fundamentos de la botánica. Hasta ese momento se creía que en todas las plantas con flores los órganos reproductivos se organizaban de forma semejante: los pistilos siempre rodeando al ovario; *Lacandonia* es la primera y única especie conocida en la que esta estructura se encuentra invertida, planteando preguntas por demás interesantes acerca de la evolución y especiación de las plantas vasculares (Martínez y Ramos, 1989). Otra especie significativa es la llamada vaquita marina (*Phocoena sinus*), un pequeño cetáceo que se encuentra en el mar del Golfo de California, que figura como el único mamífero marino endémico del mundo.

En cuanto a su diversidad alfa, los ecosistemas de México no son particularmente ricos en comparación con otras comunidades similares en el mundo (Sarukhán *et al.*, 1996). Sin embargo, esto contrasta con una gran diversidad beta, o como explicamos, una alta tasa de recambio de especies a lo largo de un gradiente de ambientes. Analizando, por ejemplo, la riqueza de especies de mamíferos en los diferentes estados de la república, resulta que éstos comparten pocas especies en común, reflejando una gran heterogeneidad ambiental y explicando por qué tenemos más especies de las esperadas en relación con la superficie del país (Sarukhán *et al.*, 1996; Arita, 1993). Del mismo modo, esta amplia diversidad beta nos aclara por qué, a pesar de ser un país con una extensión que equivale a 17% del territorio de Brasil y a 20% de China, México posee un mayor número de especies de vertebrados que la nación oriental y sólo 636 especies (25%) menos que la brasileña (WCMC, 1994). A pesar de ser muy amplios en su extensión, Brasil está dominado por ecosistemas tropicales, y China por templados y subtropicales, lo que reduce la variación ambiental y contribuye a generar una riqueza semejante en extensiones disímiles.

Así como la biodiversidad no se distribuye igualmente en todo el planeta, al interior de la república mexicana encontramos también variaciones. En términos generales, en las áreas húmedas del sur de país se detectan los niveles máximos de riqueza de especies vegetales, mientras que en las zonas secas del norte, están los centros de mayor endemismo (Toledo, 1988). Los estados de Oaxaca, Chiapas, Veracruz y Guerrero concentran los listados florísticos más amplios de la nación, con entre ocho mil y nueve mil especies cada uno. Esto se explica por la presencia de importantes áreas de selva alta perennifolia, el ecosistema más diverso del mundo, en regiones como la Lacandona (Chiapas), Chimalapas-Uxpanapa (Oaxaca), Los Tuxtlas (Veracruz), y de selva caducifolia en el caso de Guerrero (cuenca del Balsas), (Toledo, 1988; Flores y Gerez, 1994). Los endemismos, al contrario, son mucho más frecuentes en las porciones desérticas y semidesérticas de México. Las floras con mayor incidencia de especies endémicas se registran en el valle de Cuicatlán-Tehuacán (Oaxaca, Puebla) con 30% de endemismos, el desierto de Chihuahua con 28% y la península de Baja California con 23% (Toledo, 1988). Para el caso de los animales, particularmente peces y vertebrados terrestres, el patrón es un poco distinto. Aun cuando Oaxaca y Veracruz se presentan como los estados de mayor riqueza de especies, las regiones del Eje Neovolcánico, la Sierra Madre del Sur y algunas islas del Golfo de California resguardan una parte importante de los vertebrados endémicos del país (Toledo, 1988; Conabio, 1998).

Genes

Los genes son fragmentos de ADN (ácido desoxirribonucléico) que albergan toda la información sobre los rasgos de un organismo y constituyen, por lo tanto, la unidad funcional de la herencia de los seres vivos. La diversidad genética se refiere a la variación en la composición de ADN en un mismo tipo de gen, y se produce cuando los cromosomas no son duplicados con absoluta precisión (mutación) o a partir de la combinación de genes que provienen de diferentes individuos durante la reproducción sexual. La diversidad genética es el sustrato sobre el cual actúa la selección natural y de ella depende la capacidad de los organismos para adaptarse y cambiar. Altos niveles de diversidad genética permiten a las especies ser flexibles frente a los cambios ambientales, mientras que poblaciones con una diversidad reducida responden con dificultad a tales cambios, incrementándose el riesgo de extinción.

La variabilidad genética de especies silvestres en México es poco conocida. Una revisión de los estudios sobre diversidad genética realizado en 1998 (Conabio, 1998), reveló información existente en el país para 21 especies de bacterias, plantas y aves. De éstas, cuatro muestran una gran variabilidad comparada con especies similares, destacando la bacteria *Rhizobium leguminosarum* con la más alta variación reportada para bacterias en el mundo. Algunos árboles de las selvas altas de Veracruz, como el guarumbo (*Cecropia obtusifolia*) y el chocho (*Astrocarium mexicanum*), que es una palma, presentan también una elevada variación con respecto a otras especies tropicales. Sin embargo, en otros casos, especies como *Datura stramonium* (toloache) y *Lacandonia schismatica* tienen una variabilidad nula, lo cual significa que prácticamente todos sus individuos están compuestos por genes idénticos.

Un indicador del potencial genético de las especies mexicanas es la gran cantidad de organismos que han sido domesticados en el país. La domesticación de plantas y animales implica la producción de nuevas variedades e, incluso, especies al entrecruzar y combinar características de individuos diferentes, lo que en sentido estricto corresponde a la creación humana de biodiversidad. Para poder generar una nueva variedad de alguna planta o animal es necesario contar con un acervo de rasgos distintos que podamos seleccionar y mezclar; es decir, es una labor que depende de la disponibilidad de variabilidad genética. De hecho, una gran cantidad de las plantas más importantes para la alimentación mundial como el maíz, la papa, el arroz y el trigo se han domesticado en sitios que actualmente son considerados como de megadiversidad biológica: la región de Los Andes en América del sur, el centro-sur de México, el centro-sur de Asia y el noreste del continente africano.

México ha aportado al mundo más de 118 especies de plantas domésticas para ser usadas como alimentos, textiles, colorantes, ornamentos y más (Challenger, 1998). Entre éstas, algunas como el tomate, la vainilla, el maíz, el frijol y el cacao son tan importantes que es difícil imaginar nuestra sociedad actual sin ellas. Al comparar estos datos con cifras mundiales, en las que se estima que de 250 mil plantas con flor alrededor de 200 han sido domesticadas para fines alimenticios, la aportación de México se observa como fundamental (wcmc, 1994).

CONSIDERACIONES FINALES

Como hemos visto, México es un país muy afortunado en términos de biodiversidad. Esta enorme riqueza puede traducirse en un amplio potencial de uso de los recursos biológicos para fomentar el desarrollo económico y social de nuestra sociedad bajo el principio de la sustentabilidad. No obstante, además de sus ventajas prácticas, ostentar niveles tan altos de diversidad biológica implica también serias responsabilidades. Desafortunadamente los niveles de deterioro de los espacios naturales en México son tan impresionantes como su propia biodiversidad. La fao (2001) señala que, entre 1990 y 2000, la cobertura forestal de México se redujo anualmente en 1%, cifra bastante elevada si consideramos que la tasa global estimada para el periodo fue de 0.2%. Esta pérdida corresponde a una superficie que rebasa los 6 000 km², es decir, anualmente perdemos un área de bosques superior a la extensión del estado de Tlaxcala o, incluso, a la de pequeños países como Luxemburgo o Trinidad y Tobago. En lo que se refiere a especies, en México se han registrado 5.2% de las extinciones del mundo en los últimos 400 años y los listados oficiales (nom-059-ecol-2001) reconocen la existencia de al menos 2 583 especies bajo algún grado de riesgo (dof, 2002; Conabio, 1998), es decir, casi 4% del total de especies registradas en el país. El deterioro de los ecosistemas y las especies redunda en la disminución de la diversidad genética, que puede ejemplificarse con el caso del maíz: de los cientos de variedades cultivadas en México en las primeras décadas del siglo xx, se presume que sólo 20% existe en la actualidad (scbd, 2001).

Esta situación refleja, sin duda, un uso inadecuado de la biodiversidad, lo que se explica por la carencia del componente ambiental en el modelo de desarrollo que ponderó, durante muchos años, el crecimiento urbano e industrial e ignoró la existencia de un entorno ecológico diversificado y complejo en las políticas económicas, agropecuarias, forestales y pesqueras. Actualmente instituciones gubernamentales, académicas y civiles despliegan esfuerzos tanto para incrementar nuestro conocimiento de la diversidad biológica, como para encontrar nuevas formas de uso que permitan conciliar la conservación y el desarrollo. Sin embargo, la amenaza es aún creciente y no debemos detenernos. Es imposible no estar orgullosos por el patrimonio natural de México, pero en estos momentos este sentimiento puede ser inútil si no se cristaliza en el sólido compromiso de toda la sociedad por salvaguardar el valor de nuestra biodiversidad. Éste es el reto.

Bibliografía

Arita, H., 1993, "Riqueza de especies de la mastofauna de México", en R. Medellín y G. Cevallos (eds.), *Avances en el estudio de los mamíferos de México*, Asociación Mexicana de Mastozoología, A. C., México, pp. 109-128.

Ceballos, G., J. Arroyo-Cabrales y R. A. Medellín, 2002, "Mamíferos de México" en G. Ceballos y J. A. Simonetti (eds.), *Diversidad y conservación de los mamíferos neotropicales*, Conabio-unam, México, pp. 377-413.

Comisión Nacional para el Conocimiento y Uso de la Biodiversidad (Conabio), 1998, *La diversidad biológica de México: estudio de país*, Conabio, México.

Challenger, A., 1998, "Ambiente físico y zonas ecológicas de México", en A. Challenger (ed.), *Utilización y conservación de los ecosistemas terrestres de México. Pasado, presente y futuro*, Conabio, México, pp. 269-293.

Delgadillo Macías y Orozco, E., 2001, "El territorio nacional y sus recursos naturales. Indicadores Básicos", en J. Delgadillo Macías (coord.), *Los terrenos de la política ambiental en México*, Instituto de Investigaciones Económicas, UNAM, Miguel Ángel Porrúa, México, pp. 9-58.

Dinerstein, E., D. Olson, D. Graham, A. Webster, S. Primm, M. Bookbinder y G. Ledec, 1995, *Una evaluación del estado de conservación de las eco-regiones terrestres de América Latina y el Caribe*, Banco Mundial-Fondo Mundial para la Naturaleza, Washington.

DOF, 2002, Norma Oficial Mexicana, NOM-059-ECOL-2001, "Protección ambiental-Especies nativas de México de flora y fauna silvestres-Categorías de riesgo y especificaciones para su inclusión, exclusión o cambio-Lista de especies en riesgo", en *Diario Oficial de la Federación*, 6 de marzo de 2002.

FAO, 2001, *La situación de los bosques del mundo*, FAO, Roma.

Flores, O. y P. Gerez, 1994, *Biodiversidad y conservación en México: vertebrados, vegetación y uso de suelo*, UNAM, Conabio, México.

Fragoso, C., 2001, "Las lombrices de Tierra de México (*Annellida, Oligochaeta*): diversidad, ecología y manejo", en *Acta Zoológica Mexicana*, número especial 1, pp. 131-171.

Futuyma, D., 1987, *Evolutionary Biology*, Facultad de Ciencias-UNAM, México.

Gómez, P. y G. J. Bakus, 1992, "*Aplysina Gerardogreeni* and *Aplysina Aztecus* (*Porifera: Demospongiae*) New Species from the Mexican Pacific", en *Anales del Instituto de Ciencias del Mar y Limnología*, 19(2), UNAM, México, pp. 175-180.

Gómez, P., 1998, "First Record and New Species of *Gastrophanella* (*Porifera: Demospongiae: Lithistida*) from the Central East Pacific", en *Proceedings of the Biological Society of Washington*, 111(4), pp. 774-780.

_____, 2002, *Esponjas marinas del Golfo de México y el Caribe*, AGT Editor, México, 134 pp.

_____, J. L. Carballo, L. E. Vázquez y J. A. Cruz, 2002, "New Records for the Sponge Fauna (*Porifera: Demospongiae*) of the Pacific

Coast of México (Eastern Pacific Ocean)", en *Proceedings of the Biological Society of Washington*, 115(1), pp. 223-237.

Grupo de Países Megadiversos Afines, 2002, *Declaración de Cancún de Países Megadiversos Afines*, Cancún, México.

Krebs, J. C., 1985, *Ecología. Estudio de la distribución y la abundancia*, Harla, México.

Martínez, E. y Ramos, C. H., 1989, "*Lacandoniaceae* (*Triuridales*): una nueva familia de México", *Annales of the Missouri Botanical Garden*, 76, pp. 128-135.

Mass, J. M. y A. Martínez Yrízar, 1990, "Los ecosistemas: definición, origen e importancia del concepto", en *Ciencias*, número especial 4, pp. 10-21.

Maynard Smith, J., 1984, *La teoría de la evolución*, Hermman Blume, Madrid.

Mittermeier, R. A. y C. Goettsch, 1992, "La importancia de la diversidad biológica de México", en J. Sarukhán y R. Dirzo (comps.), *México ante los retos de la biodiversidad*, Conabio, México.

————— (eds.), 1997, *Megadiversidad. Los países biológicamente más ricos del mundo*, Cemex, México.

Morell, V., 1999, "La variedad de la vida", en *National Geographic*, 4(2), pp. 6-87.

Odegaard, F., 2000, "How Many Species of Arthropods? Erwin's Estimate Revised", en *Biological Journal of the Linnean Society*, 71, pp. 583-507.

Palacio Prieto, J. L., G. Bocco, A. Velásquez, J. F. Mas, F. Takaki Takaki, A. Victoria, L. Luna González, G. Gómez Rodríguez, J. López García, M. Palma Muñoz, I. Trejo Vázquez, A. Peralta Higuera, J. Prado Molina, A. Rodríguez Aguilar, R. Mayorga Saucedo y F. González Medrano, 2000, "La condición actual de los recursos forestales en México: Resultados del Inventario Nacional 2000", en *Boletín del Instituto de Geografía-UNAM*, 43, pp. 183-203.

Rzedowski, J., 1986, *Vegetación de México*, Limusa, México.

—————, 1990, "Vegetación potencial IV. 8.2", en *Atlas Nacional de México*, vol. II, Instituto de Geografía-UNAM, México.

Sarà, M., P. Gómez y A. Sara, 2001, "East Pacific Mexican *Tethya* (*Porifera: Demospongiae*) with Descriptions of Five New Species", en *Proceedings of the Biological Society of Washington*, 114(3), pp. 794-821.

Sarukhán, J., 1993, *Las musas de Darwin*, FCE, México.

_____, J. Soberón y S. Larson Guerra, 1996, "Biological Conservation in a High Beta-Diversity Country", en F. di Castri y T. Younes (eds.), *Biodiversity, Science and Development. Towards a New Partnership*, CAB International-IUBS, París, pp. 246-264.

_____ y R. Dirzo, 2001, "Biodiversity-Rich Countries", *Encyclopedia of Biodiversity*, vol. 1, Academic Press, EUA, pp. 419-436.

SCDB [Secretariat of the Convention on Biological Diversity], 2001, *Global Biodiversity Outlook 2001*, Secretariat of the Convention on Biological Diversity, Canada.

Toledo, V. M., 1988, "La diversidad biológica de México", en *Ciencia y Desarrollo*, 81, pp. 17-30.

_____, 1994, "La diversidad biológica de México. Nuevos retos para la investigación en los noventa", en *Ciencias*, 43, pp. 43-59.

_____ y M. J., Ordóñez, 1998, "El panorama de la biodiversidad en México: una revisión de los hábitats terrestres", en T. P. Ramamoorthy, R. Bye, A. Lot y J. Fa (comps.), *Diversidad biológica de México. Orígenes y distribución*, Instituto de Biología-UNAM, México, pp. 739-757.

Velásquez, A., J. F. Mas, R. Mayorga Saucedo, J. L. Palacio, G. Bocco, G. Gómez Rodríguez, L. Luna González, I. Trejo, J. López García, M. Palma, A. Peralta, J. Prado Molina y F. González Medrano, 2001, "El Inventario Forestal Nacional 2000", en *Ciencias*, 64, pp. 13-19.

WCMC [World Conservation Monitoring Centre], 1994, *Biodiversity Data Source Book*, World Conservation Press, Cambridge.

II. La biodiversidad en los ecosistemas acuáticos

Verónica Aguilar

Introducción

Los ecosistemas de aguas continentales y su diversidad biológica se encuentran cada vez más amenazados por las actividades humanas en todo el mundo. El deterioro de la calidad del agua y la reducción del volumen de aguas superficiales y subterráneas disponibles demuestran que las aguas interiores no son recursos inagotables. El bienestar social y económico de un país depende, en gran medida, de la capacidad que tienen los ecosistemas acuáticos de brindar sus servicios ambientales, de ahí la importancia que tiene mantener su integridad mediante un uso racional y sustentable.

En México, los sistemas acuáticos continentales tienen una gran importancia desde el punto de vista ecológico. La ubicación y la accidentada topografía del país favorecen el desarrollo de una gran variedad de cuerpos de agua, así como una biota diversificada y rica en especies nativas. La biodiversidad de los ecosistemas acuáticos representa una parte importante del patrimonio nacional.

Recursos hídricos

En México existen cerca de 320 cuencas hidrológicas (García, 1982; Sedesol, 1993), las cuales representan un volumen medio anual de agua de 410 km³. Con base en el volumen conducido, se distinguen 37 cuencas principales (Toledo *et al.*, 1989), de las cuales 12 drenan al Golfo de México y el mar Caribe, 19 al océano Pacífico y Mar de

Cortés, y 6 son endorreicas. Existen también, cuatro vastas zonas carentes de drenaje superficial: el Bolsón de Mapimí, El Salado y las penínsulas de Baja California y Yucatán, las cuales presentan una escasa precipitación pluvial y suelos con baja capacidad de retención de agua.

Entre los ambientes lóticos (ríos y arroyos) destacan los ríos Colorado, Yaqui, Fuerte, Culiacán, Lerma-Santiago, Verde, Balsas, Papagayo, Ometepec, Tehuantepec y Suchiate, en la vertiente del Pacífico; en la vertiente del Golfo, los ríos Bravo, Pánuco, Tuxpan, Papaloapan, Coatzacoalcos, Grijalva y Usumacinta y, en las cuencas interiores, los ríos Nazas, Santa María, Casas Grandes y del Carmen (fig. II.1).

Con respecto a los ambientes lénticos (lagos, lagunas, presas, pantanos, marismas y zonas inundables), se estima que en el país existen cerca de 70 lagos, cuyas extensiones varían entre 1 000 ha y más de 10 000 ha, los cuales cubren en conjunto un área de 370 891 ha. Existen además 14 mil reservorios, de los cuales 83.5% tienen una superficie menor a 10 ha. La disparidad entre los lagos y los reservorios es muy significativa, ya que los embalses mayores de 10 000 ha cubren 66% de la superficie inundada (Lanza y García, 2002). El lago de Chapala en Jalisco es el más extenso de los lagos mexicanos, seguido en orden de importancia por los de Cuitzeo y Pátzcuaro (Michoacán), Catazajá (Chiapas), del Corte (Campeche), Bavícora y Bustillos (Chihuahua), y Catemaco (Veracruz), entre otros (Alcocer y Escobar, 1996).

Con el transcurso de los años, la superficie cubierta por los cuerpos de agua se está transformando de natural a preponderantemente artificial, debido a los grandes embalses, construidos para abastecer extensas zonas de riego y proyectos hidroeléctricos. Entre las presas más importantes se incluyen La Amistad, Falcón, Vicente Guerrero, Álvaro Obregón, Infiernillo, Cerro de Oro, Temascal, Caracol, Requena y Venustiano Carranza. Chiapas, con tan sólo tres grandes embalses (Chicoasén, La Angostura y Malpaso) es la entidad federativa con mayor capacidad de almacenamiento de agua (28% del total nacional). A Jalisco corresponde el mayor

FIGURA II.1 *Hidrología y porcentaje del flujo superficial por vertiente* (Maderey y Torres Ruata, 1990)

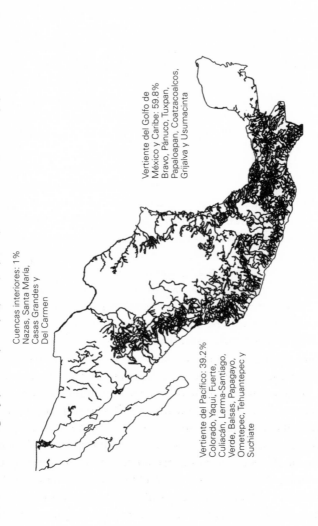

Cuencas interiores: 1%
Nazas, Santa María,
Casas Grandes y
Del Carmen

Vertiente del Golfo de
México y Caribe: 59.8%
Bravo, Pánuco, Tuxpan,
Papaloapan, Coatzacoalcos,
Grijalva y Usumacinta

Vertiente del Pacífico: 39.2%
Colorado, Yaqui, Fuerte,
Culiacán, Lerma-Santiago,
Verde, Balsas, Papagayo,
Ometepec, Tehuantepec y
Suchiate

número de presas, las cuales almacenan 14% del volumen total nacional.

Según datos de la Comisión Nacional del Agua (Conagua, 1998), las zonas inundables (terrenos adyacentes y casi al mismo nivel que el cauce de un río, que es potencialmente inundable cuando el caudal excede la capacidad del cauce) presentan el área más extensa: 34.7% del total de los cuerpos de agua y humedales del país. Le siguen en importancia las marismas (21.3%), lagunas (17.3%), lagos (10.1%), presas (7.0%), pantanos (6.7%) y esteros (2.9%) (fig. II.2.)

Disponibilidad de agua

La precipitación media anual en el país es de 1 570 km^3 (777 mm). Se estima que, si el escurrimiento superficial es de 410 km^3 y la recarga subterránea de 40 km^3, la diferencia (1 120 km^3) se pierde por evapotranspiración (fig. II.3). Esto significa que la atmósfera, ya sea en forma de nubes o humedad ambiental, transporta la mayoría del agua evaporada, que equivale a más del doble de la que escurre a través de todos los ríos del país (Conagua, 2001).

La gran diversidad fisiográfica y climática de México conlleva a una distribución heterogénea de los recursos acuáticos (Alcocer et al., 1993; Sedesol, 1993; INEGI, 1995). Según la Conagua (2001), la mayor parte del territorio mexicano es árida (31%) y semiárida (36%), y tan sólo una tercera parte es húmeda y subhúmeda (33%). La fuente principal de abastecimiento de agua en México es la lluvia y las áreas más densamente pobladas corresponden con la disponibilidad de los recursos dulceacuícolas. Por lo anterior, más de las tres cuartas partes de los recursos hídricos están alejados de las comunidades con mayor densidad de población y actividades económicas. Esto origina un desequilibrio entre la oferta y la demanda de los recursos (López-Portillo, 1982), y conduce a la sobreexplotación de los acuíferos y a transferencia de agua entre cuencas.

El mayor volumen de los recursos hídricos en México se encuentra en los ríos (68.2%), siguiéndole en importancia las presas

FIGURA II.2 *Inventario de cuerpos de agua y humedales de México* (Conagua, 1998)

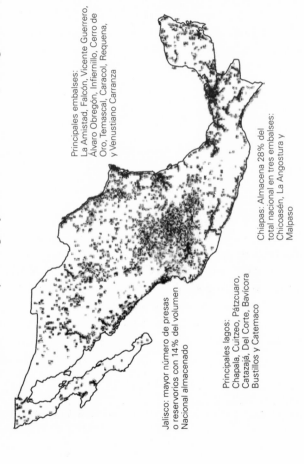

Principales embalses:
La Amistad, Falcón, Vicente Guerrero, Álvaro Obregón, Infiernillo, Cerro de Oro, Temascal, Caracol, Requena, y Venustiano Carranza

Chiapas: Almacena 28% del total nacional en tres embalses: Chicoasén, La Angostura y Malpaso

Jalisco: mayor número de presas o reservorios con 14% del volumen Nacional almacenado

Principales lagos:
Chapala, Cuitzeo, Pátzcuaro, Catazajá, Del Corte, Bavícora Bustillos y Catemaco

Figura ii.3 *Balance hídrico anual promedio* (Conagua, 2001)

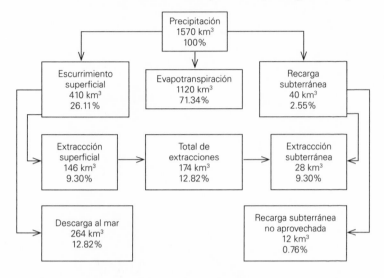

(17.8%), los acuíferos (11.7%) y finalmente, los lagos y las lagunas (2.3%), (cuadro II.1.)

Las cuencas que drenan al Golfo de México y al mar Caribe conducen casi 60% del flujo superficial de agua; al océano Pacífico se drena el 39% y las cuencas endorreicas transportan sólo 1% restante (fig. II.4). De esta forma, 3% del volumen total fluye en el norte del país, mientras que 50% lo hace a través de los ríos del

Cuadro ii.1 *Distribución del volumen de agua dulce* (Sedue, 1988)

Distribución	Volumen de agua (km³)
Ríos	410
Presas	107
Aguas subterráneas	70
Lagos y lagunas	14
Total	601

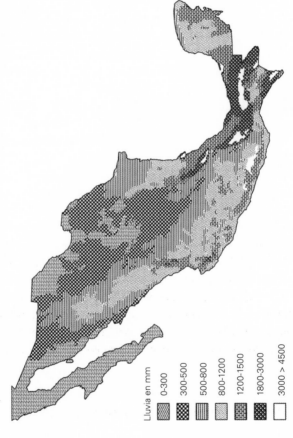

FIGURA II.4 *Precipitación anual promedio (mm)*. (García, E. y Conabio, 1998)

Lluvia en mm

0-300
300-500
500-800
800-1200
1200-1500
1800-3000
3000 > 4500

sureste (García, 1982). Por otra parte, del volumen medio anual de agua que escurre superficialmente (410 km³), una tercera parte lo aportan sólo ocho ríos: Bravo, Pánuco, Coatzacoalcos, Papaloapan, Grijalva, Usumacinta, Lerma-Santiago y Balsas.

La disparidad del agua no sólo es latitudinal sino también temporal. Noventa por ciento del agua pluvial se descarga durante la temporada de lluvias (mayo a octubre), lo que se traduce en una carencia de agua pluvial durante los seis meses restantes. Es evidente la ineficaz distribución altitudinal del vital líquido, ya que 80% del agua continental está localizada por debajo de la cota de los 500 m y tan sólo 5% por arriba de la cota de los 2 000 m (fig. II.5). Cabe destacar que 76% de la población y dos terceras partes de la industria y las tierras agrícolas y pecuarias se ubican en el Altiplano Mexicano. Esta distribución heterogénea latitudinal, altitudinal y temporal hace muy difícil el desarrollo de programas de manejo y uso adecuado del agua, así como para la preservación de su calidad y volumen (Athié, 1987).

Existen 840 reservorios clasificados como grandes presas con una capacidad conjunta de almacenamiento de 150 km³ (Conagua, 2001). Los reservorios se han considerado como la principal herramienta usada en el manejo de los recursos acuáticos. Sin embargo, la construcción y operación de éstos conlleva problemas con costos ambientales y sociales muy altos, alteración de los patrones de flujo y morfología de la cuenca, modificación del uso de suelo, problemas de reubicación de poblaciones, y pérdida de tierras bajas productivas y de vida silvestre (Brooks *et al.*, 1997).

FIGURA II.5 *Distribución altitudinal del agua* (Athié, 1987)

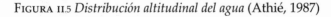
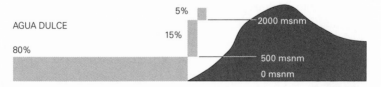

Calidad del agua

Para evaluar la disponibilidad del agua en el país, no es suficiente determinar la cantidad de agua derivada de las diferentes fases del ciclo hidrológico. Deben conocerse además sus características físicoquímicas y bacteriológicas, con el fin de usarla adecuadamente como agua potable y en las diversas actividades productivas y recreativas (Athié, 1987; INEGI, 1995).

Las aguas superficiales de 535 cuerpos receptores monitoreados presentan calidad satisfactoria en 27%, poco contaminados en 49% y contaminados o altamente contaminados en 24% (Conagua, 2001). Al considerarse la combinación de agentes naturales y antropogénicos, los cuerpos de agua de la zona norte presentan una situación crítica debido al elevado grado de desecación y contaminación, asociado a la disponibilidad escasa, producto de un clima árido. En el centro, el estado crítico es producto principalmente de la fuerte contaminación y del grado de desecación, que en los últimos años se ha venido incrementando considerablemente. El sur es la mejor zona, en cuanto a cantidad y calidad del recurso acuático, producto en gran medida de la abundancia de agua disponible y del factor de dilución involucrado. Una excepción es la península de Yucatán, donde la disponibilidad es reducida a pesar de su clima tropical. Esto se debe principalmente a su naturaleza geológica, la cual impide la retención del agua provocando la ausencia de corrientes superficiales y la dependencia sobre los acuíferos. Los problemas de contaminación en dicha península son de carácter local y están asociados a los núcleos de desarrollo urbano, turístico y rural (Alcocer *et al.*, 1998; Marín y Perry, 1995; Pacheco y Cabrera, 1997).

El grado de contaminación de un cuerpo de agua se evalúa mediante el Índice de Calidad del Agua (ICA), que se obtiene a partir de un promedio ponderado de los índices de calidad individuales de 18 parámetros (Conagua, 2001). En el país existe la Red Nacional de Monitoreo de Calidad del Agua (RNMCA), que cuenta con 403 estaciones permanentes, de las cuales 215 se ubican en cuerpos de agua interiores, 45 en zonas costeras y 143 en acuíferos, además de 244 estaciones semifijas o móviles.

DIVERSIDAD DE ECOSISTEMAS

Las aguas continentales incluyen una rica variedad de ecosistemas, muchos de los cuales están física y biológicamente conectados o articulados por el flujo del agua y el movimiento de las especies. Estos ecosistemas no pueden sobrevivir sin un aporte de agua, materia y energía. Por lo tanto, los atributos fisicoquímicos y ecológicos de un cuerpo de agua derivan principalmente del medio natural que los rodea, de los asentamientos humanos y de las actividades que se llevan a cabo dentro de la cuenca.

Ríos

Los sistemas fluviales incluyen ríos y arroyos, permanentes y temporales, que albergan una gran diversidad de especies de peces, crustáceos, moluscos e insectos, muchos de los cuales sustentan faunas exclusivas. Mantener la integridad de estas comunidades requiere de un manejo especial y, en algunos casos, de protección contra la desecación, canalización, contaminación, deforestación, construcción de caminos, uso recreacional intensivo y otros tipos de explotación. Su escasa protección ha provocado que estén muy degradados por su uso.

Lagos

Los sistemas lacustres incluyen una gran variedad de lagos permanentes y temporales con diferentes orígenes. Entre estos ecosistemas destacan, por su biodiversidad y por el alto número de endemismos conocidos, los lagos de origen tectónico-volcánico situados a lo largo del Eje Neovolcánico, como Chapala, Pátzcuaro y Cuitzeo, los lagos cráter de la Cuenca Oriental y el lago de Catemaco.

Humedales

Los humedales son ecosistemas complejos, dinámicos y altamente productivos que incluyen pantanos, marismas, y ciénegas. Proveen de hábitat, alimento, refugio, y áreas de crianza y reproducción a un elevado número de especies de peces, aves, anfibios, reptiles, mamíferos e invertebrados. Son reconocidos por su alto nivel de endemismos, en particular de peces e invertebrados, por su fauna altamente especializada y por ser refugio de una gran diversidad de especies de aves migratorias. Los humedales tienen también un papel ecológico muy importante en el control de la erosión, la sedimentación y las inundaciones, el abastecimiento y la depuración del agua, y en el mantenimiento de pesquerías. En la actualidad estos sistemas se han perdido considerablemente debido al drenado y relleno de sus áreas para diferentes usos (Arriaga *et al.*, 2000).

México, como país miembro de la Convención sobre Humedales Ramsar, da atención principalmente a seis humedales, los cuales cubren alrededor de un millón de hectáreas: Ría Lagartos, Cuatro Ciénegas, Reserva de la Biosfera La Encrucijada, Marismas Nacionales, Pantanos de Centla y delta del Río Colorado.

Cenotes

La península de Yucatán tiene características geohidrológicas diferentes a otras regiones del país. Los suelos están constituidos por calizas y dolomitas de alta permeabilidad, así como de yesos y anhidritas altamente solubles, los cuales presentan fallas, fracturas y cavidades de disolución, que dan lugar a una compleja red de corrientes subterráneas interconectadas. Estas corrientes subterráneas ocasionalmente disuelven las calizas superficiales, las cuales al desplomarse forman depósitos de agua conocidos regionalmente como cenotes.

Muchos de los organismos que viven en los cenotes son endémicos. Esto se debe a su limitado aislamiento, su historia geológica y sus características geográficas. Los cenotes y cuevas situados cerca de las costa tienen aguas salobres y marinas, que fluctúan con las mareas, mientras que, en los que se localizan hacia el interior, el agua es predominantemente dulce.

Oasis

Los oasis son refugios de interés biológico localizados en áreas muy secas, a los que se considera relictos de hábitats de importancia biogeográfica y evolutiva. Funcionan además como sitios de escala para aves migratorias, donde se alimentan, reproducen, descansan, y se protegen de sus depredadores. Entre los oasis más conocidos se destacan San Ignacio, Santiago, La Purísima, Mulegé, San José del Cabo y Boca de la Sierra, todos ubicados en la península de Baja California.

DIVERSIDAD BIOLÓGICA

No existe un inventario integrado y completo de las especies que viven en los sistemas acuáticos de México. Por ello nos limitaremos a ofrecer datos provenientes de diferentes estudios.

A escala nacional, la riqueza de peces asciende a cerca de 384 especies. Las familias de peces con mayor número de especies endémicas son *Petromyzontidae, Clupeidae, Cyprinidae, Cichliae, Cyprinodontidae, Goodeidae, Atherinidae* y *Poeciliidae* (Espinosa *et al.*, 1998 y Miller, 1986). En el cuadro II.2 se enlista el número de especies y el porcentaje de peces endémicos para las principales cuencas de México.

CUADRO II.2 *Número total de especies y porcentaje de peces endémicos para diferentes cuencas* (Miller, 1986)

Cuenca	Especies	% de endemismos
Lerma-Santiago	57	58
Pánuco	75	30
Balsas	20	35
Papaloapan	47	21
Coatzacoalcos	53	13
Conchos	34	21
Tunal	13	62

Con respecto a los anfibios y reptiles, Flores Villela (1998) señala una riqueza de 285 especies de anfibios y 41 de reptiles, pertenecientes principalmente a los *Testudines* y *Crocodylia*. Las familias de anfibios con mayor endemismo son: *Hylidae, Plethodontidae, Leptodactylidae* y *Ambystomatidae*. En el cuadro II.3 se muestran el número de anfibios y el porcentaje de endemismos para diferentes regiones naturales.

La avifauna de ambientes acuáticos registra un total de 361 especies, que habitan lagos, charcas, ríos, arroyos, pantanos y manglares (Escalante *et al.*, 1998). La cifra representa 35% del total de especies de aves registradas para el país. La diversidad de la flora acuática corresponde a 763 especies e incluye helechos, gimnosperma y angiosperma, así como especies adaptadas al hábitat acuático (Lot y Ramírez García, 1998). Destaca además la existencia de un sinnúmero de invertebrados y microorganismos, los cuales

CUADRO II.3 *Porcentaje de anfibios endémicos para diferentes regiones naturales* (Flores Villela, 1998)

Regiones naturales	Especies	% de endemismos
Tierras altas tropicales del centro	123	80
Tierras bajas tropicales del Pacífico	29	48
Golfo de México	20	65

usan los cuerpos de agua temporal o permanentemente y de los que no hay estudios suficientes sobre su diversidad biológica.

En particular, para Chapala se tienen identificadas 39 especies de peces, de las cuales 19 son endémicas y cuatro introducidas (snib-Conabio, 1999; Miller, 1986). Existen también dos especies de moluscos bivalvos endémicos (*Anodonta chapalensis* y *A. astarte*) y dos especies de cangrejos. El lago de Chapala representa también un área de descanso y alimentación para una gran cantidad de aves migratorias, entre las que se encuentran diferentes especies de patos y la gaviota del Atlántico.

Por su parte, el lago de Catemaco, situado en la región de Los Tuxtlas en Veracruz, es notable por su alto grado de endemismo. Con respecto al bentos destacan los gusanos oligoquetos de los géneros *Lumbriculus* y *Tubifex*, seguidos por los moluscos, el tegogolo *Pomacea patula catemacensis*, el hidróbido *Amnicola guatemalensis*, los caracoles pulmonados *Lymnaea attenuata* y *Aplexa* (*Stenophysa*) *spiculata*, dos almejas de agua dulce de la familia *Unionidae* y los acociles (crustáceos) *Procambarus vazquezae* y *P. acanthophorus*, el primero endémico. Varias especies de cangrejos habitan en el lago y sus alrededores. De las 12 especies de peces nativas, al menos nueve son endémicas (Miller y Van Conner, 1997). Los reptiles acuáticos están representados por dos especies de tortuga (*Kinosternon leucostomum* y *Staurotypus triporcatus*) y una de cocodrilo (*Crocodylus moreleti*), (Morales y Vogt, 1997; Casas Andreu, 1997).

Las lagunas de Cuatro Ciénegas en Coahuila, se caracterizan por una gran diversidad de especies. De acuerdo con Alcocer y Kato (1995), de las 12 especies de crustáceos, seis son endémicas y existen 13 especies de moluscos (nueve endémicas), 16 especies de peces, la mayoría endémicas y en peligro de extinción (Minckley, 1984; Contreras Balderas, 1990). Se ha registrado un total de 70 especies de anfibios y reptiles, de las cuales ocho son endémicas (McCoy, 1984), y 61 especies de aves acuáticas. La flora está representada por 49 taxones, 23 de ellos endémicos (Pinkava, 1981).

Los cenotes de la península de Yucatán albergan una gran variedad de organismos, desde microorganismos hasta vertebrados. Entre ellos, se pueden mencionar las bacterias, hongos, algas y protozoarios, en los primeros niveles tróficos, y a invertebrados como rotíferos (50% de total de rotíferos mexicanos descritos), cladóceros (28% del total nacional) y copépodos (45% del total en el país). La ictiofauna está caracterizada por un gran número de especies endémicas de peces, algunas de las cuales presentan poblaciones relativamente diferenciadas que han sido propuestas como subespecies. Cabe mencionar que muchas de estas especies están considerados como vulnerables o en peligro de extinción. En los cenotes también habita el cocodrilo (*Crocodylus moreleti*), la iguana (*Ctenosaura similis*), seis especies de tortugas (*Chrysemys scripta, Dermatemys mawii, Knosternon creaseri, K. leucostomum, K. scorpiodes, Rhinoclemys areolata*) y anfibios (*Leptodactylus labialis* y *Bufo marinus*), (Schmitter Soto *et al.*, 2002.)

Los oasis de la península de Baja California, a pesar de ser ambientes altamente modificados, albergan una gran cantidad de especies nativas e introducidas, exclusivas de estos sitios. En este tipo de hábitat se han registrado 238 especies de plantas correspondientes tanto a la vegetación del humedal como a la vegetación del matorral xerófilo circundante (Arriaga *et al.*, 1997). De los anfibios y reptiles se identificaron 32 especies, nueve de ellas endémicas y 10 adaptadas a ambientes acuáticos (Álvarez *et al.*, 1997b). De las aves se han registrado 94 especies, de las cuales 40% corresponden a aves migratorias de invierno (Rodríguez Estrella *et al.*, 1997). Finalmente, el número de especies de mamíferos registradas en los oasis es de 29, la mayoría perteneciente a la fauna mastozoológica de Baja California (Álvarez *et al.*, 1997a).

Servicios ambientales

El valor de los ecosistemas acuáticos y de las aguas continentales como un recurso para las poblaciones humanas (alimento, agua y energía) está generalmente bien entendido. Sin embargo, el valor de las funciones y los servicios ambientales que ellos proveen frecuentemente no está reconocido y es tan obvio que paradójicamente no se percibe con claridad; ya que sólo se aprecia cuando se pierde. La biodiversidad acuática no puede ser manejada en forma sustentable de manera aislada sin tomar en cuenta estos servicios ambientales, sus funciones y sus relaciones con los componentes de la biodiversidad. Los principales de estos servicios se mencionan en el cuadro II.4.

La preservación y funcionamiento de los ecosistemas acuáticos continentales, dependen de la cantidad y calidad del agua y del mantenimiento de la diversidad de especies. En este sentido, conservar la biodiversidad es importante para que un ecosistema pueda mantener sus habilidades regenerativas —estabilidad, resistencia, resilencia— ante agentes o interferencias externas, así como su capacidad para desarrollarse de forma natural sin ser afectado

Cuadro II.4 *Principales servicios ambientales*
de los ecosistemas acuáticos

Abastecimiento de agua
Continuidad de procesos evolutivos
Control biológico de plagas
Control de erosión y formación de suelo
Control de inundaciones
Depuradores de agua
Generación de energía eléctrica
Obtención de compuestos para productos farmacéuticos y naturistas
Producción de alimentos
Recarga de acuíferos
Reciclamiento de nutrientes
Reciclamiento de materiales de desecho
Recreación
Refugio y hábitat de especies residentes y migratorias
Regulador del clima local y global
Transporte

---

por las actividades humanas. Debido a esto, los esfuerzos de conservación deben enfocarse, no sólo a las especies, sino a los procesos ecológicos y evolutivos que ocurren en la matriz de la comunidad y de los ecosistemas.

Usos de los ecosistemas acuáticos

En el país existen marcadas diferencias regionales debidas a las condiciones geográficas y a las características sociales y económicas que prevalecen. Estas condiciones determinan diferencias en el valor que el agua adquiere en cada una de las regiones. Por lo tanto, el problema nacional del agua reviste matices diferentes, y su solución debe planificarse atendiendo a estas peculiaridades (Arriaga *et al.*, 2000).

Para el año 2000, la extracción total de agua para los principales usos consuntivos y de generación de energía eléctrica (clasificada como no consuntiva) fue de 72 km^3 y 143 km^3, respectivamente. Este volumen representa 15% de la disponibilidad natural media nacional, que, según la clasificación de la onu, se considera como sujeto a presión moderada. Sin embargo, en las zonas del centro, norte y noroeste, este indicador alcanza 44%, lo que convierte al recurso en un elemento sujeto a alta presión y limitante del desarrollo (Conagua, 2001), (fig. II.6.)

Las actividades agrícolas usan 78% del agua disponible. De la superficie bajo riego, 3.4 millones de hectáreas corresponden a 82 distritos de riego, y 2.9 millones a unidades de pequeño y mediano riego. Esta superficie representa 33% de la destinada a la agricultura del país y genera más de la mitad de la producción agrícola nacional.

De acuerdo con el xii Censo General de Población y Vivienda 2000, 95.3 millones de habitantes contaban con vivienda propia; de éstos, 88% tenía servicio de agua potable, y 76%, de alcantarillado. La situación es más grave en el medio rural, donde las coberturas de agua potable y alcantarillado eran de 68 y 37%, res-

FIGURA II.6 *Usos consuntivos del agua* (Conagua, 2001)

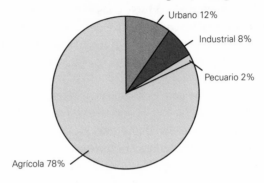

Urbano 12%

Industrial 8%

Pecuario 2%

Agrícola 78%

pectivamente (Conagua, 2001). Como consecuencia de la sobreexplotación y contaminación de los recursos hídricos y de la expansión demográfica, la demanda de agua para uso urbano es cada vez más difícil de satisfacer.

La actividad industrial en el país se concentra en sitios donde el agua es escasa, esto con el fin de aprovechar las economías de escala, la abundancia de mano de obra y otras ventajas comparativas, lo que ha resultado en sobreexplotación de acuíferos, contaminación de ecosistemas, altos costos para hacer disponible el agua y conflictos por el uso y explotación del recurso (Sánchez *et al.*, 1989).

El volumen de agua usada en la industria es de 6 km³ al año, del cual se descargan cerca de 5.36 km³ al año como aguas residuales. Es decir, más de 6 millones de toneladas al año de carga orgánica expresada como "demanda bioquímica de oxígeno" (DBO), de las cuales son tratadas sólo 15%. Entre las actividades más contaminantes destacan la industria azucarera, la química, la petrolera, la metalúrgica y la del papel y celulosa (Conagua, 2001).

No existen datos cuantificables sobre la demanda de agua para la acuicultura. Sin embargo, se sabe que su manejo ha sido ineficiente y con grandes costos ambientales. Por otra parte, el potencial acuícola se ha reducido debido a la contaminación y desecación de los cuerpos de agua, por lo que resulta necesario realizar estudios de ordenamiento ecológico y pesquero que permitan determinar la compatibilidad entre las actividades económica y las condiciones ambientales locales.

Existen más de 850 sitios asociados a cuerpos de agua, los cuales podrían destinarse al establecimiento de sitios recreativos. Algunos ríos y estuarios son aprovechados, también, por embarcaciones de pequeño calado para el transporte de productos comerciales y turísticos. En ambos casos, la sustentabilidad de estas actividades requiere del establecimiento de los aportes mínimos necesarios para mantener estos cuerpos de agua activos para el turismo y la navegación.

AMENAZAS

La mayoría de los mecanismos que producen la pérdida de la diversidad biológica está ligada directamente con las actividades antropogénicas, y se encuentra relacionada con los cambios en los parámetros bióticos y abióticos, los cuales inciden sobre el tamaño, densidad, composición, tasa de crecimiento y estructura genética de las poblaciones, así como en la capacidad de carga del ecosistema. Estos mecanismos son la conversión del uso de suelo de hábitats naturales a campos agrícolas y ganaderos, granjas camaronícolas y desarrollos urbanos; la pérdida, cambios en la calidad y fragmentación del hábitat; la erosión y la sedimentación; la sobreexplotación de los recursos naturales e hídricos; la introducción de especies exóticas invasoras, las prácticas ilegales y los fenómenos naturales.

Según la Norma Oficial Mexicana NOM-059-ECOL-1994, que determina las especies y subespecies de flora y fauna silvestres en peligro de extinción, amenazadas, raras y las sujetas a protección especial, existen 394 vertebrados (169 peces, 197 anfibios y 28 reptiles) correspondientes a ambientes acuáticos y subacuáticos categorizados con algún estatus de conservación.

A nivel internacional, México es miembro de la Convención sobre el Comercio Internacional de Especies Amenazadas de Fauna y Flora Silvestres (CITES) la cual se encarga de proteger a las especies silvestres de la explotación desmedida, impedir el comercio internacional de aquellas que estén en peligro de extinción, y reglamentar y vigilar el comercio de otras que pueden llegar a estarlo. México sólo tiene 18 especies acuáticas registradas, por lo que resulta evidente la necesidad de revisar el estatus de estos grupos e incluir aquellas especies en peligro de extinción.

EXTINCIONES

Los ecosistemas acuáticos, como se mencionó anteriormente, son particularmente vulnerables a la pérdida de hábitat (degradación, cambios en la calidad y fragmentación), así como a la sobreexplotación e introducción de especies exóticas. Un hecho alarmante es que, aunque los seres humanos siempre han hecho uso de los sistemas acuáticos y sus especies, en los últimos años el desarrollo económico y el crecimiento poblacional han generado transformaciones en estos ecosistemas a una escala sin precedente. Es importante resaltar que las mayores tasas de extinción provienen principalmente de lagos y ríos, y que la extinción de una especie a menudo conduce a la extinción de otras (WCMC, 1992).

En el caso de México, se han reportado 16 especies de peces extintas, de las cuales 14 eran endémicas. Otras 126 especies están dentro de las categorías de especies raras, amenazadas o en peligro de extinción (Arriaga *et al.*, 2000). Otro caso de extinciones rápidas se dio en el estado de Nuevo León, a consecuencia del secamiento de cinco manantiales por el abatimiento creciente de mantos freáticos utilizados para fines agrícolas. Entre las especies extintas se pueden citar: *Cyprinodon longidorsalis*, descubierta en 1984 y extinta en 1994; *Cyprinodon inmemoriam*, descubierta en 1984 y extinta en 1986; *Cyprinodon ceciliae*, descubierta en 1988 y extinta en 1990; *Megupsilon aporus* y *Cyprinodon alvarezi* descubiertos entre 1948 y 1961 y casi extintos en 1994. En 1984, el tamaño de las poblaciones de *Cyprinodon veronicae* y los caracoles *Valvata beltrani* y

Valvata sp. eran de 10 mil a 12 mil individuos cada una; 20 años después los caracoles fueron descubiertos como conchas secas y por lo tanto extintos, y sólo sobrevivía el pez cachorrito *C. veronicae*. Resulta obvio que, el futuro de esta especie a corto plazo será también la extinción (Contreras-Balderas y Lozano-Vilano, 1996).

Manejo y conservación

Para enfrentar la problemática que padece México en relación con el aprovechamiento sustentable del agua y los ecosistemas acuáticos existen algunos programas gubernamentales enfocados a su manejo y conservación.

Sin embargo, la sustentabilidad de los ecosistemas sólo será posible si se aborda desde la perspectiva intersectorial, mediante la instrumentación de políticas coordinadas e integrales y un enfoque de manejo integrado por cuenca, así como el fortalecimiento de las capacidades locales de gestión y una mayor eficiencia administrativa del gobierno en su conjunto. En este sentido, resulta evidente la necesidad de valorar económicamente, no sólo los recursos naturales, sino también las afectaciones al ambiente. Es necesario que se reconozca con claridad el valor de los servicios ambientales, ya que sólo así será posible generar la normativa que permita una distribución más justa del costo ambiental que representan las diferentes actividades económicas.

Bibliografía

Alcocer, J., M. Chávez y E. Escobar, 1993, "La Limnología en México. Historia y perspectiva futura de las investigaciones limnológicas", en *Ciencias*, 44, pp. 441-453.

———— y E. Escobar, 1996, "Limnological Regionalization of Mexico", en *Lakes & Reservoirs: Research and Management*, 2, pp. 55-69.

58   VERÓNICA AGUILAR

Alcocer, J. y E. Kato, 1995, "Cuerpos acuáticos de Cuatro Ciénegas, Coahuila", en G. de la Lanza y J. L. García C. (comps.), *Lagos y presas de México*, Centro de Ecología y Desarrollo, México, pp. 177-193.

_____, A. Lugo, L. E. Marín y E. Escobar, 1998, "Hydrochemistry of Waters from Five Cenotes and Evaluation of their Suitability for Drinking-Water Supplies, Northeastern Yucatan, Mexico", en *Hydrogeology Journal*, 6(2), pp. 293-301.

Arriaga, L., S. Díaz, R. Domínguez y J. L. León, 1997, "Composición florística y vegetación", en L. Arriaga y R. Rodríguez-Estrella (eds.), *Los oasis de la Península de Baja California*, Centro de Investigaciones Biológicas del Noroeste, La Paz, México, pp. 69-106.

_____, V. Aguilar y J. Alcocer, 2000, *Aguas continentales y diversidad biológica de México*, Conabio, México.

Athié, M., 1987, *Calidad y cantidad del agua en México*, Universo Ventiuno, México, p. 152.

Brooks, K. N., P. F. Folliot, H. M. Gregersen y L. F. DeBano, 1997, *Hydrology and Management of Watersheds*, 2a. ed., Iowa State University Press, Ames, p. 502.

Casas Andreu, G., 1997, "*Crocodylus moreleti* (lagarto)", en E. González Soriano, R. Dirzo y R. C. Vagt (comps.), *Historia natural de Los Tuxtlas*, UNAM-Conabio, México, pp. 481-483.

Conagua (Comisión Nacional del Agua), 1998, *Inventario de cuerpos de agua y humedales de México, escala 1:250 000*, Subgerencia de Saneamiento y Calidad del Agua, México.

Conanp (Comisión Nacional de Áreas Naturales Protegidas), 2001, *Resumen ejecutivo del Programa de Trabajo 2001-2006*, México.

Contreras Balderas, S., 1990, "Importancia, biota endémica y perspectivas actuales en el valle de Cuatro Ciénegas, Coahuila, México", en J. L.Camarillo y F. Rivera (comps.), *Áreas naturales protegidas en México y especies en extinción*, Proyecto Conservación y Mejoramiento del Ambiente y Unidad de Investigación ICSE-ENEP-Iztacala-UNAM, pp. 15-23.

_____ y M. L. Lozano Vilano, 1996, "Extinction of Most Sandia and Potosí Valleys (Nuevo León, México) Endemic Pupfishes, Crayfishes and Snails", en *Ichthyology Explorations of Freshwaters*, (7)1, pp. 33-40.

Escalante, P., A. G. Navarro y A. Townsend, 1998, en T. P. Ramamoor-thy, R. Bye, A. Lot y J. Fa (comps.), *Diversidad biológica de México: orígenes y distribución*, Instituto de Biología-UNAM, pp. 279-305.

Espinosa Pérez, H., P. Fuentes Mata, M. T. Gaspar Dillanes y V. Arenas, 1998, "Notas acerca de la ictiofauna mexicana", en T. P. Ramamoor-thy, R. Bye, A. Lot y J. Fa (comps.), *Diversidad biológica de México: orígenes y distribución*, Instituto de Biología, UNAM, pp. 227-249.

Flores Villela, O., 1998, "Herpetofauna de México: distribución y en-demismo", en T. P. Ramamoorthy, R. Bye, A. Lot y J. Fa (comps.), *Diversidad biológica de México: orígenes y distribución*, Instituto de Biología-UNAM, pp. 251-278.

García, M. A., 1982, "Los recursos hidráulicos", en M. López Portillo y Ramos (comp.), *El medio ambiente en México: temas, problemas y al-ternativas*, FCE, México, pp. 91-109.

García, E., y Conabio (Comisión Nacional para el Conocimiento y Uso de la Biodiversidad), 1998, *Precipitación total anual, escala 1:1 000 000*, México.

INEGI (Instituto Nacional de Estadística, Geografía e Informática), 1995, *Estadísticas del medio ambiente*, México.

Lanza, G., de la y J. L. García C. (comps.), 2002, *Lagos y presas de Méxi-co*, AGT, México, p. 680.

López Portillo, J. y Ramos, M. (comps.), 1982, *El medio ambiente en México: temas, problemas y alternativas*, FCE, México, 426 pp.

Lot, A. y P. Ramírez García, 1998, "Diversidad de la flora acuática mexicana", en T. P. Ramamoorthy, R. Bye, A. Lot y J. Fa (comps.), *Diversidad biológica de México: orígenes y distribución*, Instituto de Biología-UNAM, pp. 563-578.

Maderey, R. L. y C. Torres Ruata, 1990, "Hidrografía e hidrometría. IV.6.1 (A)", *Atlas Nacional de México*, vol. II, Escala 1: 4 000 000, Instituto de Geografía-UNAM, México.

Miller, R. R., 1986, "Composition and Derivation of the Freshwater Fish Fauna of Mexico", en *Anales de la Escuela Nacional de Ciencias Biológicas*, 30, pp. 121-153.

Miller, R. R. y J. Van Conner, 1997, "Peces de Catemaco", en E. González Soriano, R. Dirzo y R. C. Vogt (comps.), *Historia natural de Los Tuxtlas*, UNAM, Conabio, México, pp. 451-456.

Minckley, W. L., 1984, "Cuatro Ciénegas Fishes: Research Review and a Local Test of Diversity Versus Habitat Size", en *Journal Arizona-Nevada Academic Science*, 19(1): 13-21.

Morales, S. A. y R. C. Vogt, 1997, "*Kinosternon leucostomum* (pochitoque, chachagua)", en E. González Soriano, R. Dirzo y R. C. Vogt (comps.), *Historia natural de Los Tuxtlas*, UNAM, Conabio, México, pp. 488-490.

Pinkava, D. J., 1981, "Vegetation and Flora of the Bolson of Cuatro Ciénegas Region, Coahuila, México. Parte III", en *Boletín de la Sociedad Botánica de México*, 41, pp. 127-151.

Schmitter Soto, J. J., E. Escobar-Briones, J. Alcocer, E. Suárez Morales, M. Elías Gutiérrez y L. E. Marín, 2002, "Los cenotes de la Península de Yucatán", en G. de la Lanza, y J. L. García C. (comps.), *Lagos y presas de México*, AGT, México, pp. 337-381.

Toledo, V. M., J. Carabias, C. Toledo y C. González Pacheco, 1989, *La producción rural en México: alternativas ecológicas*, Facultad de Ciencias-UNAM, Fundación Universo Veintiuno (Medio Ambiente, 6), México.

WCMC (World Conservation Monitoring Centre), 1992, *Global Biodiversity: Status of the Earth's Living Resources*, Chapman and Hall, Londres.

III. La biodiversidad de las islas mexicanas

Enriqueta Velarde

Introducción

México tiene un extenso litoral y una gran cantidad de islas. Históricamente, las islas del Golfo de México y el Caribe fueron las primeras en ser exploradas por los colonizadores europeos, y las que presentan mayor cantidad de indicios de una cultura compleja durante la época prehispánica. Lo anterior muestra los registros de islas como Jaina y Sacrificios. En contraste, las islas del océano Pacífico norte no muestran registros de ocupación humana, hay pocos registros en las del Golfo de California y algunos en las del Pacífico sur. Como resultado de la diferencia en la intensidad de las actividades humanas, así como al diferente impacto que recibieron, encontramos que el estado de conservación de los ecosistemas insulares resulta diferente.

Otro factor importante en el grado de perturbación que presentan los diferentes grupos insulares se debe a la facilidad de acceso y de supervivencia que ofrecen a la especie humana. Por ejemplo, en el caso de las islas del Golfo de México, la facilidad de acceso y presencia humana en ellas es el más alto entre las islas mexicanas. Por ello, el grado de perturbación ha sido el mayor y, actualmente, no sabemos mucho de lo que existió originalmente. Algo similar sucede con la mayoría de las islas del Caribe. Por el contrario, en el caso de las islas del Golfo de California, la facilidad de acceso y supervivencia para los humanos son muy bajos, gracias a que las aguas que las rodean son de difícil navegación. Durante la época de las primeras expediciones españolas, las carabelas de vela cuadra, dotadas de poca capacidad de maniobra, no lograron superar la zona central del Golfo de California durante los muchos meses de vientos predominantes del noroeste. Sólo al iniciarse los vientos favorables desde el sudeste les fue posible navegar hacia el noroeste. Asimismo, en esta región el clima es árido y muy pocas islas ofrecen agua y alimento adecuados para el hombre. Como consecuencia, la mayoría de ellas están deshabitadas y las pocas que han sido habitadas, sólo han tenido asentamientos humanos poco densos y efímeros. Los pueblos que las han ocupado han sido cazadores-recolectores, dejando pocos vestigios de la fascinante cultura que les permitió sobrevivir en ambientes tan inhóspitos.

La biodiversidad en las islas: antecedentes

El conocimiento de la biodiversidad de las islas mexicanas fue iniciado por investigadores extranjeros. Por ejemplo, a principios de 1840 diferentes países, pero particularmente Gran Bretaña, Rusia y los Estados Unidos desarrollaron un gran interés en el Golfo de California y sus recursos. Así, por ejemplo, la colonia rusa de Sitka, Alaska, dependía de la sal producida en Isla Carmen, en el Golfo de California, para la preservación de pieles, y enviaba un barco cada tres años para abastecerse. Por su parte, Gran Bretaña tenía interés en las tierras del oeste de Norteamérica, que incluían la recién formada república mexicana, así como los territorios al norte de los Estados Unidos y Canadá. Por ello, el gobierno británico envió expediciones geográficas para realizar estudios cartográficos y geológicos de la región. En estas expediciones también se llevarían a cabo colecciones científicas de tipo botánico y zoológico. La presencia de Francia debida principalmente a las minas de El Boleo, en Santa Rosalía, así como a la industria perlífera desarrollada en La Paz, también fomentó el interés por los recursos naturales por parte de aquel país. Como respuesta a estos esfuerzos, el joven país de los Estados Unidos comenzó también a realizar expediciones de este género, las cuales han continuado en forma creciente hasta la fecha, y ahora con una participación cada vez mayor de científicos mexicanos.

Aunque la investigación científica comenzó tarde (a mediados del siglo xix) en la zona del Golfo de California, avanzó de forma muy rápida, y la preocupación por la protección de las áreas de mayor importancia biológica comenzó en épocas tempranas en esa región. Así, una de las primeras islas en recibir un estatus de área protegida fue Isla Tiburón, seguida de Isla Rasa, que en 1964 fue declarada "Zona de refugio y reproducción de aves migratorias y de fauna silvestre", mientras que en 1978, todo el archipiélago de las islas del Golfo de California fue declarado área protegida. Por el contrario, muy pocas islas del Caribe y Golfo de México fueron protegidas en esas épocas, y aún más tarde lo fueron algunas de las islas del Pacífico como islas Guadalupe, Cedros y San Benito, y del Pacífico tropical mexicano, como las del archipiélago de las Revillagigedo.

Actualmente, una amplia variedad de estudios referentes a peces de arrecife rocoso, invertebrados intermareales, invertebrados terrestres, plantas, reptiles, anfibios, aves y mamíferos de las islas del Golfo de California, sin contar todos los estudios de fauna marina no relacionada directamente con las islas, así como vegetación marina y mamíferos marinos, se han desarrollado en la región, tanto por investigadores nacionales como extranjeros, principalmente de los Estados Unidos. Sin embargo, no existen estudios tan detallados de otros sistemas insulares de México.

Cómo surge la biodiversidad en las islas

Por ser las islas territorios de diferentes tamaños aislados de las extensas masas continentales por el mar, su riqueza biológica se halla intrínsecamente ligada a su antigüedad, su origen y a los procesos de colonización. En efecto, un fenómeno fascinante es la progresiva colonización biológica de las islas. El número de especies de plantas y animales que encontramos en una isla está determinado por su historia (cómo se formó la isla y hace cuántos años), y otros factores como su tamaño, la distancia que hay entre la isla y la tierra firme, así como la latitud a la que se encuentra y su complejidad topográfica. Si una isla surge *de novo* (en un lugar donde no existía nada antes), generalmente debido a una erupción o un levantamiento tectónico, la tierra estará desierta durante los primeros tiempos de su existencia. Si surgió por fenómenos de vulcanismo, poco a poco su superficie se enfriará y algunas aves marinas y terrestres se comenzarán a posar sobre su superficie, llevando entre su plumaje y en sus patas, los propágulos de algunas especies de plantas e invertebrados. El viento y los cambios de temperatura propiciarán la desintegración de la roca original de la isla, y la formación de un "suelo" incipiente , en donde algunas semillas pudieran echar raíz. Estas plantas, al morir, se descompondrán produciendo aún mas suelo, y así avanzará el proceso de establecimiento de más y más especies de plantas y animales que se sustentan y protegen con ellas. Más especies animales y plantas podrán llegar arrastradas por el viento, flotando por los aires y las corrientes marinas, acarreadas en pequeños o grandes objetos flotantes que eventualmente llegan a la isla.

Mientras más cerca está la isla de una costa, mayor será la probabilidad de recibir esas visitas. Mientras mayor es la isla, la probabilidad de que estas especies den con ella es mayor. De esta forma las islas más cercanas a los continentes y de mayor tamaño acumularán un mayor número de especies en un corto tiempo, y el número de especies irá aumentando paulatinamente hasta un cierto límite, determinado por factores como la disponibilidad de refugio, alimento, pareja y sitios para la reproducción, así como las interacciones de depredación, competencia, parasitismo, mutualismo, etcétera, que se establezcan entre el nuevo conjunto de especies colonizadoras. Adicionalmente, en las zonas ecuatoriales el número de especies por unidad de área es mayor que en latitudes más altas, y esto se reflejará en el número potencial de especies que pudieran colonizar las islas. Así, en una isla de un cierto tamaño, el número de especies será mayor si la isla se encuentra más cercana al ecuador. La complejidad topográfica del sitio también provocará que el número de especies aumente, ya que ofrecerá un mayor número de ambientes posibles para el refugio, la alimentación y la reproducción de las especies (fig. III.1).

Las islas que se forman por separación de una zona continental, como ocurre cuando el nivel del mar aumenta e inunda grandes áreas, dejando algunas zonas de antigua tierra firme en forma de islas, el proceso es inverso. Cuando el área de tierra de que disponen las especies que habitan una región se reduce, sus posibilidades de supervivencia también disminuyen. Como resultado varias de las especies sufren el proceso de extinción, y el número total de especies que quedan en esta región, ahora menor, se reduce de forma proporcional a la reducción de la superficie y al tiempo en que han estado aisladas. Por ejemplo, en la antigua Asia sudoriental, lo que ahora es el Archipiélago Malayo estaba totalmente unido, en una gran península, al continente asiático. Actualmente, después de un substancial incremento del nivel del

FIGURA III.1 *Relación entre la colonización de islas y su proximidad a continentes a través del tiempo*

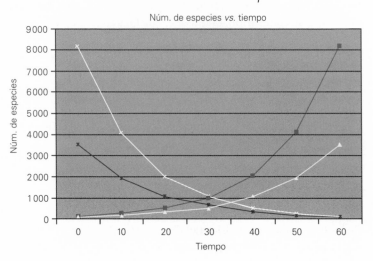

mar, por haberse derretido los extensos casquetes polares en la presente época posglacial, una gran cantidad de islas de todos tamaños han quedado formando el arco malayo, y el número de especies de cada una de ellas ha ido disminuyendo respecto del número original que existía en esta gran zona continental.

Las islas del Golfo de California

En México, las islas mejor estudiadas han sido las que se encuentran en el Golfo de California, además de que son uno de los archipiélagos menos perturbados del planeta. Por ello las hemos seleccionado para proporcionar ejemplos de ecosistemas insulares. Se debe tomar en cuenta, sin embargo, que estas islas se encuentran restringidas a un clima árido y están sujetas a los fenómenos y limitantes ambientales característicos de este tipo de clima.

Estas islas son relativamente jóvenes, debido a la juventud del Golfo de California, que se originó hace aproximadamente cuatro millones de años, con las islas datando desde esa época hasta hace tan sólo 10 mil años, como es el caso de las islas Rasa y Tortuga. El hecho de que las islas sean relativamente jóvenes y se encuentren en un tipo de clima árido, favorece el que tengan un número reducido de especies. Sin embargo, debido al aislamiento al que han estado sujetas, la proporción de especies endémicas (únicas de esa región) es relativamente alta en muchos de los grupos taxonómicos de poca movilidad, como son: plantas, insectos, reptiles y mamíferos terrestres, y algunos grupos marinos como son algunos invertebrados de la zona intermareal y los peces de arrecife (a diferencia de los peces pelágicos).

Las plantas

De las 695 plantas de las islas del Golfo de California 28 son endémicas, lo cual representa apenas 4%. Por las características climáticas y la dominancia de especies adaptadas a las zonas áridas, casi 50% de estas especies endémicas pertenecen a la familia de las cactáceas y, dentro de ellas, casi dos terceras partes se encuentran sólo en una isla, y una sexta parte en sólo dos islas.

Como era de esperarse de acuerdo con las características de las islas, la de mayor tamaño, Isla Tiburón con 1 223 km², posee el mayor número de especies, tanto de plantas, con un total de 298, como de otros grupos taxonómicos. Isla Tiburón se encuentra asimismo ubicada muy cerca del continente, además de ser una isla de tipo continental que se separó del continente en épocas relativamente recientes y ha sufrido un proceso de extinción de especies, más que de colonización. En comparación con Isla Tiburón, tenemos que la Isla Ángel de la Guarda, la segunda isla más grande del Golfo de California, con 936 km², tiene sólo 199 especies de plantas. Sin embargo, esta isla presenta una baja complejidad topográfica, por lo que no ofrece la diversidad de ambientes necesaria para el establecimiento de una gran variedad de especies. Por el contrario, la Isla Cerralvo, con sólo 140 km², cuenta con 232 especies de plantas por estar ubicada en una zona de menor latitud, poseer una mayor diversidad topográfica y recibir una mayor precipitación pluvial que Ángel de la Guarda (Rebman *et al.*, 2002). Un aspecto interesante de esta última, es que también se separó de la península, pero de una zona más norteña, ya que se está desplazando hacia el noroeste y dejando islas a la zaga en el sudeste. Por ser Ángel de la Guarda la isla con mayor altitud del golfo, presenta especies vegetales características de los tipos de vegetación que ahora encontramos más al norte, como algunas especies de chaparral y bosque de encino, así como del Desierto de Mohave (Cody *et al.*, 2002).

Las familias de plantas más características de las islas del Golfo de California son las cactáceas, agaváceas, leguminosas, burseráceas y asteráceas (dentro de las compuestas). Todas ellas muestran extraordinarias capacidades de adaptación a los extremos de temperatura y falta de agua que se presentan en las islas. Así, veremos que una especie de cactus puede tener substanciales diferencias morfológicas adaptativas en las diversas islas donde se encuentra, así como entre las poblaciones de las islas y las de tierra firme.

En el caso de los árboles de la familia de las leguminosas, encontramos que los géneros con menor número de especies son los más exitosos en colonizar las islas, mientras que los géneros multiespecíficos son menos exitosos. Esto aparentemente se debe a que las pocas especies de los géneros pobres en especies, son mucho más flexibles y presentan una mayor capacidad de adaptación, lo cual las transforma en buenas colonizadoras. Como ejemplo tenemos el caso del género *Olneya* que sólo presenta una especie, el palofierro (*O. tesota*). Éste se extiende del sudeste de California y sudoeste de Arizona hasta el sur de Sonora y Baja California. La especie existe en todas las islas de origen continental con excepción de San Ildefonso, que es la de área más reducida (1.3 km^2), y en todas las grandes islas oceánicas con excepción de cinco que son o muy pequeñas (como Rasa, Salsipuedes y San Pedro Mártir), o bajas y secas (San Lorenzo) o demasiado aisladas (Santa Catalina), (Cody *et al.*, 2002).

Los peces del arrecife rocoso

Entre los peces de arrecife rocoso en las islas del Golfo de California, no se han encontrado las mismas relaciones biogeográficas que los hallados entre las especies terrestres. Esto es debido a que, aunque para los adultos de estas especies marinas no es fácil cruzar los profundos cañones que separan a las islas del continente, o a unas islas de las otras, sus huevos y larvas sí son pelágicos, es decir, que viven de forma libre en los océanos sin relacionarse con el fondo. Sin embargo, no todas las especies de peces de arrecife rocoso presentan fases dispersoras tan móviles. Algunas de ellas tienen huevos demersales que se pegan al sustrato, o larvas que sólo viven unos cuantos días y habitan aguas cercanas a las costas. Por lo tanto, para estas especies de arrecife rocoso, las grandes distancias de aguas abiertas representan barreras tan infranqueables como lo son para la mayoría de los organismos terrestres. Como resultado de esto, los peces costeros de las islas oceánicas muestran un alto grado de endemismo: 23 por ciento en islas como las Galápagos, Hawaii y Pascua.

El ambiente marino de las islas es muy diferente al ambiente marino continental, ya que en aquellas el ambiente es más estable y predecible, y presenta sólo fluctuaciones moderadas de factores físicos como la temperatura, salinidad y turbidez, mientras que el ambiente continental presenta fluctuaciones más amplias en estos parámetros. Thompson y Gilligan (2002) citan la comparación hecha por Robins (1971), quien equipara la riqueza de especies en las ictiofaunas insulares y continentales del Atlántico occidental, con las de los bosques tropicales y templados, respectivamente. Diversos estudios experimentales de arrecifes en el Golfo de California, la Gran Barrera Coralina y los Cayos de Florida han demostrado que, en ocasiones, el proceso de colonización sí puede seguir un patrón similar al del clásico modelo MacArthur-Wilson, culminando en una comunidad con una alta tasa de recambio de especies. En todos estos casos se llegó a un equilibrio dinámico y no a una comunidad clímax. Sin embargo, en el Golfo de México se ha observado que la recolonización de las grandes zonas de arrecife, después de algún proceso natural de pérdida de fauna, ocurre en una secuencia de sucesión bien definida y no por un proceso azaroso, y se llega a una comunidad clímax, en vez de un equilibrio dinámico, como ocurre en otras regiones.

En el Golfo de California existen diversas diferencias entre los ambiente insulares y continentales. Por ejemplo, en las islas los cambios estacionales de temperatura son moderados; la turbidez del agua es baja; hay mayor acción del oleaje y las corrientes; la zona intermareal es menor, debido a una mayor pendiente de la costa; las partículas sedimentarias son de grano grueso y las costas presentan mayor proporción de acantilados y grandes rocas en vez de sedimentos de grano fino, de ahí el menor grado de turbidez del agua; el plancton presenta alta diversidad de especies y baja densidad; las algas bentónicas son principalmente formas de perfil bajo, como las rojas coralinas, y los invertebrados bentónicos son principalmente corales rocosos, hidroides, esponjas y estrellas de mar (Thompson y Gilligan, 2002).

Las principales diferencias resultantes de las características arriba mencionadas, que se han encontrado en las especies de peces de arrecife rocoso entre las islas y el continente en el Golfo de California son: la densidad y biomasa, tamaño del cuerpo, diversidad, composición de la comunidad de especies residentes, especies transitorias, competencia, depredación, zonificación vertical y gradiente latitudinal (Thompson y Gilligan, 2002), (cuadro III.1). Como consecuencia, estos autores concluyen que estas diferencias favorecen que las islas actúen como continentes desde el punto de vista de los peces de arrecife rocoso del Golfo de California, y son una fuente de propágulos para el reclutamiento de especies en estos ambientes.

Los reptiles

Los reptiles son uno de los grupos zoológicos que mejor han permitido probar varias hipótesis ecológicas y biogeográficas acerca de las islas. Esto es debido a que son animales que presentan poca movilidad, son relativamente fáciles de observar, y se encuentran ampliamente distribuidos en las islas del Golfo de California. Éstas, al presentar diversas edades y grados de aislamiento, además de estar poco perturbadas por la actividad humana y por especies introducidas por el hombre, permiten ver y analizar la herpetofauna en un estado bastante similar al que tuvieron originalmente.

En esta región, entre 25 y 35% de las especies de reptiles en islas oceánicas (recordemos que son las islas que se han formado *de novo* y que no presentan ninguna especie en su estadio original) son endémicas, y la mayoría de estas especies endémicas presentan grandes diferencias en morfología, historias de vida y conducta respecto de sus parientes más cercanos del continente (Case, 2002). En estos reptiles, se ha podido observar una serie de característi-

CUADRO III.1 *Lista de especies importantes para la conservación, en diferentes islas del océano Pacífico mexicano*

		Pacífico mexicano	
Isla Guadalupe	Isla Socorro	Isla Asunción	Isla San Roque
Especies extintas:	*Especies endémicas:*	*Especies importantes:*	*Especies importantes:*
* Caracara (*Polyborus luctuosus*)	* Cenzontle (*Mimodes graysoni*)	* Petrel endémico (*Puffinus opisthomelas*)	* Pardela mexicana (*Puffinus opisthomelas*)
* Junco (*Junco insularis*)	* Paloma (*Zenaida graysoni*)	* Paíños negro, mínimo y cenizo (*Oceanodroma melania, O. microsoma* y *O. homochroa*)	* Alcita de Cassin (*Ptychoramphus aleuticus*)
* Pinzón mexicano (*Carpodacus mexicanus amplus*)	* Saltaparedes (*Thryomanes sissonii*)	* Mérgulos (*Synthliboramphus hypoleucus* y *Ptychoramphus aleuticus*)	* Halcón peregrino (*Falco peregrinus*)
* Saltapared roquero (*Salpinctes obsoletus guadeloupensis*)	* Perico (*Aratinga brevipes*)	* Pelícano pardo de California (*Pelecanus occidentalis californicus*)	* Gavilán pescador (*Pandion haliaethus*)
* Reyezuelo rojo (*Regulus calendula oscurus*)	* Pipilo socorroensis	* Cormoranes de doble cresta y de buche azul (*Phalacrocorax auritus* y *P. penicillatus*)	* Aguililla de Harris (*Parabuteo unicinctus*)
	* Pardela de Townsend (*Puffinus auricularis townsendi*)	* Gaviota occidental (*Larus occidentalis*)	* Gavilán cola roja (*Buteo jamaicensis*)
		* Halcón peregrino (*Falco peregrinus*)	* Búho cornudo (*Bubo virginianus*)

cas que se asocia a las formas de vida y adaptaciones a la vida en islas en diversos grupos taxonómicos. Entre estas adaptaciones se encuentra un incremento (o disminución) notable en el tamaño del cuerpo, en comparación con sus parientes del continente, disminución del temor a los posibles depredadores, una disminución en la territorialidad, un mayor tamaño de su población, y la reducción en el tamaño de camada o nidada. Generalmente, estos cambios son el resultado de las condiciones muy particulares que se presentan en las islas, como son el terreno abrupto, la disminución de competidores y depredadores, y un clima más moderado que el continental.

Por otro lado, si pensamos en los reptiles como depredadores, los de mayor tamaño podrán alimentarse de una gama mucho mayor de presas que los de menor tamaño, favoreciéndose de esta forma el incremento de la talla. Si por el contrario, el reptil es una presa, el aumento en sus dimensiones también lo favorecerá, ya que estará expuesto a una menor gama de posibles depredadores. Adicionalmente, los reptiles que no presentan un crecimiento definido, como es el caso de las aves (cuando un ave alcanza la madurez sexual, ha alcanzado también su tamaño definitivo, mientras que los reptiles pueden reproducirse aún cuando su tamaño sea relativamente pequeño). En el caso de los reptiles, las hembras de mayor tamaño producen nidadas más grandes, lo cual resulta en un beneficio adicional al tamaño mayor. Finalmente, los reptiles presentan por lo general sistemas de apareamiento poligámicos o promiscuos, y los machos de mayor tamaño tienen una clara ventaja sobre los de tamaño menor en cuanto a la dominancia social, pudiendo obtener los mejores y mayores territorios y tener acceso al apareamiento con mayor número de hembras. De esta forma, la interacción de estos cuatro factores favorece las estrategias más adecuadas (adaptativas) para cada especie (Case, 2002).

En las islas del Golfo de California, uno de los casos más evidentes de incremento en el tamaño corporal es el de las varias especies de chuckwalla o iguanas (*Sauromalus spp*). Las diferentes especies o subespecies de este género ocupan tanto algunas islas, como también la península y el continente. Aunque los recién nacidos de todas estas especies y subespecies presentan un tamaño bastante similar que varía entre los 8 y 14 g, los adultos de estas especies presentan una amplia variación en el peso. Por ejemplo, el chuckwalla de Baja California, *S. obesus*, tiene un peso máximo de sólo unos 300 g, mientras que *S. varius* de la isla San Esteban, puede alcanzar hasta los 1 800 g. Además, esta última especie presenta el mayor tamaño corporal, la mayor tasa de crecimiento, particularmente en el caso de los machos, el mayor tamaño de la nidada y el mayor tamaño de huevos (Case, 2002).

Entre las especies de víboras encontramos interesantes ejemplos de incremento y disminución del tamaño del cuerpo. Este efecto parece haberse desarrollado como una adaptación al tamaño de las presas disponibles en cada isla. Las presas potenciales en las islas son roedores o lagartijas. Estas últimas son, generalmente, de menor tamaño que los roedores. Así, encontramos que en las islas en donde no existen roedores nativos, las víboras son de un tamaño menor y se alimentan de lagartijas, mientras que en islas con roedores nativos las víboras se alimentan de ellos (aunque también consumen lagartijas) y tienen un tamaño mayor (Case, 2002).

Por su cercanía al continente y a la península de Baja California, y al alto grado de movilidad de las aves, las islas de esta región no presentan aves terrestres endémicas a nivel de especie. Únicamente en aves marinas se han desarrollado las especies conocidas como "cuasi endémicas". Las especies consideradas dentro de esta categoría son la gaviota pata-amarilla *Larus livens*, la gaviota ploma *L. heermanni*, el charrán elegante *Sterna elegans*, la alcita bajacaliforniana *Synthliboramphus craveri* y el petrel mínimo *Oceanodroma microsoma*. Los individuos de estas especies se reproducen casi totalmente en el Golfo de California pero, después de su temporada reproductiva, se distribuyen también en aguas fuera del golfo. Una pequeña proporción de algunas de estas especies puede reproducirse fuera de esta región, como sucede con la gaviota pata-amarilla, a la que ocasionalmente se le ha visto anidando en el

Lago Salton, California. Esto no es tan sorprendente considerando que la región donde está ubicado formaba parte del golfo en épocas geológicas pasadas. El charrán elegante anida también en pequeños números en la costa de California y a la alcita bajacaliforniana y al petrel mínimo se les ha observado anidando en islas del Pacífico en forma ocasional (Velarde, 2000 y Velarde *et al.*, 2005).

En las Islas Marías, aunque consideradas fuera del Golfo de California debido a su ubicación y a su aislamiento geográfico, presentan subespecies endémicas de aves terrestres como por ejemplo el clarín dorso oscuro (*Myadestes oscurus insularis*), el colibrí de pico ancho (*Cyanthus latirostis lawrencei*), el granatelo mexicano (*Granatellus venustus francescae*), la paloma arroyera (*Leptotila verreauxi capitales*), el mulato (*Melanosis caerulescens longirostris*) y el mirlo dorso rufo (*Turdus rufopalliatus graysoni*), (Grant y Cowan, 1964).

Los mamíferos de las islas del Golfo de California presentan una interesante dicotomía entre los mamíferos terrestres en general y los quirópteros (murciélagos) en particular, debido a la gran capacidad de dispersión de estos últimos. Así, vemos que el número de especies de quirópteros presentes en el continente que se encuentran en las islas, es mucho mayor que cualquier otro grupo de mamíferos terrestres de las islas. De tal forma, mientras las islas tienen 47 especies de murciélagos, el mayor número de especies de mamíferos terrestres es el de roedores, y sólo con 26 especies representadas, mientras que otros grupos tienen un número mucho menor (carnívoros con 10), lagomorfos (conejos y liebres) con cuatro especies, e insectívoros (musaraña) y artiodáctilos (animales con pezuña: venado bura) con una especie y dos subespecies exclusivamente (Lawlor *et al.*, 2002). Es interesante que, de las especies de mamíferos de las islas, 18 son endémicas, representando una incidencia de endemismos de alrededor de 40 por ciento. Los murciélagos han sido poco estudiados y la mayoría de las especies de mamíferos terrestres en estas islas pertenecen al orden de los roedores. Éstos son los únicos mamíferos no voladores que se han establecido en islas oceánicas distantes y, a excepción del caso de las grandes islas continentales, generalmente encontramos a una sola especie de cada género por isla. Sin embargo, en el caso de las islas Willard y San Pedro Nolasco, encontramos dos especies del género *Peromyscus*. Esto se debe a que las especies de este género presentan un menor grado de especialización en su dieta, y por lo tanto compiten menos que las de géneros como *Chaetodipus*, por lo que dos especies de este género no ocurren en una misma isla pequeña (Lawlor *et al.*, 2002).

A grandes rasgos podemos decir que, en el caso de los mamíferos terrestres, encontramos que los mejores colonizadores son las especies pequeñas, con poblaciones abundantes, altas tasas reproductivas y dieta generalista (no especializada). De igual forma, estas especies son las más resistentes a la extinción para el caso de las islas continentales, una vez que éstas se han separado de la tierra firme de la que anteriormente formaban parte. Esto es válido incluso para islas muy pequeñas. La colonización de las islas del Golfo de California está limitada por la aridez del clima y ausencia de agua dulce, ya que muchas de ellas, y principalmente las islas oceánicas, presentan hábitats rocosos poco productivos. Por ello, las mayor diversidad de especies se encuentra en islas continentales que presenta una mayor diversidad de hábitats como son Isla Tiburón y Espíritu Santo, en donde encontramos lagomorfos (liebres y conejos), carnívoros (coyote, mapache y cacomiztle) y ungulados (el venado bura en Isla Tiburón), (Lawlor *et al.*, 2002).

En las Islas Marías encontramos varias especies de mamíferos endémicos como el conejo *Sylvilagus graysoni*, y algunos roedores (*Peromyscus madrensis* y *Oryzomys nelson*), (Wilson, 1991.) Desafortunadamente ambas especies se extinguieron debido al altísimo grado de perturbación presente en zonas habitadas por el hombre, al haber sufrido un alto grado de disturbio por las actividades humanas directas, y también indirectamente, por factores como la introducción de diversas especies para ser usadas como alimento, material de construcción y ornato, como cabras (*Capra hircus*), gatos (*Felis catus*), perro (*Canis familiaris*), equinos (*Eqqus spp.*), ratas (*Rattus rattus*), venado cola blanca (*Odocoileus virginianus*), conejos y aves de corral.

El efecto de las especies introducidas en las islas

La introducción de especies exóticas a las islas por el hombre ha tenido un efecto devastador en las biotas insulares de todo el mundo. De las extinciones de especies registradas en islas en los últimos 400 años, más de 85 por ciento han ocurrido como resultado de la introducción de especies exóticas (Tershy *et al.*, 2006). Las islas del Golfo de California, aunque relativamente poco perturbadas por la acción humana, han recibido algo del impacto indirecto de las especies introducidas. Algunas de estas islas tienen ratas (*Rattus rattus* o *R. norvegicus*), ratones (*Mus musculus*), como en el caso de Isla Rasa que estuvo habitada por estos roedores entre finales del siglo xviii y 1995, año en que estas especies fueron erradicadas por medio de un exitoso programa coordinado por el biólogo Jesús Ramírez, trabajando para el Instituto de Ecología de la unam y con apoyo de la Conabio y el programa de México del World Wildlife Fund. En otras islas se ha identificado la presencia de estas especies de roedores, así como de gatos (*Felis cattus*), que es la especie exótica más ampliamente distribuida, encontrándose en 11 de las islas del Golfo de California y en seis islas de la costa oeste de la península, en el Pacífico.

La segunda especie exótica de mayor distribución es la cabra (*Capra hircus*), presente en seis islas. Hace relativamente poco (en los años setenta) y de forma intencional, se llevó a cabo la introducción de borrego cimarrón (*Ovis canadensis*) en Isla Tiburón, con la finalidad de desarrollar un programa de repoblamiento de esta especie en el continente (Lawlor *et al.*, 2002). El impacto de la fauna introducida ha sido diferente en las diversas islas (Velarde y Anderson, 1994). Isla Rasa, por ejemplo, que es una isla en donde existen actualmente importantes colonias de anidación de tres especies de aves marinas, fue fuertemente alterada durante las operaciones de extracción de guano, cuando se introdujeron las ratas y ratones arriba mencionados. Antes de la introducción de estos roedores, la isla también era el sitio de anidación del mérgulo de

Craveri, una pequeña ave emparentada con las gaviotas que anida en pequeñas cuevas y oquedades del terreno, por lo cual sus huevos y polluelos resultan sumamente susceptibles a la depredación por ratas (Velarde, 2000). Esta especie se tenía registrada anidando en Isla Rasa mucho antes de que se iniciaran las operaciones de extracción de guano, ya que existen ejemplares de adultos y huevos colectados en la isla desde principios del siglo xix, tanto en el Museo de Historia Natural de Milán, como en el Museo Nacional de los Estados Unidos (Velarde, 2000).

Por fortuna, ya se han llevado a cabo varios programas de erradicación de especies introducidas en varias de las islas del Golfo de California ya que, además del programa de erradicación de roedores en Isla Rasa, también se han erradicado los gatos de las islas Granito y Estanque, así como en Isabela (Tershy *et al.*, 2006).

Las islas del Pacífico mexicano

Las islas del Pacífico mexicano presentan una proporción importante de especies o subespecies endémicas, en diversos grupos de plantas y animales. Esto se debe a que están más alejadas de tierra firme y, por tanto, tienen mayor grado de aislamiento. Varias de ellas, además, son de un tamaño relativamente grande, lo que facilita la existencia de un mayor número de hábitats y la posibilidad de que más especies se establezcan en ellas. Tal es el caso de islas como Guadalupe y el archipiélago de Las Revillagigedo, este último con 33% de endemismos en plantas y 100% de endemismos en aves a nivel subespecífico, específico o genérico (Arizmendi y Márquez, 2000). Algunas de menor tamaño o más cercanas a tierra firme, como Cedros, Asunción, San Roque, o las Islas San Benito, presentan menor grado de endemismos, aunque estas últimas son importantes para la anidación de varias especies de aves marinas (Arizmendi y Márquez, 2000).

En Isla Guadalupe se presentan varias especies y subespecies de plantas endémicas, como son algunas coníferas: *Pinus radiata var.*

binata, P. muricata, la palma *Erythea edulis,* y varias especies de otras familias. La presencia de cabras introducidas ha sido un factor determinante en la pérdida de la cobertura vegetal en esta isla, la cual se ha reducido en 95 por ciento, y varias de estas especies se encuentran en peligro de extinción. Afortunadamente, en la actualidad, ya existen planes de restauración para esta isla por parte de las autoridades del ambiente.

Otra de las islas de tamaño considerable en la costa occidental de la península de Baja California es Isla Cedros. La vegetación de esta isla ha sido también severamente perturbada por las actividades de minería y de otro tipo que ha llevado a cabo el hombre. Aunque la mayor parte de la isla presenta vegetación del tipo matorral xerófilo, en las partes altas de la cadena montañosa de la isla se presenta bosque de pino, que ha sido destruido en gran parte de su distribución y está restringido a pequeños manchones en el norte de la isla. Esto se debe a la población humana, actualmente de unos 4 500 habitantes, lo que ha resultado en un grado de desarrollo urbano e industrial, así como una inadecuada extracción de recursos y en la introducción de especies exóticas.

Mientras en el caso de las aves existen muy pocos casos de especies endémicas en las islas mexicanas, por su mayor grado de aislamiento, las islas del Pacífico mexicano sí presentan algunos endemismos a nivel de especie y subespecie. La Isla Guadalupe es una de las más notables, sin embargo, debido al alto grado de perturbación que presenta esta isla, varias de las especies y subespecies endémicas que ahí se habían desarrollado han desaparecido. En el archipiélago de las Revillagigedo encontramos especies endémicas (cuadro III.1).

Islas como Asunción o San Benito, presentan importantes colonias de anidación de aves marinas, algunas de ellas endémicas de la región, y otras que se encuentran bajo alguna categoría de protección de acuerdo con la Norma Oficial Mexicana. Por ejemplo en Isla Asunción, a pesar de ser una pequeña isla de menos de 1 km² y con muy escasa cobertura vegetal de tipo matorral halófilo de un máximo de 50 cm de altura, es de suma importancia porque en ella anida gran diversidad de especies (cuadro III.1).

En la Isla San Roque, a pesar de ser también pequeña y con vegetación muy pobre, anidan varias especies de aves marinas y terrestres que se encuentran bajo alguna categoría de protección (cuadro III.1).

Especies exóticas en las islas del Pacífico

A pesar de la lejanía al continente, uno de los mayores impactos que han sufrido estas islas por parte del hombre es la introducción de especies exóticas, que han destruido importantes zonas de vegetación natural, muchas veces con especies de plantas endémicas, y han provocado la extinción de numerosas especies de plantas y animales. Como ejemplo de ello tenemos a los enormes rebaños de cabras que existen en Isla Guadalupe, y que se derivan de la mezcla de varias razas de cabras introducidas en diferentes periodos a esta isla. Por ello, es de suma importancia establecer programas de restauración del hábitat en muchas de estas islas. En otras islas también hay una variedad de especies exóticas. Por ejemplo, en el archipiélago de las Revillagigedo han sido introducidos el borrego, el conejo y el cerdo; en Natividad existen perros, gatos y ratones; en San Roque y Asunción hay perros y gatos (Arizmendi y Márquez, 2000; Velarde, 2000).

Las islas del Golfo de México y el Caribe

Debido a sus características oceanográficas, en el Golfo de México predominan las islas originadas a partir de arrecifes coralinos. En las aguas mexicanas del Golfo de México existen 25 islas que se encuentran asociadas a las plataformas arrecifales emergentes. Por su origen, la mayoría de estas islas constituyen cayos bajos y arenosos. Por el alto grado de perturbación al que han estado sujetas, menos de la mitad de ellas (44 por ciento) tienen vegetación nativa. Además, el dinamismo de las condiciones de las islas las hace en extremo fluctuantes. Por ejemplo, en el caso de Arrecife Alacrán, en un lapso de aproximadamente 80 años, las islas han cambiado de forma, tamaño y la composición de la comunidad vegetal presente (Bonet y Rzedowski, 1962; Flores, 1984). Estas islas presentan diversas amenazas, como son el desarrollo industrial, la introducción de especies exóticas, la explotación inadecuada de sus recursos naturales, el desarrollo urbano, la contaminación y el turismo incontrolado.

Las islas de esta región presentan diversos tipos de vegetación, debido a la riqueza de especies propia de la región. Tan sólo en las islas que rodean la península de Yucatán, encontramos seis tipos de vegetación y más de 300 especies de plantas (Flores, 1992).

Las islas del Banco o Sonda de Campeche presentan una comunidad vegetal muy parecida a la de la península de Yucatán y las islas del Caribe, y menor influencia de la región continental aledaña, habiéndose reportado aproximadamente 30 especies de plantas. La introducción de especies de plantas está relacionada con la actividad humana en las islas. Así, por ejemplo, las islas en donde existen faros, estaciones meteorológicas y campos pesqueros, como Lobos, Sacrificios, Enmedio, Pérez, Triángulos Oeste, Cayo Arenas y Cayo Centro, presentan una mayor proporción de especies de plantas introducidas, mientras que Islas Verde, Salmedina y Blanca presentan casi exclusivamente vegetación nativa. Otro de los factores que influyen a la vegetación es el estado de desarrollo de cada isla, ya que muchas de ellas están en sus primeros estadios de formación y presentan vegetación en las primeras fases de la sucesión (Flores, 1992).

Una de las islas más importantes en esta región, en cuanto a su vegetación se refiere, es la Isla Cerritos la cual, a pesar de su reducida superficie, de tan solo 50 mil m², presenta manglar, vegetación de duna costera y ceibadal, con una gran riqueza de algas marinas asociadas (Flores, 1992). En esta isla se han registrado 75 especies vegetales, excluyendo las algas marinas, líquenes y hongos. El matorral de duna costera está muy desarrollado y presenta especies arbóreas con considerable diámetro de tronco a la altura del pecho (promedio de 354 cm) y hasta 6 m de altura. Esta isla presenta gran riqueza arqueológica y está protegida por la ley federal y estatal, ya que se cree que fue un importante complejo portuario prehispánico desde el periodo preclásico tardío hasta la época colonial, encontrándose entre las especies vegetales el algodón y otras, como dzizilché y *Podopterus mexicanus* (Flores, 1992).

Isla del Carmen, también habitada desde la época prehispánica, se encuentra fuertemente perturbada. Al igual que la mayor parte de las otras islas de la zona, su vegetación era, en esencia, de duna costera, selva mediana subcaducifolia, manglar y tular. Esta isla, además de presentar un desarrollo urbano considerable por la presencia de Puerto Real y Ciudad del Carmen, ha sido el puerto de salida de maderas preciosas provenientes de la Lacandona, Tabasco y Campeche hacia los Estados Unidos y Europa. Esto se favoreció por la presencia o cercanía de la desembocadura de grandes ríos (Flores, 1992).

Cayo Arcas, constituido por tres pequeños islotes de origen coralíneo, frente a la costa norte de Campeche, presenta gran alteración en su vegetación, debido a las instalaciones petroleras que se encuentran en la zona (Flores, 1992). Esta vegetación es de duna costera, y Cayo Arcas presenta también vegetación de mangle de 2 m de altura, en donde anidan aves marinas.

Arrecife Triángulos también está constituido por tres pequeñas islas de origen coralíneo: Triángulo Este, Oeste y Sur. La isla más alejada de las costas de la península y la única que presenta vegetación es la Oeste, con sólo nueve especies, de las cuales dos han sido introducidas, debido a la presencia de personal que da mantenimiento al faro que se encuentra en esta isla.

La isla de Jaina es una pequeña isla de origen cárstico, al noreste de la ciudad de Campeche, cuyo nombre en maya significa "casa en el agua". Aunque florísticamente no es excepcional, ya que presenta las mismas comunidades vegetales de duna costera y manglar que se encuentran en las islas cercanas a ella, vale la pena mencionarla ya que esta isla fue un cementerio prehispánico, en donde se han encontrado sitios arqueológicos con multitud de figurillas de gran valor artesanal, que revelan las costumbres de la cultura que las generó (Flores, 1992).

Más de 100 especies de aves, entre residentes y migratorias, han sido observadas en las islas del Golfo de México (Howell, 1989). Las islas del Golfo de México, especialmente las de la Sonda de Campeche, que se encuentran más alejadas de la costa que otras islas, son importantes puntos de descanso, particularmente durante los eventos de nortes y tormentas. Las islas del Golfo de México están ubicadas en una de las más importantes rutas migratorias para las aves, ya que en esta región confluyen las cuatro rutas migratorias de aves en Norteamérica. Por ello, estas islas son importantes para las aves terrestres migratorias (para abrevar y alimentarse), además de ser habitadas por varias especies residentes de la región continental contigua. Hay una gran cantidad de insectos nativos y también migratorios en las islas durante la temporada de migración de las aves. Por lo regular, las aves que se encuentran en migración están cansadas y débiles, e incluso se les encuentra muertas o moribundas en cantidades considerables en la ruta trasgólfica, ya sea en las islas o en las plataformas petroleras.

En las islas frente a Tamaulipas o Veracruz no se tienen registros de colonias de anidación de aves marinas, pero 10 de las islas de la Sonda de Campeche presentan colonias de anidación de este grupo de aves. De acuerdo con la última prospección de campo que abarcó la totalidad de las islas, llevada a cabo en 1986, ocho de las islas tienen colonias de anidación de aves marinas (cuadro III.2).

Otros vertebrados que están o estuvieron presentes en las islas del Golfo de México son reptiles y mamíferos. En este último caso, se trataba de la foca monje (*Monachus tropicalis*), la cual por desgracia fue declarada extinta durante la primera mitad del siglo xx, ya que no ha sido observada desde mediados de dicho siglo (Fosberg, 1962). Esta foca ocupaba varias de las islas de la Sonda de Campeche para parir y criar a sus cachorros, y es el único mamífero de talla grande que se sabe que ocupaba estas islas.

CUADRO III.2 Lista de especies de importancia para la conservación en diferentes islas del Golfo de México y el Caribe

	Golfo de México y el Caribe	
Islas de la Sonda de Campeche	Isla Contoy	Isla Cozumel
Especies importantes:	Especies importantes:	Especies importantes:
* Bobo enmascarado (*Sula dactylatra*)	* Halcón peregrino (*Falco peregrinus*)	* Cuitlacoche de Cozumel (*Toxostoma guttatum*)
* Golondrina marina café (*Anous stolidus*)	* Bobo de vientre blanco (*Sula leucogaster*)	* Saltaparedes de Cozumel (*Troglodytes beani*)
* Bobo de patas rojas (*S. sula*)	* Cormorán (*Phalacrocorax auritus*)	* Vireo de Cozumel (*Vireo bairdi*)
* Bobo café (*S. leucogaster*)	* Fragata magnífica (*Fregata magnificens*)	* Hocofaisán (*Crax rubra griscomi*)
* Fragata (*Fragata magnificens*)	* Charrán bridado (*Sterna anaethetus*)	* Pájaro-gato negro (*Dumetella glabrirostris cozumelana*)
* Gaviota reidora (*Larus atricilla*)	* Charrán mínimo (*S. antillarum*)	* Espátula rosada (*Ajaya ajaja*)
* Charrán real (*Sterna maxima*)	* Garza gigante (*Ardea herodias*)	* Flamenco americano (*Phoenicopterus ruber*)
* Charrán de Sándwich (*S. sandvicensis*)	* Garza rojiza (*Egretta rufescens*)	
* Charrán oscuro (*S. fuscata*)	* Garza nevada (*E. thula*)	
* Avetoro americano (*Ixobrychus exilis*),	* Garza tricolor (*E. tricolor*)	
* Cerceta aliazul (*Anas discors*)	* Palomita coroniblanca (*Columba leucocephala*)	
* Chipe de Swainson (*Helmitheros swainsonii*)		
* Halcón peregrino y el esmerejón (*Falco peregrinus* y *F. columbarius*),		
* Gavilán pajarero y el rastrero (*Accipiter striatus* y *Circus cyaneus*)		

Para el caso de los reptiles terrestres, las únicas especies observadas en las islas han sido dos lagartijas: una del género *Sceloporus sp.* fue observada en isla Lobos, y *Mabuya mabuya*, en las islas de la Sonda de Campeche (Bonet y Rzedowski, 1962; Fosberg, 1962). Los únicos otros vertebrados nativos de la región, que han sido observados en las islas del Golfo de México, son varias especies de tortugas marinas, a las que se ha visto desovando en algunas islas. Aunque existen cinco especies de tortugas marinas en el Golfo de México, las especies a las que se ha observado desovando en las islas han sido únicamente la tortuga lora (*Caretta caretta*), la verde (*Chelonia mydas*) y la carey (*Eretmochelys imbricata*).

Los invertebrados más comunes y abundantes observados en las islas son varias especies de crustáceos decápodos (cangrejos) de la especie *Geocarcinus lateralis* y *Coenobita clypeatus*.

Finalmente, para el caso de los insectos, se han registrado más de 50 especies incluidos en más de 30 familias y 10 órdenes, para Arrecife Alacrán (Bonet y Rzedowski, 1962; Fosberg, 1962). Y para el caso de los arácnidos, se han colectado 17 especies, incluidas en 12 familias y cuatro órdenes (Bonet y Rzedowski, 1962).

En cuanto a las islas ubicadas en el Caribe mexicano, una de las menos perturbadas es la Isla Contoy, la cual actualmente está protegida bajo decreto federal, y cuenta con un programa de manejo desde 1994. Por el contrario, isla Cozumel, a pesar de que en la actualidad más de la mitad de su superficie está dedicada a la conservación, es una de las más perturbadas del Caribe, ya que está habitada (40 mil habitantes aproximadamente) y presenta amenazas tales como la introducción de especies exóticas, deforestación, agricultura y ganadería, cacería, explotación inadecuada de recursos y desarrollo industrial, además del turismo. Esta isla es una de las más grandes de México, con 600 km^2 y presenta varias zonas de importancia para especies de aves clasificadas en la Norma Oficial Mexicana de especies bajo protección.

La vegetación de las islas
del Golfo de México y el Caribe

La vegetación de estas islas ha sido estudiada en detalle por Flores (1992), quien reporta manglar y vegetación de duna costera en Banco Chinchorro, el cual consta de tres cayos: Cayo Centro, Cayo Norte y Cayo a Lobos. El manglar de estas islas es de entre tres y cuatro metros de altura, y está bien conservado debido a la lejanía de la costa y a que los cayos no están habitados. Cayo Culebras, en Bahía Ascensión, cerca de Punta Allen, está constituido por una serie de pequeños islotes coralinos. La vegetación consiste principalmente en manglar y en vegetación de duna costera, aunque gran parte de ésta ha sido sustituida por plantaciones de coco, debido a que este cayo es de propiedad privada.

La vegetación de la Isla Contoy presenta pocas alteraciones a pesar de que ha permanecido abierta para la pernoctación de pescadores y el ecoturismo, aunque hay algunas especies de plantas introducidas como el cocotero. Presenta dos tipos principales de vegetación divididos a su vez en 12 comunidades. Domina la vegetación halófila o de duna costera. Es el tipo dominante y, de acuerdo con las variaciones micro topográficas, se establecen distintas combinaciones de especies de muy variados grupos taxonómicos, incluyendo la palma cocotera (*Coccus nucifera*). El otro tipo de vegetación es el manglar, que también se encuentra dividido en varios tipos, dependiendo de la especie dominante (Flores, 1992).

En la isla Cozumel también encontramos varios tipos de vegetación, desde la selva mediana subcaducifolia, manglar, tular, vegetación halófila o de dunas costeras, ceibadal y vegetación secundaria, que está presente en regiones de la isla que han sido alteradas por el paso de huracanes o por ocupación humana, así como también vegetación acuática y subacuática (Flores, 1992). Parte de la vegetación de manglar y de la zona costera está siendo sustituida por plantaciones de coco. La isla fue ocupada desde tiempos prehispánicos, y actualmente es uno de los principales centros turísticos y pesqueros de la península. Cuenta con una pequeña ciudad también llamada Cozumel, ubicada al noroeste de la isla, habiendo una población total de más de 20 mil habitantes. A pesar del impacto de las zonas más utilizadas, grandes áreas de la isla están bien conservadas y cuenta con una reserva biológica, un jardín botánico y uno de los museos de historia natural más representativos de la región.

La Isla Mujeres, es de origen cárstico y coralino, con una superficie de tan sólo 3.44 km², también fue ocupada desde tiempos prehispánicos por los mayas, según los hallazgos de sitios arqueológicos con figurillas de mujeres encontrados en ellos (Flores, 1992). La isla ha sido muy perturbada por la actividad humana y, más recientemente (1988), por el huracán Gilberto. La vegetación que presenta es de duna costera, tular, manglar y selva baja caducifolia (Flores, 1992).

Isla Holbox es la segunda más grande de la costa oriental de México, después de Cozumel, con 62 km², y se encuentra en el límite entre el Caribe y el Golfo de México. Las comunidades vegetales que presenta son el manglar y la vegetación de duna costera o halófila (Flores, 1992), las cuales se encuentran muy perturbadas, por la introducción del cultivo de la palma de coco (*Coccus nucifera*).

Por último, la Isla Cancún está separada de la costa oriente de la península por la laguna de Nichupté y tiene 20 km de largo y 40 km² de superficie. Fue ocupada desde tiempos prehispánicos y en la actualidad presenta un marcado desarrollo turístico, lo cual ha perturbado notablemente su vegetación, que ha sido destruida casi en 90 por ciento. Ésta consistía en un origen de ceibadales, vegetación de duna costera, matorral de duna costera, manglar y selva mediana subperennifolia (Flores, 1992). Los ceibadales (también conocidos como "pasto de tortuga", *Talassia testudinum* y *Halodule beudettei*), que anteriormente eran muy abundantes, se encuentran muy reducidos, lo cual resulta alarmante dado que estas plantas son importante alimento para las tortugas marinas de la región.

En cuanto a las especies marinas, en la Isla Contoy se ha registrado un total de 41 especies de macroalgas y dos de pastos marinos, así como 17 especies de corales, 14 gorgonáceas, 23 esponjas y 11 de otros organismos que incluyen equinodermos, anémonas, zooántido y moluscos. En esta isla se han registrado 14 especies de reptiles. De éstos, algunos se encuentran en alguna categoría de protección bajo la Norma Oficial Mexicana, como: la tortuga blanca (*Chelonia mydas*), la de carey (*Eretmochelys imbricata*), la caguama (*Caretta caretta*), todas ellas en peligro, y el lagarto (*Crocodylus acutus*), raro por presentarse en bajas densidades de población.

Es interesante que muchos pescadores de la región de Cayo Culebras piensan que el nombre de esta formación se debe a que hasta la década de los setenta abundaban las culebras marinas en esta zona (Flores, 1992). En esa misma década, se sobreexplotó el recurso para obtener sus pieles, que se exportaron a los Estados Unidos, y la población se redujo considerablemente. En este cayo anidan varias especies de aves marinas como pelícanos y gaviotas, entre otras, aunque no existen estudios detallados de sus poblaciones.

En la Isla Contoy se han registrado alrededor de 130 especies de aves (25% de las reportadas para la península de Yucatán (Arizmendi y Márquez, 2000), de las cuales según la norma vigente 14 son amenazadas, seis raras, cinco sujetas a protección especial y una en peligro de extinción. Además, una de sus características más importantes es la de ser un sitio de anidación de gran relevancia para aves marinas y acuáticas, e incluso una rapaz, varias de las cuales se encuentran en alguna categoría de protección bajo la Norma Oficial Mexicana. En la isla se encuentra la colonia más importante de pelícano pardo (*Pelecanus occidentalis*) en la costa oriental de México, con 70% del total de la población que anida. La isla provee también sitios de anidación para muchas otras especies (cuadro III.2).

Por último, isla Cozumel es importante por tener una gran diversidad de aves, casi la mitad de las cuales son migratorias, y es una de las pocas islas mexicanas, tan cercanas al continente, con especies y subespecies endémicas (cuadro III.2).

Bibliografía

Arizmendi, M. C., y L. Márquez, 2000, *Áreas de importancia para la conservación de las aves en México*, Cipamex, México.

Bonet, F. y J. Rzedowski, 1962, "La vegetación de las islas del Arrecife Alacranes, Yucatán (México)", en *Anales de la Escuela Nacional de Ciencias Biológicas (México)*, 6(1-4), pp. 15-59.

Boswal, J., 1978, "The Birds of Alacran Reef, Gulf of Mexico", en *Bulletin of the British Ornithologists' Club*, 98(3), pp. 99-109.

Case, T. J., 2002, "Reptiles", en T. J., Case, M. L. Cody y E. Ezcurra (eds.), *A New Island Biogeography of the Sea of Cortés*, Oxford University Press, Oxford, pp. 221-270.

Cody, M., R. Moran, J. Rebman y H. Thompson, 2002, "Plants", en T. J. Case, M. L. Cody y E. Ezcurra (eds.), *A New Island Biogeography of the Sea of Cortés*, Oxford University Press, Oxford, pp. 63-111.

Flores, J. S., 1984, "Dinámica de emersión del suelo y sucesión de la vegetación en el arrecife alacranes del Canal de Yucatán", en *Biótica*, 9(1), pp. 41-63.

_____, 1992, "Vegetación de las islas de la Península de Yucatán, florística y etnobotánica", en *Etnoflora Yucatanense*, 4, pp. 11-100.

Fosberg, F. R., 1962, "A Brief Study of the Cays of Arrecife Alacran, a Mexican Atoll", en *Atoll Research Bulletin*, 93, 25 pp.

Grant, P. R. y Mc. T. Cowan, 1964, "A review of the Avifauna of the Tres Marias Islands, Nayarit, Mexico", en *The Condor*, 66, pp. 221-228.

Howell, S. N. G., 1989, "Additional Information on the Birds of the Campeche Bank, Mexico", *Journal of Field Ornithology*, 60, pp. 504-509.

Lawlor, T. E., D. J. Hafner, P. Stapp, B. R. Riddle y S. T. Álvarez-Castañeda, 2002, "The Mammals", en T. J. Case, M. L. Cody y E. Ezcurra (eds.), *A New Island Biogeography of the Sea of Cortés*, Oxford University Press, Oxford, pp. 326-361.

Rebman, J. P., J. L. León de la Luz y R. V. Moran, 2002, "Vascular Plants of the Gulf Islands", en T. J. Case, M. L. Cody y E. Ezcurra (eds.), *A New Island Biogeography of the Sea of Cortés*, Oxford University Press, Oxford, pp. 465-511.

Thompson, D. A. y M. R. Gilligan, 2002, "Rocky-Shore Fishes", en T. J. Case, M. L. Cody y E. Ezcurra (eds.), *A New Island Biogeography of the Sea of Cortés*, Oxford University Press, Oxford, pp. 154-180.

Tershy, B. R., C. J. Donlan, B. S. Keitt, D. A. Croll, J. A. Sánchez, B. Wood, M. A. Hermosillo, 2006, "Island Conservation in Northwest México: a Conservation Model Integrating Research, Education and Exotic Mammal Eradication", en C. R. Veitch y M. N. Clout (eds.), *Turning the Tide: The Eradication of Invasive Species*, Invasive Species Specialist Group of the World Conservation Union (IUCN), Aukland, Nueva Zelanda.

Thomson, D. A., y M. R. Gilligan, 2002, "Rocky-Sore Fishes", en M. L. Case, E. Cody y E. Ezcurra (eds.), *A New Island Biogeography of the Sea of Cortés*, Oxford University Press, Oxford, pp. 154-180.

Velarde, E., y D. W. Anderson, 1994, "Conservation and Management of Seabird Island in the Gulf of California: Setbacks and Successes", en D. N. Nettleship, J. Burger y M. Gochfeld (eds.), *Seabirds on Islands: Threats, Case Studies and Action Plans*, BirdLife International (BirdLife Conservation Series, núm. 1), Cambridge, pp. 721-765.

Velarde, E., 2000, "Mérgulo de Craveri", en G. Cevallos y Valdelamar (eds.), *Aves mexicanas en peligro de extinción*, Conabio, UNAM, FCE, México, pp. 169-170.

_____, J. E. Cartron, H. Drummond, D. W. Anderson, F. Rebón G., E. Palacios y C. Rodríguez, 2005, "Nesting Seabirds of the Gulf of California's offshore islands: Diversity, Ecology and Conservation", en J. E. Cartron, G. Ceballos y R. S. Felger (eds.), *Biodiversity, Ecosystems and Conservation in Northern Mexico*, Oxford University Press, Oxford.

Wilson, D. E., 1991, "Mammals of the Tres Marias Islands", en *Bulletin of the American Museum of Natural History*, 206, pp. 214-250.

IV. La biodiversidad escondida: la vida microcósmica en el suelo

Carlos Fragoso y Patricia Rojas

Introducción

Una característica distintiva del planeta es la biosfera: la franja que contiene la vida acuática y terrestre, y que se manifiesta por la variedad de especies, sus interacciones y sus efectos sobre el ambiente. En extremo diversa y compleja, la biosfera ha sido poco a poco caracterizada, pero todavía falta mucho por conocer, especialmente sobre los procesos biológicos que ocurren en ella. Por extraño que parezca, una pregunta que no ha podido ser contestada aún es: ¿cuántas especies de organismos vivientes existen en nuestro planeta? A pesar de tantos avances tecnológicos resulta increíble que el ser humano no sepa aún cuántas especies viven en la Tierra. ¿Por qué ha resultado tan difícil contestar esa pregunta?

En la década pasada, Wilson (1992) estimó en 1 413 000 el número de especies conocidas en todo el mundo. Estimaciones recientes sugieren que puede haber entre 3.6 y 100 millones de especies con un cálculo promedio de 10 millones (Wilson, 2002). La mayor parte de estas especies son insectos, los cuales contribuyen con más de la mitad del total de especies conocidas en la actualidad (Wilson, 1992). Muchas de las especies desconocidas son muy pequeñas e indistinguibles a simple vista, por lo que se requiere de potentes microscopios para detectarlas. Por último, algunas especies se encuentran en regiones poco exploradas, o bien en ambientes que no han recibido mucha atención (cimas de montañas, fondos marinos, lugares inaccesibles).

Aunque sorprenda, el suelo es precisamente uno de los ambientes menos explorados desde el punto de vista biológico, a pesar de la enorme importancia que tiene para el ser humano y del cual dependen la agricultura, la ganadería, la producción forestal y en fin, los alimentos y materias primas que consumimos y utilizamos los seres humanos. Sin temor a equivocarnos, podemos afirmar que esta "biodiversidad microcósmica" conforma un componente esencial y muy poco apreciado del planeta tierra.

El suelo vivo: definición y funciones

Una definición integral del suelo implica referirlo a los procesos que lo originaron. En general, se reconoce que el suelo se ha formado a lo largo de miles de años debido a cinco causas principales: el tiempo, el clima, la orografía, el tipo de roca madre y los seres vivos. Esto último indica que el suelo debe concebirse también como un producto de la actividad de los organismos. En realidad, el suelo es el resultado de la mezcla de cuatro esferas (fig. IV.1): la atmósfera (gases como oxígeno, bióxido de carbono y metano), la hidrosfera (agua entre los poros del suelo o pegada a las partículas microscópicas), la litosfera (piedras, arenas y arcilllas) y la biosfera (infinidad de organismos visibles e invisibles íntimamente ligados a los fragmentos inorgánicos y orgánicos). Esta mezcla es lo que conocemos como suelo y técnicamente se le denomina pedosfera.

A escala planetaria, existen entre 12 y 30 grandes tipos de suelos (llamados órdenes), que se distribuyen desde los climas fríos de las tundras y estepas árticas hasta los húmedos y calurosos bosques ecuatoriales. En todos ellos, los estudiosos del suelo (pedólogos) han reconocido dos procesos fundamentales que vinculan a este ambiente con los seres vivos: la descomposición y el flujo de nutrientes. Estos procesos son controlados principalmente por la actividad biológica, que depende en última instancia de la temperatura y la humedad.

Figura iv.1 *El suelo es un sistema (la pedosfera) donde se mezclan minerales de la litosfera, gases de la atmósfera, agua de la hidrosfera y seres vivos de la biosfera. Las flechas indican intercambios entre el suelo y las cuatro esferas* (modificado de Coleman y Crossley, 1996)

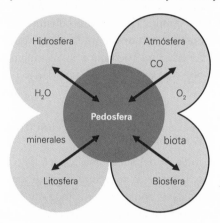

De modo suscinto, la descomposición es el proceso mediante el que los desechos orgánicos que llegan al suelo son fragmentados y modificados químicamente por determinados organismos. El modelo general de la descomposición propone que los recursos que llegan al suelo pasan por tres procesos durante su degradación: la fragmentación, la transformación enzimática (catabolismo) y el lavado por agua (lixiviación). Los dos primeros son modulados por la actividad biológica, mientras que el tercero depende por completo de la precipitación. Durante la transformación de los desechos se producen cuatro productos: i) un nuevo recurso, ii) bióxido de carbono (CO_2), iii) nutrientes en solución y iv) nutrientes inmovilizados en los organismos o en nuevos compuestos orgánicos complejos (humus). La formación de los productos iii y iv es lo que se llama mineralización y humificación, respectivamente. Con el paso del tiempo, y dependiendo de las condiciones ambientales y de la biota presente, el recurso se descompone por entero, y su carbono y nutrientes pasan a la atmósfera (CO_2 y metano), a la poza de materia orgánica y nutrientes del suelo, o a los tejidos de la biota edáfica (animales, bacterias, hongos, etcétera) en forma de proteínas y otros compuestos orgánicos (Fragoso *et al.*, 2001).

El proceso de la descomposición es una pieza clave en el funcionamiento de los ecosistemas. Sin este la vida no habría podido diversificarse ni aumentar en las proporciones que lo ha hecho, simple y sencillamente porque la tasa de liberación directa de los nutrientes de las rocas es muy lenta comparada con la velocidad que requieren estos nutrientes para la elaboración de nuevas formas de vida. Por lo tanto, la actividad de los organismos (el engrane rápido de la descomposición y del ciclo de nutrientes) ha sido un factor clave para que los nutrientes liberados por las rocas (el engrane lento) estén siempre disponibles para mantener y diversificar la vida terrestre. ¿Cuántos y cuáles organismos participan en este proceso? y, ¿qué otras funciones se llevan a cabo en el suelo? Estas dos preguntas se responderán en las secciones siguientes y, en la medida del conocimiento actual, usando ejemplos de México.

La diversidad biológica del suelo

La mayoría de nosotros puede responder la pregunta: ¿qué animales viven en el suelo?, pues cuando fuimos niños seguramente jugamos con la tierra y nos divertimos buscando animales dentro de esa matriz oscura y lodosa. Podríamos contestar por ejemplo, que en el suelo hay lombrices, hormigas, cochinillas, caracoles y milpiés; y si hemos sido más observadores, podríamos agregar que a veces se encuentran arañas, cucarachas, grillos y tijerillas. Sin embargo, hay más, muchos más organismos viviendo ahí.

Con objeto de entender mejor la diversidad del suelo, los biólogos especializados en este ambiente (edafobiólogos o pedobiólogos) han dividido a sus habitantes, dependiendo de su tamaño, en cuatros grupos: *microflora*, *microfauna*, *mesofauna* y *macrofauna*. El primer grupo incluye algas, hongos y bacterias; los tres últimos incluyen sólo animales clasificados en función del diámetro del adulto (Lavelle y Spain, 2001). En el cuadro IV.1 se muestra un re-

Cuadro IV.1 Riqueza de especies del suelo

Grupo edáfico	Grupo taxonómico	Mundial			En México			Referencias
		Núm. especies conocidas	Núm. especies conocidas del suelo	Núm. especies esperadas	Núm. especies conocidas	Núm. especies conocidas del suelo	Núm. especies esperadas	
Microflora (1-2 micras)	Bacterias	4 100	1 700	Decenas de miles	NSI	NSI	NSI	Brussaard et al, 1997
	Hongos	72 000	18 000-35 000	1.36 -1.5 millones	6 500	NSI	200 000	Mundial: Brussaard et al., 1997 México: Guzmán, 1998
Microfauna (2-100 micras)	Protozoarios	40 000	1 500	15 000 para el suelo	1 070	NSI	400 para el suelo	Mundial: Brussaard et al., 1997; Wall y Moore, 1999 México: López-Ochoterena, 1998
	Nematodos	25 000	5 000	125 000	NSI	NSI	NSI	Brussaard et al., 1997 ; Wall y Moore, 1999
	Tardígrados		233		31			Mundial y México: Claps y Rossi, 2002[3]
Mesofauna (0.1-2 mm)	Ácaros	35 000	20 000	500 000-1 millón, 540 mil del suelo	2 343	(66% = 1546)	4 500 (66% = 2970 para el suelo)	Mundial y México: Hoffmann y López-Campos, 2000
	Colémbolos	7 000	7 000	90 000	550	550	1 000	Mundial: Brussaard et al., 1997 México: Palacios et al., 2000[2]
	Dipluros					48		Palacios, 2000[2]
	Proturos		200			19		Palacios, 2000[2]

Macrofauna (mayores de 2 mm)							
Lombrices de tierra	4 000	3 280	7 300	129	129	250	Mundial: Lavelle y Spain, 2001, Fragoso et al., 2003 México: Fragoso, 2001[5]
Caracoles					Más de 500		Naranjo citada por Brown et al., 2001[5]
Onicóforos	131	Menos de 131		3	3	14	Monge-Nájera, 2000[2]
Cochinillas	10 000	5 000		83	Menos de 83	Varias más	Mundial: Wall y Moore, 1999 México: Souza-Kuri, 2000[2]
Palpígrados	50			1	1		Vázquez-Rojas, 1996a[1]
Esquizómidos	76 en América			35	35		Vázquez-Rojas, 1996b[1]
Uropígidos	84			2			Vázquez-Rojas, 1996c[1]
Amblipígidos	70			14	14		Vázquez-Rojas, 1996d[1]
Solífugos				57			Vázquez-Rojas, 1996e[1]
Ricinúlidos	49 (40 en América)			10	10	> 140	Vázquez-Rojas, 1996f[1]
Arañas	34 000	no se sabe cuántas son del suelo	50 000	2 506	no se sabe cuántas son del suelo	3 500	Jiménez, 1996[1]
Opiliones	7 050	NSI		283	no se sabe cuántas son del suelo	420	Curi y Cockendolfer, 2000[2]
Escorpiones	1 500			177	<177	>177	Lourenco y Sissom, 2000[2]
Seudoscorpiones					Más de 100		Muchmore, 1990[4]

Cuadro IV.1 (continuación)

Grupo edáfico	Grupo taxonómico	Mundial			En México			Referencias
		Núm. especies conocidas (todos)	Núm. especies conocidas del suelo	Núm. especies esperadas	Núm. especies conocidas	Núm. especies conocidas del suelo	Núm. especies esperadas	
	Ciempiés	3 000 (todos)	3 000 (todos)		69 (Geoflomorfos)	69 (Geofilomorfos)		Ciempiés (todos): Tait, 1998 Geofilomorfos: Foddai et al., 2002[3]
	Milpiés	10 000	ca. 10 000	40 000	570	570	NSI	Mundial: Hoffman, 1990[4] México: Bueno y Rojas, 1999
	Paurópodos	700	700	Varios miles	2	2	NSI	Scheller, 2002a[3]
	Sínfilos	200	200	Más de 200	17	17	NSI	Scheller, 2002b[3]
	Pececitos de plata	700	no se sabe cuántas son del suelo	700	50		>>>50	Palacios, 2000b[2]
	Psócidos	3 800	no se sabe cuántas son del suelo	5 000	646	no se sabe cuántas son del suelo		Mockford y García-Aldrete, 1996[1]
	Chicharras (Cicadidae)	2 122	2 122		91	91	900	Moore, 1996[1]
	Trips	5 000	no se sabe cuántas son del suelo		600	no se sabe cuántas son del suelo		Johansen y Mojica-Guzmán, 1996[1]
	Termitas	2 750	NSI		95	NSI	135	Cancello y Myles, 2002[2]

Cucarachas				400	Brown et al., 2001[5]
Chinches (Cydnidae)				Más de 300	Brown et al., 2001[5]
Hormigas	>10 000	7 000 / 500	20 000 (15 000 del suelo)	>1 000 (1 000 del suelo) / 407	Mundial: Brown, 2000 México: Rojas, 1996, 2001[5]
Coleópteros (Staphylinidae)	32 340	954	no se sabe cuántas son del suelo	5 000	Navarrete-Heredia y Newton, 1996[1]
Coleópteros (Scarabaeidae)	9 565	419	no se sabe cuántas son del suelo	233	Morón, 1996b[1]
Coleópteros (Tenebrionidae)	9 500	1 227	no se sabe cuántas son del suelo	563	Aalbu et al., 2002[3]
Coleópteros (Curculionidae)	50 000	2 344	no se sabe cuántas son del suelo.	4 800	Anderson y O'Brien, 1996[1]
Coleópteros (Carabidae)	1 957	NSI		NSI	Ball y Shpeley, 2000[2]

Las especies conocidas son todas las especies del grupo, mientras que las especies del suelo son las que habitan temporal o permanentemente en el suelo. Las especies esperadas son el número total de especies que se espera habrá al sumar las especies conocidas más las que faltan por encontrar. La lista no incluye vertebrados edáficos, los cuales representan en el contexto mundial, alrededor de 4 000 especies más. NSI = No se encontró información.

[1] Trabajos publicados en Llorente et al., 1996; [2] Trabajos publicados en Llorente et al., 2000; [3] Trabajos publicados en Llorente y Morrone, 2002; [4] Trabajos publicados en Dindal, 1990; [5] Trabajos publicados en Fragoso y Reyes-Castillo, 2001; [6] Trabajos publicados en Álvarez y Naranjo, 2003.

sumen de la diversidad mundial, y de México, para los grupos más importantes del suelo; el cuadro IV.2 proporciona información relevante sobre los patrones de abundancia, diversidad y hábitat de esos grupos, incluyendo patrones encontrados en México.

La microflora

La microflora incluye algas, hongos microscópicos y bacterias, los cuales son demasiado pequeños para ser observados a simple vista. Su tamaño es por lo general de una o dos micras (una micra es la milésima parte de un milímetro) en el caso de las bacterias, y de tres a cien micras en el caso de los hongos.

Debido a que el grupo de las algas que viven en el suelo ha sido muy poco estudiado (apenas si se conocen unos cuantos cientos de especies de las 600 mil especies descritas), no se considerarán en esta sección.

Las bacterias

Las bacterias son organismos cuyo nombre asociamos por lo común con enfermedades, pero que en el suelo tienen una gran cantidad de funciones, casi todas benéficas. Por ejemplo, mineralización, humificación, asociaciones mutualistas, promoción del crecimiento de las plantas, microagregación y fijación de nitrógeno (Brussaard et al., 1997). Algunos de los géneros más comunes del suelo son *Arthrobacter, Bacillus* y *Pseudomonas* (Killham, 1994).

Con las técnicas taxonómicas convencionales se han descrito 1 700 especies de bacterias del suelo (Wall y Moore, 1999), que equivalen a 40 por ciento de las 4 100 especies conocidas en todo el mundo (Brussaard et al., 1997). De hecho, la mitad de los 190 géneros de bacterias conocidos cuentan con especies edáficas (Word, 1995). Con las nuevas técnicas moleculares, se predice que estos valores de diversidad pueden incrementarse notablemente. Por

CUADRO IV.2 *Datos adicionales sobre biología, diversidad, abundancia, hábitat y patrones de la mayoría de los grupos de la biota edáfica en México*

Grupo edáfico	Grupo taxonómico	Comentarios
Microflora (1-2 micras)	Bacterias	Algunos de los géneros típicos del suelo son *Azotobacter, Arthrobacter, Bacillus, Clostridium, Micrococcus, Pseudomonas, Rhizobium y Streptomyces* (Killham, 1994; Beare et al., 1995; Wood, 1995; Lavelle y Spain, 2001).
	Hongos	Los géneros más importantes en el suelo son *Penicillium y Aspergillus*, los que contribuyen con casi la mitad de todas las especies de hongos que viven en el suelo (Wood, 1995).
Microfauna (2-100 micras)	Protozoarios	Muchos son cosmopolitas. 49-63 spp en sabanas y bosques (Lavelle y Spain, 2001).
	Nematodos	En pastizales templados se han registrado hasta 55 millones/m^2 (Curry, 1994), mientras que en los trópicos los valores están alrededor de 1.8 millones/m^2 (Lavelle y Spain, 2001).
Mesofauna (0.1-2 mm)	Tardígrados	Animales muy pequeños emparentados con los artrópodos. Las especies registradas para México son terrestres. En ambientes templados se han llegado a encontrar hasta 2 000 ind./10 cm^2.
	Ácaros	Comúnmente se les conoce como pinolillos, tlalzahuates, garrapatas, etcétera.
	Colémbolos	En bosques templados se han encontrado de 60 a 80 especies; en el Bosque Mesófilo de Tamaulipas, Villalobos (1989) registró entre 54 y 61 especies.
	Dipluros	Se han registrado abundancias desde 800 ind/m^2 en ambientes templados (Lavelle y Spain 2001) hasta 2 625 ind/m^2 en pastizales tropicales (Curry, 1994).
	Proturos	En pastizales tropicales y templados se han registrado, respectivamente 1 625 ind/m^2 y 51 000 ind/m^2 (Curry, 1994).
Macrofauna (mayores de 2 mm)	Lombrices de tierra	No hay diferencias en la riqueza local de especies entre selvas tropicales y bosques templados (Lavelle y Spain, 2001).

CUADRO IV.2 (*continuación*)

Grupo edáfico	Grupo taxonómico	Comentarios
	Caracoles	En las sabanas tropicales hay menos de un individuo por metro cuadrado, mientras que en pastizales templados puede haber hasta 490 ind/m^2 (Curry, 1994). En Chiapas se han encontrado 294 ind/m^2 (Naranjo, 2003, en Álvarez y Naranjo 2003).
	Onicóforos	Animales parientes de los artrópodos, son muy raros y se les encuentra principalmente en la hojarasca de selvas tropicales, aunque algunos habitan en troncos podridos y bromelias.
	Cochinillas	En sabanas tropicales se han registrado 1 022 ind/m^2, mientras que en pastizales templados hasta 7 900 ind/m^2 (Curry, 1994).
	Palpígrados	*Eukoenenia hanseni* es la única especie de México; quizás se encuentren en nuestro país tres especies más.
	Esquizómidos	Son principalmente habitantes de los suelos de cuevas.
	Uropígidos	Las especies de México son *Mastigoprocyus liochirius* y *M. giganteus*, y fueron colectadas sobre el suelo, bajo piedras.
	Amblipígidos	Son principalmente habitantes de los suelos de cuevas.
	Solífugos	Se les encuentra en las cavidades de troncos podridos.
	Ricinúlidos	Dos especies fueron encontradas en la hojarasca y el resto en cuevas.
	Arañas	En pastizales templados se han encontrado desde 13 hasta 150 especies por sitio y 205-842 ind/m^2 (Curry, 1994).
	Opiliones	En México hay 77% de endemismos.
	Escorpiones	Se les encuentra principalmente en la hojarasca y bajo piedras.
	Seudoscorpiones	Se les encuentra en el suelo, hojarasca, árboles, epifitas, etcétera.

Ciempiés	En pastizales tropicales se han registrado 50 ind/m² y hasta 120 ind/m² en pastizales templados (Curry, 1994).
Milpiés	Con algunas excepciones todos son del suelo. En los trópicos se han registrado más de 100 ind/m² (Lavelle y Spain, 2001) y hasta 700 ind/m² en pastizales templados (Curry, 1994).
Paurópodos	Falta todo por hacer. Se encuentran en suelo y hojarasca. En pastizales templados se han encontrado 600-3 500 ind/m² (Curry, 1994).
Sínfilos	En muchos países son plagas de raíces. Pueden llegar a ser muy abundantes, con valores de 2 000-10 800 ind/m² en pastizales tropicales y 22 000-75 000 ind/m² en pastizales templados (Curry, 1994).
Pececitos de plata	En pastizales templados se han registrado 200-700 ind/m² (Curry, 1994).
Chicharras	Viven muchos años como ninfas (estadios inmaduros) dentro del suelo. Se les llama también cigarras de siete años.
Trips	400 especies endémicas de México.
Termitas	También llamados comejenes. Se alimentan principalmente de madera.
Hormigas	Son los invertebrados de la macrofauna más abundantes; frecuentemente representan más de 50% de la abundancia total.
Coleópteros (*Melolonthidae*)	En México llega a haber más de 200 larvas/m².
Coleópteros (*Scarabaeidae*)	La mayoría de las larvas de estos escarabajos se alimentan de excremento o de cadáveres. Muchas especies hacen nidos con estos substratos y los entierran en el suelo.
Coleópteros (*Tenebrionidae*)	En México 58% de las especies son endémicas. Baja California es el estado mejor estudiado con 262 especies del suelo (76%) y 183 endémicas.
Coleópteros (*Carábidos*)	29% de los 172 géneros son del suelo, 60% endémicos.

ejemplo, se piensa que en un gramo de suelo forestal podría haber entre 20 mil y 40 mil especies distintas (Brussaard *et al.*, 1997).

Muchas bacterias tienen la capacidad de fijar el nitrógeno directamente de la atmósfera. Un tipo especial de estas bacterias se asocia con las raíces de las plantas con las que intercambian nitrógeno (el nutriente más limitante para las plantas) a cambio de carbono. En México estas bacterias han sido las más estudiadas, en especial el género *Rhizobium*, que se asocia con leguminosas formando nódulos en sus raíces o tallos (Martínez-Romero, 2001, en Fragoso y Reyes-Castillo, 2001).

Los hongos

Los hongos del suelo son también muy pequeños y no pueden ser diferenciados a simple vista. Sin embargo, a menudo es posible ver sus hifas aglutinadas formando el micelio, que tiene la apariencia de delgados hilos blancos que cubren las hojas muertas y los cadáveres de invertebrados en descomposición (fig. IV.2). El micelio es la parte somática de estos hongos; cuando se reproducen emergen las partes reproductivas, que pueden también ser microscópicas (esporangios, conidios) o macroscópicas (típicos hongos, como los champiñones).

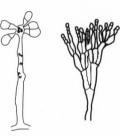

FIGURA IV.2

La principal función de los hongos en el suelo es la descomposición de la materia orgánica, aunque tienen otras funciones también realizadas por las bacterias (la mineralización, la humificación, la fijación de nitrógeno, etcétera). La presencia del micelio, que puede ser muy extenso y ramificado, confiere a los hongos una función única: la de movilizar los nutrientes de un sitio a otro. Podríamos pensar que el micelio es como una autopista que permite el desplazamiento de los nutrientes (automóviles). Además de esto, los hongos establecen relaciones mutualistas con las raíces de una enorme cantidad plantas.

Los hongos que vemos en el campo, en realidad son solamente el cuerpo fructífero de un micelio que se extiende por la hojarasca y dentro del suelo. Como ejemplo de estos hongos, tenemos a los muy conocidos basidiomicetos *Agaricus, Amanita, Boletus, Lactarius, Psilocybe*, etcétera, y a los ascomicetos *Sordaria, Chaetomium, Morchella, Saccharomyces*, etcétera. También entre los hongos del suelo hay numerosos parásitos como *Phytophthora, Pythium* y *Fusarium* (Killham, 1994); estos hongos tienen los cuerpos fructíferos microscópicos y se detectan por los daños que causan a las plantas.

El número total de hongos del suelo está en el rango de 18 mil a 35 mil especies descritas. Este rango se debe a que no se sabe cuántas de ellas viven también en las partes aéreas de las plantas. Esta cifra representa casi 50% del total de especies de hongos en el mundo (72 mil, Brussard *et al.*, 1997). Se estima, sin embargo, que estas 72 mil especies conocidas representan sólo 5% de los hongos, lo que nos deja con cerca de 1.36 millones de especies por descubrir, de las cuales casi la mitad estaría en el suelo.

En México se conocen actualmente 6 500 especies de hongos, de las cuales 2 mil son micromicetos (cuerpo fructífero microscópico) y 4 500 macromicetos (cuerpo fructífero macroscópico), líquenes y mixomicetos (Guzmán, 1998). Entre los micromicetos, 120 especies tienen como hábitat el suelo, además de que alrededor de 1 500 especies son patógenas de plantas, sobre todo de las raíces. Este micólogo calcula que las 6 500 especies descritas representan apenas 3.3% de las 200 mil especies de hongos que estima deben de existir en México (Guzmán, 1998).

La microfauna

Este grupo incluye principalmente animales acuáticos que viven en el agua que está entre las partículas del suelo y que miden menos de 0.1 mm. En este grupo se encuentran animales tanto unicelulares (protozoarios) como pluricelulares (nematodos).

Los protozoarios

Los protozoarios son animales fundamentalmente acuáticos, por lo que en el suelo se encuentran viviendo en la película de agua que se encuentra por fuera de los microagregados de suelo. Su tamaño varía entre 15 y 100 micras (fig. IV.3). Al alimentarse de bacterias y hongos, los protozoarios incrementan el crecimiento bacteriano, la disponibilidad de carbono y nitrógeno para niveles tróficos superiores, y llevan a cabo la síntesis de compuestos húmicos (Brussaard *et al.*, 1997). Entre los protozoarios del suelo hay representantes de ciliados (*Spathidium, Cyclidium*), flagelados (*Tetramitus, Spiromonas, Mastigella*), amiboides (*Amoeba, Acanthamoeba*) y testáceos (*Cyclopyxis, Heleopera*). (Lousier y Bamforth, 1990, en Dindal, 1990.) En la actualidad se ha descrito cerca de 1 500 especies de protozoarios del suelo, aunque se calcula que esto sólo representa 10% del total de especies que debe haber en este ambiente (15 mil especies). (Brussaard *et al.*, 1997.) Estas especies edáficas apenas si representan 3.8% de las 40 mil especies descritas alrededor del mundo (Wall y Moore, 1999).

FIGURA IV.3

En México, los protozoarios han sido bien estudiados y se han registrado más de mil especies tanto marinas como dulceacuícolas y parásitas. Por desgracia, las especies edáficas de nuestro país aún no se conocen. Al hacer un cálculo como el de Wall y Moore (1999), obtenemos que en México deben de haber alrededor de 400 especies propias del suelo, esperando ser estudiadas.

Los nematodos

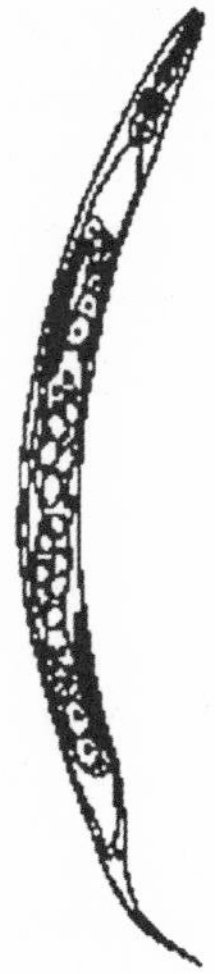

La mayoría de nosotros consideramos a estos diminutos gusanos como parásitos de plantas y animales, incluyendo al hombre. Sin embargo en el suelo los nematodos llevan a cabo importantes funciones. Aunque pueden llegar a ser muy largos (hasta 20 cm en el caso de los mermítidos) su diámetro corporal es de dos a cien micras (fig. IV.4). Los nematodos de vida libre se encuentran generalmente viviendo en el agua que se encuentra sobre las raíces y las partículas de suelo, y en los espacios capilares de los primeros 10 cm del suelo. Los que son parásitos viven dentro de las plantas o sobre la superficie de las raíces (Lavelle y Spain, 2001; Freckman y Baldwin, 1990, en Dindal, 1990). Estos animales tienen una amplia variedad de hábitos alimenticios, pues los hay omnívoros, parásitos y herbívoros, así como depredadores de bacterias, hongos y protozoarios. A través de estos hábitos son dispersores de bacterias y hongos, y aunque son un elemento importante en las microcadenas tróficas, han sido estudiados principalmente por su efecto nocivo en las plantas (Brussaard *et al.*, 1997). Algunos géneros del suelo son *Mononchoidea, Ironus, Wilsonema* y *Rhabditis* (Freckman y Baldwin, 1990, en Dindal, 1990). Se les considera como uno de los grupos más diversos del suelo, y aunque ya se han descrito 25 mil especies, se calcula que aún faltan por describir más de 100 mil especies (Brussaard *et al.*, 1997). Las 5 mil especies del suelo representan alrededor de 20 por ciento del total de especies descritas (Wall y Moore, 1999). Aunque no se encontraron datos para México, la diversidad de este grupo en el suelo debe de ser también muy alta, en el orden de los miles de especies.

FIGURA IV.4

La mesofauna

Este grupo incluye animales de respiración aérea cuyo tamaño va de 0.1 a 2 mm y comprende principalmente a los microartrópodos y a ciertos oligoquetos terrestres pequeños (enquitreidos). Entre los microartrópodos sobresalen los ácaros y los colémbolos, aunque también se presentan otros grupos como los proturos y los dipluros, así como algunos micromiriápodos (sínfilos, paurópodos y polixenidos).

Los ácaros

De mala reputación, gracias a las garrapatas y a las especies del polvo que producen alergias, los ácaros son artrópodos emparentados con las arañas, pero cuyas especies son en su mayoría de tamaño muy pequeño (fig. IV.5). Los ácaros del suelo viven sobre todo entre la hojarasca y en los espacios porosos de los primeros 10 o 15 cm del suelo en donde desempeñan diversas funciones al formar parte importante de las microcadenas alimenticias. De acuerdo con sus hábitos alimenticios se reconocen tres grupos (Lavelle y Spain, 2001): macrofitófagos (principalmente *Cryptostigmata* y *Mesostigmata*) que se alimentan de hojas del mantillo; microfitófagos que comen bacterias, hongos y algas, y depredadores (*Mesostigmata* o *Prostigmata*) que cazan pequeños animales como nematodos, microartrópodos y enquitreidos. Algunos atacan las raíces de las plantas, y otros más son parásitos de insectos; otros son incluso artrópodos (Brusaard *et al.*, 1997). Los más importantes por su abundancia, son los oribátidos (Cryptostigmata), ya que por lo general representan más de 50 por ciento de la abundancia total (Coleman y Crossley, 1996; Lavelle y Spain, 2001).

FIGURA IV.5

De acuerdo con Hoffmann y López-Campos (2000), en el mundo hay 35 mil especies descritas, de las cuales alrededor de 20 mil viven en el suelo. Estas autoras estiman que el número total de especies de ácaros puede elevarse hasta alcanzar el millón, con 540 mil especies en el suelo.

A pesar de que los ácaros de México han sido estudiados por varios acarólogos durante muchos años, su gran diversidad hace que todavía se desconozca una gran parte de ellos. Hoffmann y López-Campos (2000), cuantificaron 2 342 especies de ácaros que viven en nuestro país, y consideran que este número se elevará por lo menos hasta alcanzar las 4 500 especies. Hasta ahora los estados más conocidos respecto de su fauna de ácaros son Veracruz, Chiapas, el Estado de México y Morelos.

Los colémbolos

Los colémbolos son artrópodos pequeños muy parecidos a los insectos que viven casi exclusivamente en el suelo y la hojarasca. Los hay grises, blancos o azules y tienen un órgano saltador llamado fúrcula en la parte ventral de su abdomen. A pesar de su tamaño diminuto (250 micras a 1 cm) los colémbolos llevan a cabo funciones importantes en el suelo (fig. IV.6). La mayoría de ellos se alimenta de hifas de hongos y de partículas de hojarasca, muchos consumen bacterias y algas, y otros son carnívoros que comen principalmente nematodos de la rizósfera y otros colémbolos (Coleman y Crossley, 1996; Palacios *et al.*, 2000a, en

FIGURA IV.6

Llorente *et al.*, 2000). Estos pequeños animales son un eslabón importante en las microcadenas tróficas y actúan como dispersores de microorganismos y de helmintos parásitos (Brussaard *et al.*, 1997). Los colémbolos han sido clasificados en grupos ecomorfológicos que ocupan diferentes estratos: son epiedáficos si viven sobre el suelo, y euedáficos si se encuentran dentro del horizonte

orgánico, la capa oscura del suelo que se encuentra justo por debajo de la hojarasca (Lavelle y Spain, 2001).

Se han descrito cerca de siete mil especies en todo el mundo
(Brussard *et al.*, 1997; Palacios *et al.*, 2000a, en Llorente *et al.*, 2000).
Se piensa que este número apenas representa 6.6% del total de especies que debe de existir, por lo que todavía falta por encontrar
en el suelo cerca de 90 mil especies.

En México se han encontrado 550 especies de colémbolos (8%
del total mundial) y son los estados de Veracruz, México y Guerrero los más ricos en especies. En Palacios *et al.*, 2000a (en Llorente
et al., 2000) se reconoce que faltan aún muchos grupos y ambientes
por estudiar, y se calcula que en México deben de existir alrededor
de mil especies.

Los enquitreidos

Al igual que las lombrices de tierra, estos   FIGURA IV.7
pequeños gusanos pertenecen al orden *Oli-*
gochaeta, y se encuentran ubicados en una
sola familia, *Enchytraeidae*. Son muy abun-

dantes e importantes en ecosistemas de cli-
mas templados y algo fríos, como los bosques de encinos, pinos
y abetos. Con un diámetro entre 0.5 y 1 mm, los enquitreidos se
encuentran exclusivamente en el suelo, en donde son importantes
fragmentadores de la hojarasca y consumidores de hongos y bacterias (fig. IV.7). Con su actividad incrementan el crecimiento microbiano y dispersan varios grupos de organismos. Viven principalmente en la hojarasca y en los primeros centímetros del suelo
y han sido utilizados como bioindicadores. Se calcula que hay 600
especies descritas en el mundo (Brussaard *et al.*, 1997).

En México este grupo es del todo desconocido. Aunque existen numerosos ejemplares en las muestras de macrofauna del suelo provenientes de diversas partes del país (Colecciones Departa-

mento Biología de Suelos, Instituto de Ecología), hasta el momento nadie los ha estudiado.

La macrofauna

En este grupo se encuentran los invertebrados del suelo visibles a simple vista, de respiración aérea, con un diámetro por lo general mayor de 2 mm, y que se mueven activamente a través del suelo. Algunos de ellos elaboran galerías y cámaras subterráneas. Incluye la mayoría de los invertebrados mejor conocidos, lo que se refleja por sus nombres vernáculos y entre los cuales tenemos las lombrices de tierra (*Oligochaeta*), los caracoles (*Mollusca*), las hormigas (*Formicidae*), las termitas (*Isoptera*), los grillos y chapulines (*Orthoptera*), las arañas (*Araneae*), las cochinillas (*Isopoda*), los milpiés (*Diplopoda*), los ciempiés (*Chilopoda*), las cucarachas (*Blattodea*), las chicharras (*Homoptera*), las tijerillas (*Dermaptera*), los alacranes (*Scorpionida*), los falsos escorpiones (*Pseudoscorpionida*), los pececillos de plata (*Thysanura*), y una diversidad muy grande de larvas de moscas (*Diptera*), de escarabajos (*Coleoptera: Melolonthidae, Scarabaeidae, Staphylinidae,* etcétera), y de mariposas y polillas (*Lepidoptera*), (Lavelle y Spain, 2001).

La macrofauna del suelo puede clasificarse siguiendo varios criterios. Por ejemplo, si consideramos el hábito alimenticio, pueden separarse los depredadores, aquellos que comen otros invertebrados (arañas, ciempiés, alacranes, algunas hormigas, tijerillas); los herbívoros, aquellos que consumen alguna parte viva de las plantas (grillos, caracoles, larvas de mosca, gallinas ciegas, chinches); los detritívoros, es decir los que consumen tejidos de plantas y animales muertos (lombrices de tierra, cochinillas, termitas, milpiés, algunas hormigas), y los omnívoros, aquellos que comen una amplia gama de alimentos (hormigas, cucarachas, larvas de moscas).

Por otro lado, si consideramos el hábitat donde viven, podemos separar los epigeos (los que viven sobre el suelo, bajo piedras y en la hojarasca) de los endogeos (los que viven dentro del suelo).

En el primer grupo podemos incluir algunas especies de lombrices de tierra, milpiés, hormigas, cochinillas, caracoles, arañas, cucarachas, etcétera. Dentro de los endogeos estarían otras especies de lombrices de tierra, termitas, hormigas, grillos y chicharras, entre otros; además de larvas de distintos grupos de insectos.

También podemos clasificar estos invertebrados dentro de las llamadas "esferas de regulación biológica", que son sistemas biológicos caracterizados por ciertas propiedades exclusivas (Lavelle y Spain, 2001). Por ejemplo, la esfera del *sistema hojarasca*, en donde participan muchos animales de la meso y macrofauna, se caracteriza por la actividad detritívora de sus miembros así como por su baja eficiencia en la digestión de la celulosa. Otras tres esferas importantes son la *drilosfera*, la *termitosfera* y la *mirmecosfera* que corresponden a la región de influencia espacio-temporal dentro del suelo de las lombrices de tierra, las termitas y las hormigas, respectivamente. Esta influencia se lleva a cabo sobre todo por la elaboración de nidos con cámaras y túneles, la excavación de galerías y la acumulación de excrementos.

Por último, los integrantes de la macrofauna pueden separarse según su habilidad para digerir la materia orgánica, y su impacto sobre otros organismos y la estructura física del suelo. En el primer grupo estarían los *transformadores de la hojarasca*, cuyo sistema de digestión de rumen externo se basa en una relación mutualista con bacterias. Este tipo de digestión consiste en la descomposición lenta del alimento por parte de las bacterias, pero en el exterior del tracto digestivo del animal. Como carecen de las enzimas adecuadas (celulasas), estos animales deben reingerir periódicamente sus excrementos, para dar tiempo a que las bacterias descompongan parcialmente la celulosa. Estos animales, entre los que se encuentran las larvas de dípteros, no producen estructuras que afecten el suelo u otros animales. El otro grupo son los *ingenieros del ecosistema*, que agrupa las lombrices de tierra, las termitas y las hormigas y que, sin lugar a dudas, son los invertebrados de la macrofauna más importantes desde el punto de vista funcional. Los ingenieros del ecosistema *edáfico* producen estructuras (galerías, nidos, excrementos, etcétera) que afectan la evolución del suelo en escalas temporales medias y que modulan la actividad de la micro, meso y macrobiota del suelo. Además de estos invertebrados, otros autores han señalado que algunos vertebrados, como los topos, también actúan como verdaderos ingenieros del ecosistema.

A continuación se presenta un resumen de los grupos más importantes de la macrofauna (el cuadro IV.1 proporciona información adicional). Debido a su importancia los ingenieros del ecosistema serán considerados en una sección aparte.

Los caracoles

Los gasterópodos conocidos como caracoles y babosas son los únicos moluscos que han invadido el medio terrestre (fig. IV.8). Para vivir prefieren los ambientes húmedos, porosos y sombríos, y en el caso de los caracoles un suelo rico en calcio (Curry, 1994). Los moluscos del suelo se alimentan del suelo mismo, de hongos, de otros organismos y microorganismos

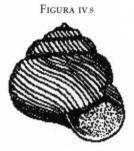

FIGURA IV.8

tanto vivos como muertos y de fragmentos de hojas en putrefacción. Son importantes descomponedores de la hojarasca y afectan directa e indirectamente las actividades microbianas del suelo (Naranjo-García, 2003 en Álvarez y Naranjo, 2003).

La distribución vertical de los caracoles del suelo abarca los primeros 20 o 30 cm del suelo, aunque son más abundantes en los primeros cinco. Se piensa que la fauna de las regiones tropicales se alimenta principalmente de hongos, y la de climas templados de materia orgánica en descomposición (Fittkau y Klinge, 1973). En el suelo hay numerosas familias y miles de especies. En los Estados Unidos, por ejemplo, se han encontrado miles de especies de 140 géneros y 37 familias (Burch y Pearce, 1990, en Dindal, 1990). Hasta ahora no se tiene una estimación de cuántas de las 50 mil especies de moluscos viven en el suelo (Wilson, 1992).

De los caracoles del suelo de México se tiene alguna información: Naranjo-García (2003) menciona que en una selva tropical de Chiapas pueden encontrarse hasta 294 individuos por metro cuadrado de suelo y hojarasca, y hasta siete especies distintas en tan sólo la décima parte de esta misma superficie. En cuanto a la diversidad regional, en la selva de Los Tuxtlas, Veracruz, se han registrado 83 especies (Naranjo-García y Polaco, 1997), y 87 en la región oriental de San Luis Potosí (Naranjo-García, 2003).

Las cochinillas

Las cochinillas son crustáceos terrestres del orden *Isopoda* que miden desde 2 mm hasta 3 cm (fig. IV.9). Son habitantes típicos de la hojarasca y muy dependientes de la humedad. Estos animales son detritívoros y prefieren consumir hojas en descomposición con bajo contenido de substancias resistentes a la descomposición, como los polifenoles (Lavelle y Spain, 2001). Se calcula que hay unas 5 mil especies del suelo descritas hasta ahora, lo que representa la mitad de las especies en el mundo (Wall y Moore, 1999).

FIGURA IV.9

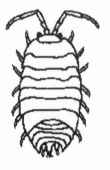

En México se conocen 83 especies de cochinillas, de las cuales 73 son nativas del continente americano, y las restantes han sido introducidas por el hombre. En 1960, Mulaik hizo la única monografía de las cochinillas mexicanas que existe, en la que describió la mitad de las especies que se conocen para nuestro país. Más tarde, Souza-Kury (2000) hizo una síntesis del conocimiento de este grupo en México, mencionando que en 11 estados no existen registros de especies, y que en las colecciones debe de existir un gran número de éstas esperando ser descritas. De acuerdo con la autora, los estados con mayor número de especies registradas son: Veracruz (14), Baja California (11), San Luis Potosí y Guerrero (10).

Los miriápodos

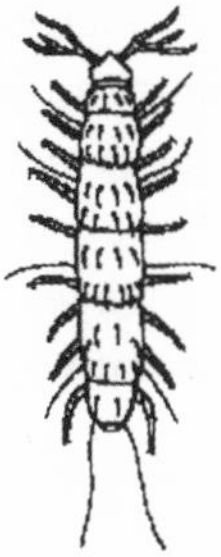

En este grupo se incluyen los paurópodos, los sínfilos, los milpiés y los ciempiés. Aunque estos artrópodos no están estrechamente emparentados entre sí, se les ha agrupado porque todos tienen un cuerpo alargado y muchos pares de patas (fig. IV.10). Los paurópodos son los más pequeños de los miriápodos (de 0.3 a 1.7 mm) y los que menos patas tienen (entre ocho y 11 pares); su nombre deriva de las palabras griegas *pauros* = pocas y *podos* = patas. Son ciegos, blanquecinos, y viven en la hojarasca y dentro del suelo; pueden reconocerse en el campo por su desplazamiento intermitente y rápido, como el de un ratón. En el mundo hay 700 especies descritas, pero se piensa que deben ser varios miles (Séller, 2002a en Llorente y Morrone, 2002).

FIGURA IV.10

Si bien en otros países existen estudios sobre paurópodos desde hace más de 130 años, en México este grupo es prácticamente desconocido y tan sólo se han registrado dos especies: *Allopauropus mixus* y *Scleropauropus chapanecus*, ambas de Chiapas (Séller, 2002a en Llorente y Morrone, 2002).

FIGURA IV.11

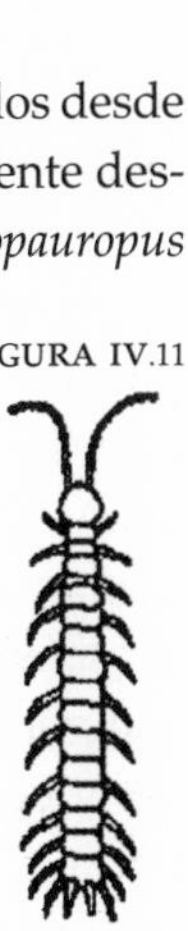

Los sínfilos son miriápodos también pequeños (0.2 a 8 mm) de cuerpo blanco y suave, ciegos, con 12 pares de patas y antenas muy largas (Edwards, 1990 en Dindal, 1990) (fig. IV.11). Son omnívoros y se encuentran en mayor abundancia dentro del suelo que en la hojarasca (Curry, 1994). Tienen cierta importancia económica pues a menudo son plagas de raíces.

En el mundo hay alrededor de 200 especies descritas pero como su taxonomía no se ha desarrollado, seguramente se encontrarán muchas más. Al igual que los paurópodos, los sínfilos no han sido estudiados en México. El listado de las 17 especies mexicanas elaborado por Scheller (2002b) está basado en colectas y descripciones de unos cuantos investigadores y representa la información de alrededor de sólo 100 ejemplares.

Los milpiés (diplópodos) viven de preferencia en la hojarasca del suelo, siendo más comunes en ambientes boscosos que en pastizales (Coleman y Crossley, 1996; Curry 1994), (fig. IV.12). Son animales de cuerpo cilíndrico, que miden desde unos pocos milímetros hasta más de 10 cm. Aunque su nombre así lo indique, los milpiés no llegan a tener mil patas (el número máximo es 750). Son típicamente detritívoros y prefieren las hojas en descomposición con bajo contenido de polifenoles (Coleman y Crossley, 1996); algunos pueden alimentarse de carroña (Lavelle y Spain, 2001). En la actualidad hay unas 10 mil especies descritas, casi todas del suelo, pero se calcula que debe haber al menos 40 mil especies más por encontrar (Hoffman, 1990).

FIGURA IV.12

Hasta hace poco los milpiés de México no habían sido estudiados. Hoy se sabe que en la literatura están registradas 570 especies que viven en nuestro país. Muchas otras especies se encuentran en las colecciones esperando ser estudiadas. Tan sólo seis estados de la república cuentan con 20 o más especies registradas, 13 tienen menos de 10, e incluso hay seis estados que no cuentan con ningún registro (Bueno y Rojas, 1999). Entre las especies más grandes se encuentran *Anadenobolus putealis*, *Amplinus bitumidus* y *Rhysodesmus dasypus* de las selvas de Veracruz.

FIGURA IV.13

Los ciempiés (quilópodos) se caracterizan por tener un cuerpo delgado y aplanado, y un número generalmente grande de patas; todos poseen glándulas de veneno en un órgano especializado situado en la cabeza llamado maxilípedo (fig. IV.13). Todas las especies son depredadoras y habitan en la hojarasca, bajo piedras y dentro del suelo, en donde cazan insectos, arañas y otros invertebrados; en algunas ocasiones llegan a comer hojarasca (Curry, 1994; Coleman y Crossley, 1996). Las especies más grandes se encuentran en los trópicos, algunas con una longitud de más de 30 cm. Existen alrededor de 3 mil especies en todo el mundo.

En México el único grupo de ciempiés que se ha estudiado es el de los geofilomorfos, a los que podemos reconocer por su cuerpo muy delgado y su gran número de patas (hasta 191 pares). Se conocen hasta el momento 69 especies de ocho familias. Este grupo tiene un fuerte carácter endémico, con una familia (*Eriphantidae*, de Baja California) y 12 géneros endémicos de nuestro país (Foddai *et al.*, 2002, en Llorente y Morrone, 2002).

Los coleópteros

Los coleópteros son insectos que se caracterizan por tener las alas anteriores endurecidas por la presencia de la sustancia llamada esclerotina. Estas alas duras cubren las posteriores, que son membranosas y les sirven para volar (fig. IV.14).

Los coleópteros forman el grupo de animales más diverso del mundo; se estima que hay de 290 a 300 mil especies descritas (Wilson, 1992; Curry, 1994). Están muy bien representados en el suelo: se les encuentra en estado larval, como pupas o como adultos, viviendo tanto en el interior del suelo como entre la hojarasca. Sus hábitos alimenticios son variados e incluyen especies detritívoras, fitófagas, rizófagas y depredadoras (Curry, 1994).

Aunque hay varias familias muy diversas como *Curculionidae*, *Carabidae, Elateridae, Staphylinidae* y *Tenebrionidae*, dos de ellas sobresalen por su importancia en el suelo: *Scarabaeidae* y *Melolonthidae*, y en ambos casos su gran impacto se debe a la actividad de las

FIGURA IV.14

larvas (Lavelle y Spain, 2001). Algunos autores consideran que estas larvas pueden ser verdaderos ingenieros del ecosistema.

Los adultos de *Scarabaeidae* entierran bolas de excremento de diversos mamíferos (principalmente vacas) que sirven como nido y alimento a sus larvas. Con esta actividad y las galerías que hacen mediante diferentes patrones de nidificación, afectan el ciclo de varios nutrientes y el régimen hídrico del suelo. Las larvas de *Melolonthidae*, conocidas como "gallinas ciegas" aportan al suelo una biomasa considerable, y con frecuencia están asociadas con daños a las raíces de muchas plantas cultivadas (Morón, 2001).

En México existen cuando menos 870 especies de melolóntidos con larvas que viven en el suelo, siendo los estados de mayor diversidad Oaxaca (217 especies), Chiapas (199) y Veracruz (195). *Phyllophaga* es el género más diverso, con 285 especies, sobre todo de las zonas montañosas de nuestro país (Morón, 2001, en Fragoso y Reyes-Castillo, 2001). De la familia *Scarabaeidae* (*sensu stricto*) se han registrado en México 62 géneros y 419 especies, mientras que a lo largo del mundo se calcula que existen 9 250 especies, de las que 5 mil pertenecen a la subfamilia *Scarabaeinae* (Morón, 1996b, en Llorente *et al.*, 1996).

Las moscas y los mosquitos

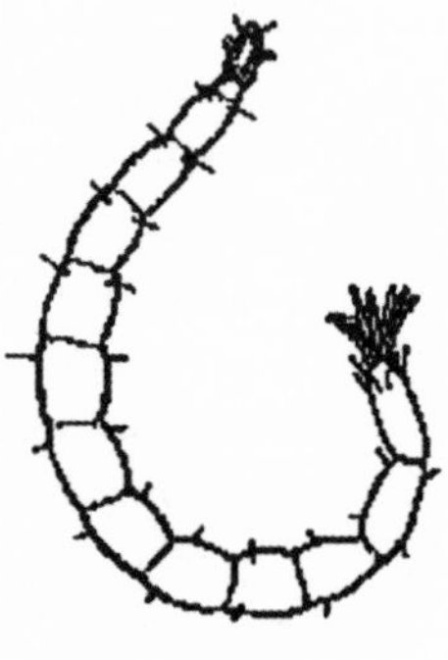

Pertenecientes al orden *Diptera*, las moscas y mosquitos son insectos con un solo par de alas, no obstante lo cual son buenos voladores. Aunque rara vez se encuentran como adultos en el suelo, sus larvas son muy abundantes y en algunas ocasiones son el componente principal de la macrofauna. Se alimentan de detritos vegetales y animales, incluyendo madera y excremento; son también importantes depredadores, parásitos y fitófagos. Viven principalmente en la capa

Figura IV.15

de hojarasca (Lavelle y Spain, 2001) y son muy dependientes de la humedad (fig. IV.15).

En comparación con los adultos, las larvas son poco conocidas y se calcula que sólo el 5 o 10% de las especies cuenta con la descripción del estado larval. Se les reconoce con facilidad porque no tienen patas (Teskey, 1990, en Dindal, 1990).

Se estima que existen 100 mil especies de dípteros descritas y otras tantas esperando ser descubiertas. De las conocidas, cerca de la mitad tiene larvas que viven sobre la superficie o dentro del suelo (McAlpine, 1990, en Dindal, 1990). Muchas especies de la familia *Ceratopogonidae* (conocidos comúnmente como "jejenes" o "chaquistes") pasan su estado larval sobre o dentro del suelo, en troncos podridos o bajo piedras.

El estudio de estos insectos en México se ha restringido a las especies que se alimentan de sangre y transmiten enfermedades al hombre y a los animales domésticos (Ibáñez-Bernal *et al.*, 1996). De acuerdo con los autores, el género mejor conocido es *Culicoides* con 71 especies registradas para México. La mayor diversidad de ceratopogónidos se ha encontrado en Chiapas (46 especies), Sonora (39) y Baja California (36), pero este patrón cambiará con seguridad cuando se profundice en el estudio de este grupo.

Las arañas

Las arañas son artrópodos depredadores que viven prácticamente en todos los ecosistemas y, por lo general, son abundantes (Jiménez, 1996 en Llorente *et al.*, 1996). En el suelo habitan sobre todo en la hojarasca, y en menor proporción dentro del suelo (Lavelle y Spain, 2001). En el ámbito mundial hay alrededor de 34 mil especies, y los especialistas creen probable que el número total de especies llegue a 50 mil

FIGURA IV.16

(Jiménez, 1996). El número de especies que vive en el suelo se desconoce (fig. IV.16).

La fauna de arañas de México es muy diversa y se han registrado más de 2 500 especies, de las que una familia completa y 1 759 especies viven solamente en nuestro país. Jiménez (1996, en Llorente *et al.*, 1996) estima que faltan por describirse mil especies más. Los estados más ricos (mejor estudiados) son la península de Baja California (371 especies), Veracruz (374) y Guerrero (364). La fauna de Baja California es casi en su totalidad endémica.

Los "ingenieros del ecosistema" *del suelo*

Las lombrices de tierra

Por su forma y modo de alimentación (comen tierra y hojarasca) los oligoquetos megadrilos, comúnmente llamados lombrices de tierra son un ejemplo típico de los animales del suelo. Los adultos miden desde 2 cm hasta cerca de 1.5 m de longitud, si bien su diámetro nunca llega a superar los 4 cm (fig. IV.17). Aunque son

FIGURA IV.17

altamente dependientes del agua, se les encuentra en una gran variedad de ambientes y sólo están ausentes en los desiertos (en donde, sin embargo, pueden presentarse en las orillas de los ríos) y en las regiones árticas. En las regiones tropicales se les encuentra en localidades con precipitaciones anuales por encima de los 1 000 mm (Lavelle y Spain, 2001). Por su pigmentación, tamaño y profundidad del suelo en la que viven se les clasifica en *epigeas* (lombrices pigmentadas habitantes del mantillo), *endogeas* (sin pigmento o limitado a los primeros segmentos y que viven dentro de galerías subterráneas temporales o semipermanentes) y *anécicas* (pigmentadas que habitan dentro del suelo en galerías permanentes pero que salen a la superficie a consumir hojas) (Fragoso, 2003, en Álvarez y Naranjo, 2003). El predominio de uno u otro grupo varía latitudinalmente: en los climas fríos predominan las epigeas, mientras que en los ambientes más templados y tropicales las anécias y las endogeas son más importantes (Lavelle y Spain, 2001).

Al ser ingenieros del ecosistema edáfico, las lombrices de tierra afectan con sus actividades el crecimiento microbiano, dispersan microorganismos, influyen en el transporte de gases y de agua, son esenciales en el mantenimiento de la estructura del suelo y crean o modifican el microhábitat de otros organismos (micro y mesofauna) (Lavelle y Spain, 2001). Hasta 1994 había 3 627 especies descritas, pero se estima que al menos debe de haber otro tanto sin describir. Alrededor de 18 por ciento de estas especies no viven en el suelo, ya que son acuáticas o habitantes del dosel.

Fragoso (2001) menciona que en México hay 129 especies, de las cuales 82 son nativas y 47 son exóticas, originarias de Europa, Asia y Sudamérica. De las especies nativas, sólo 46 han sido descritas, estando pendiente la descripción de las restantes. Un cálculo preliminar sugiere que faltarían por encontrar en México al menos otras 130 especies, por lo que la riqueza real de lombrices de tierra de México debe ser de alrededor de 260 especies. El estado con mayor cantidad de especies registradas es Veracruz (64), seguido de Chiapas (34), Tamaulipas (27) y el Distrito Federal (25). En tres estados (Coahuila, Aguascalientes y Zacatecas) no hay ningún registro publicado. Se han realizado estudios de ecología de poblaciones o de manipulación práctica con solamente 10 especies. Las especies más comunes en los agroecosistemas tropicales son las exóticas *Pontoscolex corethrurus*, *Polypheretima elongata* y *Dichogaster bolaui*; en las partes altas predominan las exóticas de la familia *Lumbricidae* (de origen euroasiático) *Aporrectodea trapezoides*, *Lumbricus rubellus* y *Octolasion tyrtaeum*.

Los géneros más comunes son *Ramiellona*, *Diplotrema*, *Dihcogaster*, *Zapatadrilus* y *Diplocardia*. La especie más común y de amplia distribución es *Balanteodrilus pearsei*, que se extiende por toda la península de Yucatán y la planicie costera del golfo hasta el norte del estado de Veracruz (Fragoso, 2001).

Los estudios sobre las comunidades del este y sureste de México permiten definir hasta el momento los siguientes patrones ecológicos (Fragoso, 2001): i) *Dominio de endogeas*. Setenta y dos por ciento de todas las especies del país pertenecen a esta categoría, y exceptuando a los bosques de niebla y a los bosques de pino y encino, en el resto de los ecosistemas las lombrices endogeas presentan porcentajes de abundancia y biomasa por arriba de 80%. ii) *Epigeas principalmente en los ambientes fríos y templados*. Este grupo de lombrices es frecuente en las montañas centrales y en las dos sierras madres, en donde son relativamente importantes (con porcentajes de abundancia y biomasa de 37 a 58% y de 9 a 35%, respectivamente). iii*) Pocas especies a nivel local*. El número de especies por comunidad para los diferentes ecosistemas naturales y perturbados se encuentra en un rango de una a 11 especies, ocurriendo los mayores valores en las selvas altas (7 *spp*) y los menores en los cultivos anuales (2 *spp*). iv) *Dominio de exóticas en los climas fríos y en ambientes perturbados*. Como ocurre en la mayoría de los países tropicales, las comunidades de lombrices presentan un fuerte componente exótico que es más obvio cuando se trata de ambientes perturbados. En los bosques de niebla, en los bosques de pinos y encinos las exóticas son también frecuentes y abundantes. v) *Los pastizales son un ambiente propicio para las lombrices*. De los diferentes tipos de agroecosistemas, los pastizales presentan las mayores abundancias de lombrices y una mayor cantidad de nativas, tal y como ha sido observado en otros países tropicales (Fragoso *et al.*, 1999).

Las termitas

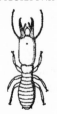

FIGURA IV.18

Las termitas son insectos sociales que viven en colonias formadas por una sola familia compuesta de cientos a millones de individuos (fig. IV.18).

Lo que distingue a este extraordinario grupo del resto de los insectos sociales es que se han especializado en comer madera y otros alimentos ricos en celulosa, el material más abundante en la naturaleza. Pueden guardar esta dieta tan especializada gracias a la relación mutualista que tienen con protozoarios y bacterias dentro de su intestino. En el suelo estos insectos juegan un papel clave, ya que descomponen enormes cantidades de madera y hojarasca, aparte de que modifican las condiciones físicas y químicas del suelo. Además, las termitas son capaces de fijar nitrógeno atmosférico con la ayuda de bacterias anaeróbicas que viven en sus intestinos (Breznak *et al.*, 1973). Por todo esto, Higashi y Abe (1997) consideran estos insectos los "superdescomponedores" y los "reguladores de la relación carbono/nitrógeno en los ecosistemas".

Todas las termitas son isópteros, grupo medianamente diverso con cerca de 2750 especies en todo el mundo (Constantino, 1998). El número de especies nuevas para la ciencia sigue incrementándose, y los especialistas calculan que el total podría llegar a las cuatro mil especies.

En México, de acuerdo con la información más reciente recabada por Cancello y Myles (2000), y Méndez y Equihua (2001) existen 79 especies de termitas, pero se calcula que la cantidad real es de 150 especies. De hecho, Cancello y Myles (2000) tienen 40 especies nuevas por describir.

Aunque el grupo está muy poco estudiado, parece ser que la mayor diversidad está en el sur del país, sobre todo en las planicies costeras del Golfo de México y del Pacífico. En las zonas áridas predominan las termitas de madera seca, mientras que en los climas húmedos son más abundantes las que se alimentan de madera podrida y de humus del suelo (Cancello y Myles, 2000).

Aunque la mayor parte de las especies tiene roles benéficos, las termitas también pueden ocasionar daños indirectos al suelo. Por ejemplo, en plantaciones de sorgo en Sinaloa, *Gnathamitermes perplexus* consume entre 90 y 100% de los residuos de la cosecha depositados en el suelo, ocasionando que éste se quede desnudo y sea erosionado por el viento durante la época seca del año (Méndez y Equihua, 2001).

Otros ejemplos de especies dañinas que viven en el suelo son: *Amitermes beaumonti* que ataca a la raíz de la caña de azúcar con daños hasta en 2 500 hectáreas en plantaciones de Veracruz (Méndez y Equihua, 2001); *Coptotermes crassus* que consume árboles vivos y madera de construcciones en contacto con el suelo; *Heterotermes aureus* y *Reticulitermes flavipes* que siendo subterráneas prefieren alimentarse de la madera seca de las construcciones que se encuentran por arriba del suelo (Cibrián *et al.*, 1995).

Las hormigas

Con más de 10 mil especies descritas de todo el mundo (Brown, 2000), las hormigas son animales omnipresentes y por lo general muy abundantes y diversos en casi todos los ecosistemas (Fittkau y Klinge, 1973; Brown 1973) (fig. IV.19).

FIGURA IV.19

Aunque muchas especies se han adaptado secundariamente a vivir en los árboles, las hormigas son habitantes del suelo por excelencia, ya que la mayoría de las especies vive en nidos subterráneos, en la hojarasca o en la madera muerta depositada en el suelo (Holldobler y Wilson, 1990).

Dentro de la macrofauna del suelo, ocupan siempre el primer o segundo lugar en abundancia (sólo superadas por las termitas), frecuentemente con abundancias superiores a 50 por ciento de la abundancia total. En cuanto a biomasa ocupan el segundo o tercer lugar (siempre superadas por las lombrices de tierra) (Brown *et al.*, 2001).

Las hormigas juegan un papel muy importante en la dinámica del suelo ya que son depredadoras muy eficientes del resto de la macrofauna edáfica, por lo que controlan sus poblaciones, son detritívoras, dispersoras de semillas, cortadoras de hojas, etcétera, además de que intervienen, con la construcción de sus nidos y la incorporación al suelo de materiales orgánicos desde el exterior, en los procesos fisicoquímicos del suelo, incluyendo la descomposición y el reciclaje de nutrientes (Rojas, 2003). Algunas especies son plagas importantes de cultivos anuales o de árboles frutales, en especial las hormigas cortadoras de hojas del género Atta y la generalista *Solenopsis geminata*, que atiende áfidos plaga y es casi omnipresente en los cultivos anuales de los trópicos de América.

Como son animales termófilos (que prefieren sitios calurosos), las hormigas son poco diversas en sitios fríos y templados, y muy diversas en las zonas tropicales (Brown, 1973). En Borneo y en la amazonia del Perú están los sitios de mayor diversidad, con 524 y 500 especies, respectivamente, de las cuales alrededor de 250 viven en el suelo. En algunos agroecosistemas también son muy diversas, como en los cacaotales de Brasil, donde en tan sólo una hectárea hay más de 110 especies viviendo en el suelo.

En México hay hasta el momento registradas en la literatura 407 especies de hormigas del suelo, enlistadas por Rojas (2001), quien calcula que este número puede llegar a incrementarse hasta alrededor de mil especies cuando se estudien adecuadamente los distintos ecosistemas de nuestro país, sobre todo las selvas tropicales. La mayoría de las especies pertenecen a los géneros *Pheidole* (51 especies), *Neivamyrmex* (37), *Leptothorax* (21), *Pogonomyrmex* (18) y *Myrmecocystus* (18).

Como en otras partes del mundo, en México la mayor diversidad de hormigas del suelo se encuentra en las selvas tropicales (de 56 a 73 especies), aunque también algunos pastizales tropicales inducidos albergan una buena diversidad (36 especies). Los matorrales y los pastizales áridos, junto con los bosques templados son los más pobres en especies (de nueve a 26 especies) mientras que el bosque mesófilo tiene una diversidad intermedia (30 especies) (Rojas, 2001).

Las fascinaciones de la biota edáfica

Cuando se habla de la importancia de ciertas especies casi siempre se hace referencia a un atributo sobresaliente. A esto lo podemos llamar *el argumento del récord*: la especie más vieja, la más pequeña, la más grande, la que mayor distancia recorre, la más veloz, etcétera. En el suelo también encontramos especies o grupos enteros que verdaderamente rompen récords. Uno de ellos, como ya hemos visto, es el que se refiere a la diversidad de especies; otros se ilustran de la figura IV.20 a la IV.23, y en el cuadro IV.3.

FIGURA IV.20 *Estimaciones máximas de riqueza de especies del suelo obtenidas a partir de diversos estudios de suelos de bosques templados* (Curry, 1994; Villalobos y Lavelle, 1990; Lavelle y Spain, 2001; Lee, 1985; Behan-Pelletier y Newton, 1999). *Los valores encontrados para estudios puntuales pueden ser menores*

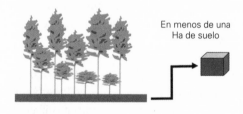

En menos de una Ha de suelo

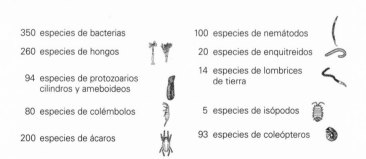

350 especies de bacterias

260 especies de hongos

94 especies de protozoarios cilindros y ameboideos

80 especies de colémbolos

200 especies de ácaros

100 especies de nemátodos

20 especies de enquitreidos

14 especies de lombrices de tierra

5 especies de isópodos

93 especies de coleópteros

FIGURA IV.21 *Estimaciones máximas de la riqueza de especies del suelo obtenidas a partir de diversos estudios de suelos de bosques tropicales* (Villalobos, 1990; Villalobos y Lavelle, 1990; Lavelle y Spain, 2001). *Los valores encontrados para estudios puntuales pueden ser menores*

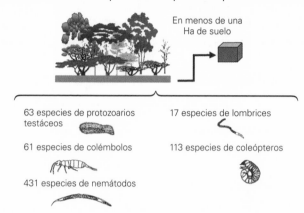

En menos de una
Ha de suelo

63 especies de protozoarios testáceos

61 especies de colémbolos

431 especies de nemátodos

17 especies de lombrices

113 especies de coleópteros

FIGURA IV.22 *Estimaciones máximas de abundancia de individuos del suelo obtenidas a partir de diversos estudios de suelos de bosques y sabanas tropicales* (Leakey y Proctor, 1987; Curry, 1994; Lavelle y Spain, 2001). *Los valores encontrados para estudios puntuales pueden ser menores*

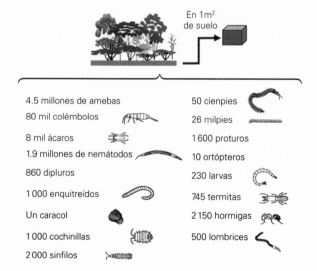

En 1m²
de suelo

4.5 millones de amebas

80 mil colémbolos

8 mil ácaros

1.9 millones de nemátodos

860 dipluros

1 000 enquitreídos

Un caracol

1 000 cochinillas

2 000 sinfilos

50 cienpies

26 milpies

1 600 proturos

10 ortópteros

230 larvas

745 termitas

2 150 hormigas

500 lombrices

FIGURA IV.23 *Estimaciones máximas de abundancia de individuos del suelo obtenidas a partir de diversos estudios de suelos de bosques templados* (Lavelle y Spain, 2001). *Los valores encontrados para estudios puntuales pueden ser menores*

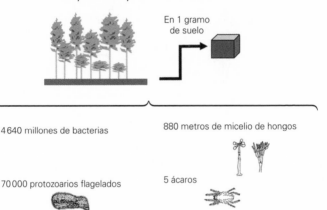

CUADRO IV.3 *El sorprendente mundo del suelo: numeralia de la biodiversidad microcósmica*

Biomasa total	Un suelo de clima templado (de un pastizal o de un bosque deciduo) contiene en un metro cuadrado: 23 g de peso seco de bacterias, 40 g de micelio de hongos, 0.5 g de colémbolos, 1 g de ácaros, 1 g de nemátodos. En peso fresco se han encontrado 13 g de mámátodos, 30 g de caracoles, 5.5 g de termitas, un gramo de ciempiés, 12.5 g de milpiés, 10 g de coleópteros, 25 g de larvas de díptero y hasta 324 g de lombrices de tierra (Curry, 1994, Lavelle y Spain, 2001).
Raíces	Las raíces de las plantas exudan al suelo de 10 a 25% del carbono fijado por la fotosíntesis. Estos exudados activan a las bacterias cercanas, que con su actividad degradadora liberan algunos nutrientes al suelo. Al estar en solución estos nutrientes pueden entonces ser absorbidos por las propias raíces (Lavelle y Spain, 2001).
Bacterias	Mediante técnicas moleculares, se ha calculado que un gramo de suelo en Noruega puede llegar a contener hasta 4 mil genomas, lo que podría llegar a representar 20 mil especies (Torsvik *et al.*, 1990, cit. por Lavelle y Spain, 2001).

Aunque no pertenece a las bacterias del suelo, el siguiente dato es una indicación de lo que podríamos encontrar en la profundidad del suelo: la halobacteria *Bacillus permians*, preservada dentro de cristales de sal en una caverna de Nuevo México, fue revivida en 1999 y se le calculó una edad de 250 millones de años (Vreeland *et al.*, 2000).

Hongos

En la hojarasca de pino de un bosque de Suecia, un gramo de micelio al ser extendido equivale a una longitud de 18.1 kilómetros de hifas (Soder y Strom, 1979, cit. por Lavelle y Spain, 2001). El hongo del suelo *Armillaria ostoyae* es la especie más larga del mundo: sus hifas se extienden sobre una superficie de 890 hectáreas y tiene una edad de al menos 2 400 años.

Protozoarios

Un protozoario puede sobrevivir enquistado en el suelo hasta 49 años (Wood, 1995).

Nemátodos

Aunque algunas especies pueden ser muy dañinas, en realidad solamente 30% de los nemátodos del suelo se alimentan de raíces (Wood, 1995).

Lombrices de tierra

Animales del suelo por excelencia, las lombrices de tierra también trepan a los árboles. En la amazonia brasileña cada año cientos de lombrices salen del suelo y trepan a los árboles para refugiarse entre las hojas de las epífitas durante los cinco o seis meses que dura la inundación de estos bosques. Al bajar el nivel del agua, las lombrices "se dejan caer" de los árboles para volver a su hábitat natural (Adis y Righi, 1989).

La lombriz de tierra australiana *Megascolides australis* (180 cm de longitud) es 180 veces más larga que la más pequeña lombriz de tierra de México (*Ocnerodrilus occidentalis*).

La lombriz de tierra más grande de México es *Ramiellona lavellei* de la Reserva El Triunfo, Chiapas, con una longitud de 50 cm.

Ciempiés

El ciempiés *Gonibregmatus plurimipes* de las islas Fiji tiene más de 100 pies. Tiene 191 pares de patas o sea un total de 382 patas.

Milpiés

Ningún milpiés tiene mil pies. El diplópodo con mayor número de patas es *Illacme plenipes* con 750 patas (Enghoff, 1992).

Hormigas

Las hormigas del género *Atta*, conocidas como "arrieras" cultivan dentro de sus nidos un hongo con el que alimentan a sus larvas. Para cultivarlo utilizan los fragmentos de hojas frescas que recolectan (Weber, 1972).

Por la enorme cantidad de hojas que consumen, las hormigas cultivadoras de hongos juegan en los ecosistemas de América el mismo papel que los grandes herbívoros de las sabanas de África (Holldobler y Wilson, 1990).

En una selva de Costa Rica, una colonia de hormigas legionarias *Eciton hamatum* con alrededor de 150 mil obreras puede capturar más de 90 mil insectos en un solo día (Rettenmeyer *et al.*, 1983).

La biodiversidad del suelo y su función

Con una diversidad tan grande, las interacciones entre las especies se multiplican de manera exponencial. Dado que la cantidad de funciones directas (por ejemplo nitrificación, fijación de nitrógeno de la atmósfera, producción de metano, fragmentación de hojarasca y enterramiento de material) es mucho menor que la diversidad de especies, se ha propuesto que en el suelo debe haber una elevada redundancia funcional. Es decir, que probablemente muchas especies están llevando a cabo la misma función. Del otro lado de la moneda están las especies clave, aquellas que controlan varias funciones y cuya ausencia puede llegar a ser crítica (por ejemplo, algunos ingenieros del ecosistema). ¿Cuál de estas dos situaciones es la preponderante en el suelo? Algunos autores proponen que los efectos indirectos producto de interacciones bióticas complejas podrían resolver la dicotomía redundancia *versus* especies clave.

Un efecto directo es aquel en el que una función (por ejemplo, la fragmentación) se asocia claramente con una especie (por ejemplo un milpiés o una cochinilla), mientras que los efectos indirectos son aquellos que resultan de interacciones bióticas complejas entre las especies. Estas interacciones comprenden desde simbiosis muy específicas hasta mutualismos. Como ejemplo del primer caso tenemos a las micorrizas (simbiosis entre raíces de plantas y hongos), mientras que asociaciones difusas se encuentran entre las lombrices de tierra y las bacterias del suelo. Otras interacciones importantes son las que ocurren en las microcadenas tróficas del suelo, en donde ácaros y colémbolos consumen protozoarios y nemátodos, que son a su vez importantes depredadores de hongos y bacterias. En un experimento de microcosmos, por ejemplo, la eliminación selectiva de ácaros disminuyó la función de mineralización del nitrógeno debido al incremento indirecto de las poblaciones de hongos.

Destrucción de suelos y la pérdida
de la biodiversidad edáfica

La información proporcionada en este capítulo señala con claridad que el suelo es un sistema fascinante, un ambiente extraordinariamente rico en diversidad de especies, tanto de las que lo habitan de forma permanente como de las que lo usan de manera esporádica como refugio, como lugar de alimentación o como el ambiente idóneo para el desarrollo de sus larvas.

La alarmante tendencia mundial de pérdida de especies también se repite en el suelo y existe abundante información en la literatura científica que demuestra la existencia de este proceso. Por ejemplo, en varios países tropicales casi siempre hay una disminución de especies nativas de lombrices en los ambientes perturbados o en los agroecosistemas, en comparación con los bosques o las sabanas naturales (Fragoso *et al.*, 1999). Con otros grupos sucede lo mismo, por ejemplo, la comunidad de hormigas de un bosque tropical convertido en agroecosistema cambia de manera drástica, y de ser rica en especies y diversa en hábitos tróficos se vuelve pobre y con una o dos especies dominantes, por lo común de hábitos generalistas. Las repercusiones funcionales de esta pérdida de especies todavía no se conocen, pero con seguridad las hay y están relacionadas con la fertilidad del suelo.

Debido a la importancia de los suelos en la estrategia alimenticia mundial, su fertilidad es un asunto prioritario. Hace casi 50 años la llamada "revolución verde" consideró que esta fertilidad podía ser sustituida, controlada y manejada externamente, mediante el uso de fertilizantes químicos, plaguicidas, y otras prácticas en extremo tecnificadas, haciendo a un lado y despreciando la actividad biológica propia del suelo. Ese paradigma, "el manejo artificial del suelo", ha sido cuestionado con severidad por su impacto negativo sobre el ambiente y sobre la biodiversidad edáfica. Por fortuna, en los últimos años un nuevo paradigma sobre la fertilidad del suelo ha ganado terreno en el campo de la agricultura. Este paradigma, "el manejo biológico integrado del suelo", establece que, para minimizar el uso de insumos externos y maximizar el uso de la actividad biológica y del ciclo de nutrientes, el manejo de la fertilidad debe recaer en los procesos biológicos. Éste es un principio fundamental de la nueva agricultura ecológica (orgánica, sustentable, etcétera) que crece día con día por todos los rincones del mundo.

Un aspecto clave de esta nueva agenda de investigación será entender la relación entre la función (descomposición, fijación de nitrógeno, fijación de carbono, etcétera) y la diversidad de la biota edáfica (número de especies, número de grupos funcionales, etcétera). Con este nuevo enfoque, la conservación y el manejo adecuado de la biodiversidad edáfica no sólo son importantes desde el punto de vista ético, sino desde la perspectiva del mantenimiento e incremento de la fertilidad del suelo, única manera de mantener sistemas de producción de alimento y otros productos de forma permanente.

Epílogo: ¿lograremos cuantificar la diversidad del suelo?

Durante la década pasada, la comunidad científica revaloró la importancia, como reservorios de biodiversidad, de dos hábitats por lo general despreciados: el suelo y los sedimentos marinos y lacustres (Brussaard *et al.*, 1997; Wall y Moore, 1999). El auge en los estudios de estos ambientes reveló la enorme cantidad de especies que aún falta por reconocer, identificar, clasificar y catalogar (cientos de miles en el suelo). Como parte de esta oleada de estudios se publicó recientemente para México el primer compendio sobre la diversidad de varios grupos del suelo con importancia agrícola (Fragoso y Reyes-Castillo, 2001). Aunque varios grupos importantes no fueron incluidos en esta revisión, es de esperarse que esta publicación sea un aliciente para que en el futuro esto se lleve a cabo (Fragoso *et al.*, 2001).

¿Lograremos cuantificar esta diversidad algún día?, ¿cuánto tiempo y cuántos científicos dedicados a esta tarea necesitaremos?, ¿logrará construirse una política científica para apoyar este esfuerzo? Con objeto de ponderar la envergadura de esta tarea, tomemos como ejemplo lo que se necesita para terminar el inventario de todas las especies de lombrices de tierra del mundo. Tomando como base el trabajo de un taxónomo tradicional de tiempo completo se encontró que a una tasa de descripción de siete especies por año, se necesitarían 10 taxónomos de tiempo completo trabajando durante 46 años, o 46 taxónomos trabajando durante 10 años para describir las cuatro mil especies faltantes. Pero no sólo es importante saber el tiempo y el número de investigadores necesarios para completar el inventario, sino también saber si existen esos taxónomos y si tienen el apoyo para dedicarse de tiempo completo a esta tarea.

Si esto es lo que requerimos para completar el inventario de un grupo tan poco diverso como las lombrices, no hacen falta muchos cálculos para saber que el inventario de todas las especies del suelo no se completará ni en 100 años, y mucho menos si no se logra incrementar la tasa de formación de taxónomos, algo que ciertamente no se ve favorecido por las políticas científicas actuales. La biología molecular y otras nuevas herramientas serán con seguridad de gran ayuda, pero aún así la colecta, identificación y clasificación de esta inmensidad de taxa es de por sí una tarea descomunal. En México la situación no es muy diferente, pues el país apenas si cuenta con unas decenas de taxónomos dedicados a estudiar esta biodiversidad microcósmica. Esperamos que este capítulo contribuya a incrementar la conciencia sobre este reto.

BIBLIOGRAFÍA

Álvarez, F. J. y E. Naranjo, 2003, *Ecología del suelo en la selva tropical húmeda de México*, Instituto de Ecología, Facultad de Ciencias-Instituto de Biología-UNAM, 292 pp.

Behan-Pelletier, V. y G. Newton, 1999, "Linking Soil Biodiversity and Ecosystem Function- the Taxonomic Dilemma", en *BioScience*, 49(2), pp. 149-153.

Brown, W. L. 1973, "A Comparison of the Hylean and Congo-West African Rain Forest Ant Faunas", en B. J. Meggers, E. S. Ayensu y W. D. Duckworth (eds.), *Tropical Forest Ecosystems in Africa and South America: A Comparative Review*, Smithsonian Institution Press, Washington, pp. 161-185.

———— 2000, "Diversity of Ants", en D. Agosti, J. D. Majer, L. E. Alonso y T. R. Schultz (eds.), *Ants. Standard Methods for Measuring and Monitoring Biodiversity*, Smithsonian Institution Press, Washington, pp. 45-79.

Brussaard, L., V. Behan-Pelletier, D. Bignell, V. Brown, W. Didden, P. Folgarait, C. Fragoso, D. Freckman, V. S. R. Gupta, T. Hattori's, D. L. Hawksworth, C. Klopatek, P. Lavelle, D. Malloch, J. Rusek, J. Söderström, J. Tiedje y R. Virginia, 1997, "Biodiversity and Ecosystem Functioning in Soil", en *Ambio*, 26(8), pp. 563-570.

Bueno, J. y P. Rojas, 1999, "Fauna de milpiés (*Arthropoda: Diplopoda*) edáficos de una selva alta de Los Tuxtlas", en *Acta Zoológica Mexicana* (nueva serie), 76, pp. 59-83.

Cibrián, D., J. T. Méndez, R. Campos, H. O. Yates y J. E. Flores, 1995, *Insectos forestales de México/Forest Insects of Mexico*, Universidad Autónoma de Chapingo, Comisión Forestal de América del Norte (Publicación, 6), 453 pp.

Coleman D. C. y D. A. Crossley Jr., 1996, *Fundamentals of Soil Ecology*, Academic Press, San Diego, 205 pp.

Constantino, R., 1998, "Catalog of the Termites of the New World (*Insecta: Isoptera*)", en *Archivos de Zoología*, 35(2), pp. 135-230.

Curry, J. P., 1994, *Grassland Invertebrates. Ecology, Influence on Soil Fertility and Effects on Plant Growth*, Chapman & Hall, Londres, 437 pp.

Delabie, J. H. C., y H. G. Fowler, 1995, "Soil and Litter Cryptic Ant Assemblages of Bahian Cocoa Plantations", en *Pedobiologia*, 39, pp. 423-433.

Dindal, D. L., 1990, *Soil Biology Guide*, Wiley Interscience, John Wiley & Sons, Nueva York, 1349 pp.

Fittkau, E. F. y H. Klinge, 1973, "On Biomass and Trophic Structure of the Central Amazonian Rain Forest Ecosystem", en *Biotropica*, 5(1), pp. 1-14.

Fragoso, C., P. Lavelle, E. Blanchart, B. Senapati, J. J. Jiménez, M. A. Martínez, T. Decaens y J. Tondoh, 1999, "Earthworm Communities of Tropical Agroecosystems: Origin, Structure and Influence of Management Practices", en P. Lavelle, L. Brussaard y P. Hendrix, P. (eds.), *Earthworm Management in Tropical Agroecosystems*, CAB International, Oxford, pp. 27-55.

_____ y P. Reyes-Castillo, 2001, "Diversidad, Función y Manejo de la Biota Edáfica en México", en *Acta Zoológica Mexicana (nueva serie)*, número especial 1, 238 pp.

Guzmán, G., 1998, "Análisis cualitativo y cuantitativo de la diversidad de hongos en México", en G. Halffter (comp.), *La diversidad biológica de Iberoamérica*, en Acta Zoológica Mexicana (nueva serie), 2: 111-175.

Hoffmann, A. y G. López-Campos, 2000, *Biodiversidad de los ácaros de México*, México, Conabio, UNAM, 230 pp.

Holldobler, B. y E. O. Wilson, 1990, *The Ants*, The Belknap Press of Harvard University Press, 732 pp.

Killham, K., 1994, *Soil Ecology*, Cambridge University Press, 242 pp.

Lavelle, P. y A. Spain, 2001, *Soil Ecology*, Kluwer Academic Publishers, 654 pp.

Lee, K. E., 1985, *Earthworms. Their Ecology and Relationships with Soils and Land Use*, Academic Press, Londres.

Llorente, J. B., A. N. García-Aldrete y E. S. González, 1996, *Biodiversidad, taxonomía y biogeografía de artrópodos de México: hacia una síntesis de su conocimiento*, vol. I, UNAM, México, 660 pp.

_____, E. S. González y N. Papayero, 2000, *Biodiversidad, taxonomía y biogeografía de artrópodos de México: hacia una síntesis de su conocimiento*, vol. II, UNAM, México, 676 pp.

_____ y J. J. Morrone, 2002, *Biodiversidad, taxonomía y biogeografía de artrópodos de México: hacia una síntesis de su conocimiento*, vol. III, UNAM, México, 690 pp.

Rojas, P., 2003, "El papel de las hormigas (*Hymenoptera: Formicidae*) en la dinámica edáfica", en J. Álvarez y E. Naranjo (eds.), *Ecología del suelo en la selva tropical húmeda de México*, Instituto de Ecología-Facultad de Ciencias-Instituto de Biología-unam, pp. 197-216.

Villalobos, F. J., 1989, "Los *Collembola Poduromorpha* (*Apterygota: Insecta*) y la sucesión secundaria del Bosque Mesófilo de Montaña", en *Biotam*, 1(1), pp. 45-52.

Villalobos, F. J. y P. Lavelle, 1990, "The Soil Coleoptera Community of Tropical Grassland from Laguna Verde, Veracruz (México)", en *Revue d'Écologie et de Biologie du Sol*, 27(1), pp. 73-93.

Vreeland, R. H., W. D. Rosenzweig, y D. W. Powers, 2000, "Isolation of a 250 Million-Year-Old Bacterium from a Primary Salt Crystal", en *Nature*, 407, pp. 897-900.

Wall, D. y J. C. Moore, 1999, "Interactions Underground. Soil Biodiversity, Mutualism, and Ecosystem Processes", en *BioScience*, 49(2), pp. 109-117.

Wilson, E. O., 1992, *The Diversity of Life*, Belknap Press, Harvard University Press, Cambridge, 424 pp.

Wilson, E. O., 2002, *The Future of Life*, Knopf, Nueva York, 229 pp.

Weber, N. A., 1972, *Gardening ants, the Attines, Memoirs of the American Philosophical Society*, American Philosophical Society, Filadelfia, 146 pp.

Wood, M., 1995, *Environmental Soil Biology*, Blackie Academic & Profesional, Chapman & Hall, Cambridge, 150 pp.

V. La informática sobre la biodiversidad: datos, redes y conocimientos

JORGE SOBERÓN, RAÚL JIMÉNEZ, PATRICIA KOLEFF
Y JORDAN GOLUBOV

INTRODUCCIÓN

Resulta común oír frases tales como "sabemos muy poco sobre la biodiversidad de México", o "la mayor parte de las especies que habitan el planeta se desconocen", y otras expresiones similares. Si bien estrictamente hablando tales frases son ciertas, éstas soslayan la magnitud de los datos y la información con que ya contamos. Aunque posiblemente falta por conocer, describir y nombrar la mayor parte de las especies que habitan el mundo (May, 1990), y en particular las de México, y falta realizar estudios para conocer la biología detallada de la mayoría de las especies ya descritas, el trabajo desarrollado en México por las instituciones taxonómicas del país y el extranjero, así como el conocimiento acumulado en los museos y bibliotecas es realmente extraordinario (Toledo, 1988; Llorente *et al.*, 1999). Sin embargo, dada la magnitud y lo disperso de la información, se puede decir que ésta se encuentra fuera del alcance de los no expertos, o de quien trabaje utilizando herramientas convencionales.

En efecto, tan sólo el número de ejemplares acumulados en los museos de México (en diferentes estados de curación) se acercaba a los 10 millones hace cinco años (Llorente *et al.*, 1999; fig. V.1), cifra que se ha ido incrementando de manera sostenida. Asimismo, existe un número mayor de ejemplares en instituciones fuera de México, que diversos expertos calculan entre los 20 y 100 millo-

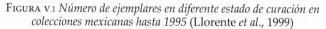

FIGURA V.1 *Número de ejemplares en diferente estado de curación en colecciones mexicanas hasta 1995* (Llorente *et al.*, 1999)

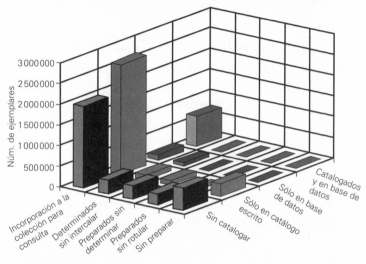

nes. De estos ejemplares, se han computarizado los datos de alrededor de cuatro millones, y cerca de 2.4 millones se encuentran disponibles en las bases de datos de la Comisión Nacional para el Conocimiento y Uso de la biodiversidad (Conabio, http://www. conabio.gob.mx), (fig. V.2). El Instituto de Biología de la Universidad Nacional Autónoma de México (IB-UNAM), la institución mexicana con mayor capacidad instalada para realizar investigación taxonómica y sistemática, acumula un promedio anual de 60 mil ejemplares al año (Hernández, 2003).

A escala mundial, la disponibilidad de datos sobre los especímenes que constituyen el dato fundamental, primario, de la biodiversidad en la red mundial de Internet crece exponencialmente. Los proyectos The Species Analyst (http://speciesanalyst.net/), Global Biodiversity Information Facility (GBIF, http://www.gbif.org), Fish-Base, Manis y otros permiten integrar millones de datos sobre ejemplares de todo el mundo. La Remib (Red Mundial de Información sobre Biodiversidad), que es la infraestructura que México creó para ligar de forma distribuida los datos sobre especímenes, en

FIGURA V.2 *Crecimiento del número de proyectos apoyados (barras)*
y registros en las bases de datos (línea) en el Sistema Nacional
de Información sobre Biodiversidad de la Conabio

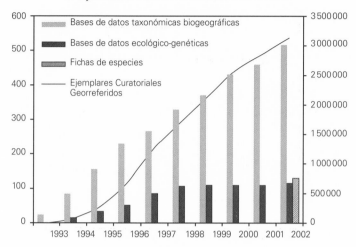

función desde julio de 1999, da actualmente acceso a cerca de 6.5 millones de datos de 104 colecciones en seis países, y crece de manera sostenida (fig. V.3). La red pasó de dar acceso a dos millones de datos en enero de 2004, a 40 millones en diciembre de 2004.

En la Conabio, los catálogos en formato electrónico para enlistar las especies de diversos grupos, contienen más de 50 mil nombres científicos. Estos catálogos permiten reconstruir la clasificación y recuperar la información de cualquier categoría taxonómica, desde reino hasta categorías subespecíficas con sus referencias originales, y en muchos casos asociados a los nombres comunes que se usan en diferentes regiones, indicando el idioma. Esto resulta especialmente importante en un país donde los organismos vivos son nombrados en más de 50 lenguas indígenas además del español. Los nombres de las especies son cerca de 27 mil, y alrededor de 40 por ciento son sinónimos (fig. V.4). Contar con estos archivos en formato de bases de datos representa numerosas ventajas para consultar, integrar, validar y actualizar información. Asimis-

FIGURA V.3 *Crecimiento de la Remib. Se indica el incremento de nodos, bases de datos, registros de ejemplares disponibles y consultados, así como el número de veces que se ha consultado la base de datos*

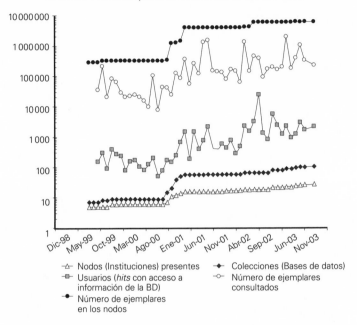

—△— Nodos (Instituciones) presentes   —◆— Colecciones (Bases de datos)
—■— Usuarios (*hits* con acceso a   —○— Número de ejemplares
information de la BD)   consultados
—●— Número de ejemplares
en los nodos

mo, la misma existencia de los catálogos con los que se cuenta apunta a las enormes lagunas que aún existen.

El quehacer taxonómico es entonces una tarea de investigación continua en lo que se refiere a la clasificación y descripción de nuevos taxones y al entendimiento de sus relaciones. Un ejemplo de esto es que el Instituto de Biología de la UNAM ha descrito en la última década un promedio de 100 especies nuevas al año (Hernández, 2003). El crecimiento de datos moleculares y en especial de las secuencias genéticas es también apabullante. Globalmente el número de secuencias acumuladas en Genbank se decuplica cada cuatro años (fig. V.5).

Por otra parte, el crecimiento de datos auxiliares, tales como las imágenes de satélite o la cartografía digital a diferentes escalas,

FIGURA V.4 *Ejemplos de distribución de sinónimos en tres catálogos de especies mexicanas: A)* Asteraceae (Panero, 2003), *n = 5 163; B)* Cactaceae (Dávila *et al.,* 2001; Guzmán, 2003; Guzmán *et al.,* 2003) *n = 3 807; y C)* Mammalia (Ramírez-Pulido, 1999), *n = 440. Los valores de n representan el total de especies aceptadas por los autores de referencia*

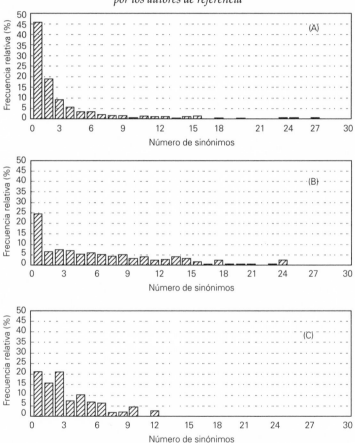

que son herramientas indispensables para el análisis espacial de los patrones de biodiversidad (Turner *et al.,* 2003), aumenta exponencialmente en la medida que nuevos satélites y sensores o estaciones climatológicas entran en servicio. En la Conabio la tasa de

FIGURA V.5 *Crecimiento del número de secuencias en Genbank.*
Tomado del sitio URL: http://www.ncbi.nlm.nih.gov/

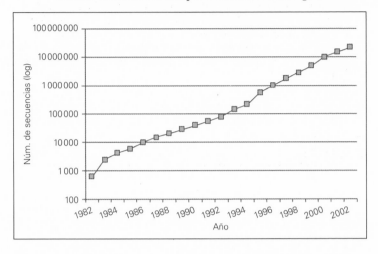

acumulación de imágenes satelitales es de ocho gigabytes por día. Se trata de imágenes de resolución media (Modis y AVHRR). La capacidad internacional para obtener imágenes de alta y superalta resolución existe, pero obtener y analizar coberturas nacionales a las resoluciones, por ejemplo, del sensor IKONOS, en este momento rebasa las posibilidades nacionales (a una resolución de un metro, que da por ejemplo el IKONOS, una imagen completa de México tendría 2×10^{12} pixeles).

¿Qué puede hacer un investigador, o un tomador de decisiones, o incluso un ciudadano interesado, para enfrentar esta abrumadora inundación de información? Sin contar con herramientas de informática aplicada, obtener y procesar los datos crudos sobre biodiversidad es simplemente imposible. La capacidad de un individuo, o incluso un equipo de trabajo, para viajar entre museos, visitar las colecciones, obtener imágenes, cartografía, analizar la literatura, organizar, visualizar, extrapolar patrones, etcétera, está limitada por factores como la inaccesibilidad de datos y referencias originales y, en muchos casos, de presupuesto.

Por fortuna, en los últimos años los avances tecnológicos relacionados con la informática han permitido que se acumulen experiencia y nuevas ideas en torno a resolver el problema de cómo obtener, organizar y analizar los datos de la "biodiversidad". Dado que la palabra "bioinformática" ya fue apropiada de facto por los practicantes de la biología molecular para definir el campo constituido por la aplicación de métodos matemáticos, computacionales y de inteligencia artificial al análisis de secuencias genómicas y de proteínas (Collado y Medrano, 2003), propondremos en este trabajo distinguir el área que está orientada a las aplicaciones taxonómicas, sistemáticas, macroecológicas y biogeográficas como "informática sobre la biodiversidad". En este capítulo se describirán algunos de los avances recientes en este campo, en buena medida desde la perspectiva de los autores que trabajan en la Conabio, cuyo mandato legal es promover y apoyar la investigación nacional para crear un Sistema Nacional de Información sobre Biodiversidad.

Informalmente, al hablar de informática para la biodiversidad estaremos hablando de las aplicaciones computacionales y matemáticas que permiten organizar, analizar y extrapolar grandes bases de datos primarios así como datos auxiliares para el estudio de patrones biológicos, desde diferentes enfoques, de acuerdo con los objetivos de la investigación a realizar (Soberón y Peterson, 2004). Los datos primarios son operativamente los datos de las etiquetas de los ejemplares de herbarios y de los museos. Los datos de catálogos, monografías, etcétera, indispensables para el manejo de los datos primarios, no se consideran como tales, debido al elevado contenido teórico que incluyen. Evidentemente, las secuencias genéticas y proteínicas también son datos primarios para la "bioinformática" genómica y proteómica.

La experiencia que en la Conabio se tiene sobre la informática para la biodiversidad surge de un mandato legal. En efecto, tanto el acuerdo que creó la Comisión en 1992, como la Ley General del Equilibrio Ecológico le asignan a la Conabio la tarea de crear un "Sistema Nacional de Información sobre Biodiversidad" que, además, deberá mantenerse "continuamente actualizado". Bajo esta visión, surgió la pregunta de cuáles deberían de ser las características de tal sistema. En 1992 existía en el mundo una cantidad mínima de instituciones que manejaban sistemas de información sobre biodiversidad en dimensiones nacional, regional, continental o mundial. Las principales eran el *Environmental Resources Information Network*, de Australia (http://www.ea.gov.au/erin/index.html), el *World Conservation Monitoring Centre* (http://www.unep-wcmc.org/) y las bases de datos de *Nature Conservancy*, actualmente *NatureServe* (http://www.natureserve.org/). En constitución estaban los sistemas de información sobre biodiversidad de Costa Rica, Indonesia, Kenia y México. Las visitas realizadas por diferentes miembros de la Conabio a dichas instituciones indicaron algunas lecciones fundamentales (positivas y negativas) para la constitución de un sistema de información sobre biodiversidad para México:

1) En la medida de lo posible, dicho sistema debería de estar basado en "datos primarios". En otras palabras, la información debería ser lo más atómica (dato que no puede ser descompuesto en más partes, *e.g.* latitud, año, etcétera), lo más cruda y lo menos interpretada posible. La interpretación debe de quedar a cargo de los usuarios, lo cual permite el uso de datos desde diferentes perspectivas.

2) Los datos deberían de provenir de las fuentes originales; es decir, se debía evitar en lo posible el uso de fuentes secundarias.

3) Se debería buscar la participación de expertos para proveer, integrar y actualizar los datos, así como su participación en etapas de análisis y generación de conocimiento.

4) Se debería reconocer la autoridad de los proveedores de los datos primarios. La autoridad para actualizar, distribuir o no, señalar datos como de uso restringido, etcétera debería de recaer en los expertos que los generan.

5) Se deberían seguir estándares básicos que aseguraran la calidad e interoperabilidad de datos de diversas fuentes.

6) Debería contemplarse el desarrollo y evaluación de algoritmos y métodos estadísticos no convencionales que permitieran

evaluar la calidad, organizar, visualizar y analizar los datos primarios para obtener "información"; esto es, elaboraciones sobre los datos crudos o primarios originales, los cuales tenían un desarrollo incipiente. El desarrollo y evaluación de tales métodos se apuntaban como esenciales, dado lo sesgado e insuficiente de los datos.

7) El sistema debería ser capaz de proporcionar respuesta a las preguntas de los usuarios, bajo puntos de vista diferentes, ya que, finalmente, lo que constituye el conocimiento está dado por el usuario y las interpretaciones que se hacen de la información basada en los datos crudos.

El Sistema de Información sobre Biodiversidad de México

El Sistema de Información sobre Biodiversidad de México (snib) se construiría entonces sobre un esquema parecido al que se muestra en la figura V.6, el cual se basa en la integración de datos atómicos de diversas fuentes, que son analizados con la ayuda de expertos utilizando una variedad de programas computacionales, tales como paquetes estadísticos, algoritmos genéticos y programas para la predicción de la distribución potencial de especies, sistemas de información geográfica y manejadores de bases de datos. Estos datos deben finalmente llevar a la generación de conocimiento en función de las necesidades diversas de los usuarios.

La experiencia del erin indicaba que la base de datos primarios constituida por los millones de especímenes en herbarios y museos, aunada a información digital sobre variables topográficas, climatológicas, edafológicas, etcétera, y analizada desde una perspectiva geográfica, permitía responder una sorprendente cantidad de preguntas de una gran diversidad de usuarios (Soberón y Koleff, 1997; Soberón et al., 1996). Estas preguntas son todas variaciones sobre los temas complementarios de: "qué especies hay en un sitio" y "cuál es el área de distribución de una especie". Por simples que parezcan, poder contestar estas preguntas determina

FIGURA V.6 *Esquema básico del sistema de información sobre biodiversidad de México. La pirámide del centro representa el flujo típico de una gran cantidad de datos primarios que requieren ser integrados para obtener información que permita dar respuesta a los cuestionamientos de interés por diferentes usuarios. La columna de la izquierda refiere algunos ejemplos de los participantes dentro de cada proceso, mientras que la columna de la derecha ejemplifica algunas de las tecnologías más ampliamente usadas en el análisis de datos y los principales tipos de datos*

la mejor gestión sobre los recursos naturales (McCarthy y Elith, 2002), por ejemplo, enfrentar especies invasoras que representan un riesgo para la salud humana, la agricultura, forestería y pesquerías o una grave amenaza para la flora y fauna nativa (Peterson y Robins, 2001), escoger adecuadamente sitios para reintroducciones de especies o escoger adecuadamente las especies por reintroducir en sitios degradados que requieren ser restaurados, evaluar zonas de impacto de enfermedades infecciosas, evaluar los efectos del cambio climático sobre los patrones de la biodiversidad (Peterson *et al.*, 2002a), elegir las áreas prioritarias para la conservación (Sarakinos *et al.*, 2001), monitorear ecosistemas para evaluar tasas de deforestación, y en general ayudar al mejor uso de los recursos naturales de un país.

Entonces, en este momento, desde la perspectiva de la Conabio, la informática para la biodiversidad consiste en la aplicación de métodos de las ciencias de la computación y las matemáticas a:

1) la obtención, mantenimiento y organización de datos primarios sobre biodiversidad (en la práctica, datos sobre la presencia de especies en un tiempo y espacio, y datos fisiográficos, climatológicos y topográficos sobre el territorio);

2) la aplicación de métodos matemáticos y herramientas informáticas a los datos para predecir, por ejemplo, las áreas de distribución de las especies (o la expresión geográfica de sus nichos fundamentales), y

3) el análisis de estos resultados para responder preguntas de una variedad de usuarios, por ejemplo, las rutas de introducción de una especie invasora, el riesgo de introducción de organismos genéticamente modificados en áreas de distribución natural de parientes silvestres, las especies adecuadas para reforestar cierta región, etcétera.

La obtención de los datos

Como ya se dijo, la principal tarea de Conabio hasta hace muy poco tiempo fue la de obtener los datos primarios. La obtención de los datos sobre la presencia de especies requirió la creación de un software especializado (Biótica: véase www.conabio.gob.mx) sobre el cual no nos extenderemos aquí, así como el desarrollo de una multitud de rutinas y procedimientos para el control de calidad en los datos. Es muy poco apreciado y merece ser subrayado que los datos obtenidos de los museos y herbarios necesitan ser evaluados para detectar inconsistencias y errores (Soberón *et al.*, 2001b). Éstos van desde los simples errores tipográficos, hasta los errores de determinación, pasando por el uso de nomenclatura o conceptos taxonómicos obsoletos, georreferencias inexistentes o erróneas, etcétera. Buena parte del trabajo de la Conabio y de los expertos que la apoyan radica en la detección y corrección de dichos problemas.

La segunda tarea principal en la obtención de datos primarios, fue el desarrollo de una red de bases de datos en línea. Remib, la red que la Conabio desarrolló en 1999, fue una de las pioneras en este campo. Remib se constituyó gracias al decidido apoyo que muchas instituciones taxonómicas de México dieron a la idea de que se debían compartir los datos primarios sobre la diversidad biológica de México.

Esta convicción se expresó en la llamada Declaración de Oaxaca (http://www.conabio.gob.mx/remib/doctos/declaracion.html). Basada en la tecnología de sockets de TCP/IP, la Remib es una red que liga seis millones de datos de 98 colecciones en seis países del mundo (ver www.conabio.gob.mx). En la actualidad, la tendencia mundial es consolidar las dos o tres redes existentes en el mundo en una sola red (ver http:://www.gbif.org) basada en XML y servicios de web. Remib seguramente formará parte de dicha red mundial que pondrá al alcance de todos los datos primarios sobre los ejemplares que están contenidos en los museos sobre todo del mundo desarrollado.

ANÁLISIS DE LOS DATOS

La utilización práctica de millones de datos en línea sobre "presencias" de especies no es tarea fácil, incluso suponiendo que se trate de datos ya depurados y libres (en un sentido estadístico) de inconsistencias y errores. En efecto, los datos de museos son simples registros históricos de la ocurrencia de una especie. No se tiene la información aparentemente esencial sobre las "ausencias" de las especies. Asimismo, estas presencias están sesgadas de forma espacial (colectas asociadas a carreteras o cercanas a los centros de investigación: Bojórquez *et al.*, 1995), temporal (expediciones, fluctuaciones en los recursos económicos) y taxonómica (grupos "fáciles", *i.e.* conspicuos o mejor conocidos *versus* grupos impopulares, inconspicuos o poco trabajados). ¿Cómo, pese a todos estos problemas, se puede usar esta enorme masa de datos para encontrar las áreas de distribución de las especies?

Es muy interesante resaltar que investigadores de México empezaron a dar respuesta a estas preguntas desde hace más de 30 años (Gómez Pompa y Nevling, 1970; Giddings, 1986; Soto, Gómez-Pompa y Giddings, 1999). Estas técnicas que, en su origen de carácter estrictamente bioclimático, están basadas en la simple idea de encontrar regiones en el mapa "similares" a aquellas donde la especie ya se observó (Peterson *et al.*, 2002b). El sentido en el que se define la similitud puede variar. El programa *FloraMap* (Jones y Gladkov, 1999), por ejemplo, se basa en un razonamiento estadístico, *Pegaso* (desarrollado en el Cimat de Guanajuato) en probabilidad bayesiana, *Domain* en análisis de cúmulos y GARP (Stockwell y Peters, 1999) en inteligencia artificial. Sin embargo, todos los programas actualmente en uso hacen lo mismo: buscan zonas similares a aquellas donde la especie ha sido observada. Por lo general, la similitud de los sitios se basa en parámetros ambientales, como la temperatura, la precipitación, la elevación, la pendiente, entre otros, decididos sobre valores promedio, máximos o mínimos. En una segunda fase se pueden "recortar" las zonas de similitud, que normalmente se interpretan como la expresión geográfica del nicho fundamental de las especies, utilizando argumentos de tipo biogeográfico. La experiencia demuestra que al menos algunos de estos métodos son estadísticamente predictivos (Feria y Peterson, 2002; Raxworthy *et al.*, 2003; Sánchez Cordero y Martínez Meyer, 2000).

Es claro que en posesión de predicciones sobre el área de distribución de una especie se puede realizar todo tipo de análisis; por ejemplo, sobre los patrones de diversidad alfa (de un sitio específico) y beta (la riqueza acumulada de varios sitios), lo cual sirve para identificar regiones de muy alta riqueza biológica o *hotspots*. Se puede hacer, de igual forma, sobre complementariedad de sitios para el diseño de áreas protegidas, sobre asociaciones de especies, y muchos otros. El desarrollo de la informática para la biodiversidad en el futuro inmediato consistirá precisamente en el diseño y construcción de herramientas computacionales para poder analizar rápidamente cientos o miles de mapas de este tipo.

LAS APLICACIONES

Como ya se dijo, por simples que parezcan, las cuestiones sobre la presencia potencial o real de especies son de una gran importancia teórica y práctica. La Conabio utiliza estos métodos para la planeación de las colectas científicas, para asesorar a dependencias gubernamentales sobre cuestiones de conservación de especies, para el análisis de riesgos asociados al flujo génico de especies genéticamente modificadas a parientes silvestres, para el análisis de distribución de vectores de enfermedades, y para evaluar los riesgos de la introducción de especies invasoras. Mencionaremos unos ejemplos de especies invasoras para ilustrar el uso de métodos y datos de la informática sobre biodiversidad en problemas aplicados.

La introducción de especies invasoras es considerada hoy en día una de las amenazas más importantes a la diversidad biológica global (Walker y Steffen, 1997; Sala, 2000; Mack *et al.*, 2000; Pimentel *et al.*, 2000; Louda *et al.*, 2003). El impacto de las especies invasoras no es únicamente la pérdida de especies nativas, sino un decremento en la variación genética, pérdida en niveles taxonómicos superiores, homogeneización biótica, cambios en el funcionamiento de ecosistemas, cambios en los servicios ambientales de los ecosistemas dados a los humanos, cambios estéticos, daño directo a las industrias, daño a cultivos y bosques, y la propagación de enfermedades a humanos (como el VIH y el Virus del Oeste del Nilo) y a otras especies.

Un ejemplo en nuestro país es la probable introducción de la palomilla del nopal, *Cactoblastis cactorum* (Zimmermann *et al.*, 2000). La palomilla, originaria de Argentina, ya está presente y establecida en la península de Florida. ¿Cuáles son las áreas susceptibles de México? Existen nopales en casi todo el territorio nacional, salvo el trópico húmedo. ¿Cuáles son las zonas potencialmente más afectables? El uso conjunto de datos de colecciones, los algoritmos bioclimáticos y la teconología computacional han permitido realizar análisis del posible riesgo que *C. cactorum* presenta para nuestro país (Soberón *et al.*, 2001a). Usando datos sobre la presencia de *C. cactorum* en Argentina (provenientes del United States National Herbarium, Smithsonian Institution, USDA) se calculó una superficie de similitud climatológica para los Estados Unidos y México. Esta superficie representa las zonas de Norteamérica con un clima similar al del norte de Argentina, de donde proviene la palomilla. Posteriormente, utilizando datos sobre el subgénero *Platyopuntia* provenientes del Herbario Nacional de México del Instituto de Biología (MEXU), el Herbario de la Escuela Nacional de Ciencias Biológicas (ENCB), el *Natural History Museum* de San Diego, el *Missouri Botanical Garden* (Mobot), la base de datos de Héctor Hernández, del Instituto de Biología y el National Herbarium, Smithsonian Institution (USDA), que en conjunto suman más de cinco mil registros curatoriales, se calcularon áreas de distribución para casi 96 especies de *Opuntia*. Estas áreas de distribución fueron validadas en lo general con la generosa ayuda de expertos nacionales y extranjeros (Patricia Dávila, Héctor Hernández y Jon Rebman). La superposición de las áreas indica las regiones de México con más alta densidad del subgénero *Platyopuntia*, y la subsecuente superposición con las zonas de similitud climática proporciona una predicción de la ruta de entrada de la palomilla y las áreas de mayor impacto en México (fig. V.7). El resultado de este análisis se usó como parte de la justificación para establecer una alerta fitosanitaria en el norte de México.

Bombus terrestris L. es una especie de abejorro de origen europeo ampliamente utilizada para la polinización de cultivos. El éxito económico que provee *B. terrestris*, ha generado la exportación de individuos principalmente de países europeos a otros países en donde se encuentran cultivos extensivos (*e.g.* Japón, Chile, Israel y

FIGURA v.7 *Resultado del análisis de la posible ruta de invasión de*
Cactoblastis cactorum. *A) Localidades originales para la Palomilla*
del Nopal (datos del Smithsonian Institution). *B) Localidades para el*
género Platyopuntia *en México y Estados Unidos* (datos MEXU, ENCB, SD,
MOBOT y USDA). *C) Zonas de alta similitud climática para localidades*
de origen de C. cactorum

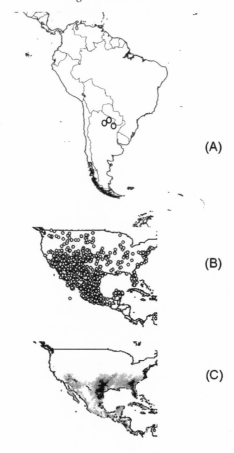

Nueva Zelanda). Sin embargo, la experiencia en los países donde se ha introducido ha mostrado que el abejorro es muy adaptable y agresivo, y existen numerosos ejemplos de su establecimiento fuera de su distribución original (MacFarlane y Gurr, 1995). *B. terrestris* genera efectos negativos por introgresión genética en especies nativas e hibridización (Van den Eijnde y de Ruijter, 2000; Jonghe, 1982), y por competencia con especies nativas de abejas de la misma o de otras especies (Hingston y McQuillan, 1999; Stout y Goulson, 2000), así como por la introducción de parásitos exóticos que pueda impactar las poblaciones nativas de abejas que no han sido expuestas a nuevas enfermedades (Schmid-Hempel y Loosli, 1998). *B. terrestris* ha tratado de ser introducido a México en varias ocasiones. Los problemas ambientales de esta introducción a México son varias. Por un lado, México posee cerca de ocho familias y 1 589 especies de abejas, y del género *Bombus* México cuenta con 21 especies descritas, de las cuales seis son endémicas (Labougle, 1990), incrementando los riesgos antes mencionados. En el año 2001 la Secretaría de Agricultura solicitó una evaluación del riesgo de la introducción de *B. terrestris* a la fauna mexicana. En la Conabio se calculó el nicho ecológico de cada especie nativa utilizando las bases de datos de especies mexicanas proporcionadas tanto por la Universidad de Kansas, a través de su portal *The Species Analyst*, al igual que los datos proporcionados por Ricardo Ayala del Instituto de Biología de la UNAM.

Al empatar la distribución potencial de todas las especies mexicanas se pudieron determinar las zonas de riqueza de especies de *Bombus* que pueden ser afectadas, y tener elementos de decisión que ayuden a determinar el riesgo asociado con la presencia de *B. terrestis* en el ámbito nacional. Los resultados del análisis sirvieron para impedir la importación de *B. terrestris* a México por lo menos en una ocasión, aunque se rumora que actualmente ya se ha importado sin el permiso necesario.

Un problema reciente que ha permeado dentro de los problemas ambientales internacionalmente es la presencia de especies transgénicas en el país (Ezcurra *et al.*, 2002). La Conabio, con el uso de sus bases de datos y la modelación espacial, ha contribuido a tomar decisiones acerca de la posibilidad de introducir especies transgénicas con el menor riesgo posible a la biodiversidad nacional. Esto es especialmente importante, si tomamos en cuenta que México es uno de los centros mundiales de agrodiversidad más importantes (establecido desde principios del siglo pasado por Vavilov), y que muchos de los parientes silvestres de las especies transgénicas se encuentran en nuestro país. Los análisis de riesgo que se han generado en la Conabio han sido posibles gracias a las bases de datos que se tienen para especies como el maíz y algodón (Soberón *et al.*, 2002).

Los anteriores son ejemplos de análisis realizados por la Conabio para usuarios específicos. Pero la gran cantidad de datos crudos y de información que Conabio pone en su página de web es consultada por un elevado y creciente número de usuarios (fig. V.8). La Conabio está generando materiales didácticos y preparando cursos para capacitar a los usuarios en el uso de bases de datos distribuidas y en la aplicación de los algoritmos existentes para la extrapolación y obtención de nichos y de áreas de distribución. En un futuro cercano, el manejo de herramientas de informá-

FIGURA v.8 *Crecimiento del número de accesos a la página de Conabio*

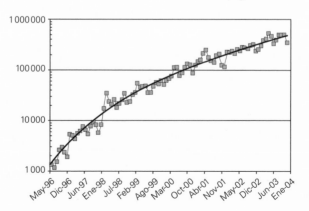

tica para la biodiversidad deberá ser parte del acervo metodológico de todo biólogo.

Es claro que existe una enorme cantidad de información a la que no se puede tener acceso por la vía de bases de datos como las de la Conabio. Los artículos y libros publicados por los biólogos, las tesis, informes y reportes, así como una gran cantidad de fotos, ilustraciones, grabaciones, etcétera, constituyen el cuerpo principal de la información biológica y no es aún accesible mediante métodos informáticos. Más aún, los datos primarios cuyo acceso facilitan redes como Remib u otras, no pueden ser interpretados ni entendidos sin el apoyo de dicha información apenas tocada por tecnologías informáticas. Sin embargo, esta situación está cambiando. Proyectos de gran envergadura, como la digitalización de los textos y las imágenes de los más de 40 volúmenes de la *Biología Centralii Americana* y su organización en formato de XML ya se encuentra muy avanzada (http://www.sil.si.edu/digitalcollections/bca/). Este proyecto de los Museos Smithsoniano y de Historia Natural de Londres permitirá tener acceso por internet a una obra fundamental. Sin duda este tipo de iniciativas irá poniendo en contacto tanto a los datos primarios sobre biodiversidad, como también a la información elaborada; de tal forma que en unos pocos años veremos una transformación radical de la manera como la información científica sobre nuestro mundo vivo es manejada por científicos y ciudadanos.

CONCLUSIONES

La creciente disponibilidad de datos confiables sobre la ocurrencia y abundancia de las especies, así como de otros datos ambientales, en combinación con el desarrollo de herramientas adecuadas para el manejo y análisis de datos permitirán un mayor desarrollo de áreas investigación que usan herramientas bioinformáticas, tales como la macroeología (Blackburn y Gaston, 1998), la planeación de la conservación (Possingham *et al.*, 2000), el análisis de rutas de invasión de especies ajenas (Peterson y Robins, 2001; 2003) y muchas otras aplicaciones, además de las tradicionales en sistemática y taxonomía.

El desarrollo reciente de metodologías para tener acceso a millones de datos puntuales sobre la presencia de especies, así como de herramientas matemáticas y computacionales para predecir los nichos fundamentales y las áreas de distribución de las especies, representan los primeros pasos en el desarrollo de una ciencia informática para la biodiversidad. Si bien los problemas de control de calidad de los datos e integración de datos de diversas fuentes, los problemas de sesgos de todo tipo, y la falta de exploraciones biológicas exhaustivas son reales, las herramientas de extrapolación que se han estado desarrollando en el pasado han demostrado capacidad predictiva en campo, tanto en México como en otros países del mundo (Soberón y Peterson, 2004).

México es un país de vanguardia en materia de informática sobre biodiversidad. Iniciamos experiencias pioneras desde la década de 1970. En la actualidad, no sólo somos uno de los cuatro o cinco países del mundo con mayor avance en la digitalización de sus colecciones biológicas, sino que tenemos investigadores activos en este campo, al menos en los Institutos de Ecología y Biología y en la Facultad de Ciencias de la UNAM, así como en el Instituto de Ecología de Xalapa, el Centro de Investigaciones Científicas de Yucatán y el Ecosur. Se realizan asimismo avances informáticos y teóricos en el Instituto de Ecología de la UNAM, la propia Conabio y en el Centro de Investigaciones en Matemáticas de Guanajuato. Cabe destacar también que el Instituto de Biología de la UNAM tiene la intención de desarrollar una unidad de informática de la biodiversidad. Así, es evidente que las posibilidades de desarrollo en este campo son enormes; si las aprovechamos, tendremos en nuestras manos una potente herramienta para realizar la gestión de la biodiversidad de México.

Agradecimientos

Este trabajo fue apoyado en parte mediante el proyecto D.A.J.-J002/0728/99 de Conacyt. Agradecemos a todos los investigadores que han participado en el esfuerzo de recopilación, integración y análisis de los datos, así como al personal de la Conabio que realiza los análisis diarios para la mejor gestión de nuestra biodiversidad. También agradecemos a todos los taxónomos y curadores de herbarios y colecciones que han estudiado y dado a conocer los acervos biológicos de México.

Bibliografía

Blackburn, T. M. y K. J. Gaston, 1998, "Some Methodological Issues in Macroecology", en *The American Naturalist*, 151, pp. 68-83.

Bojórquez, L., I. Azuara, E. Ezcurra y O. Flores, 1995, "Identifying Conservation Priorities in México Through GIS and Modeling", en *Ecological Applications*, 5, pp. 215-231.

Collado, J. y A. Medrano, 2003, "La biología computacional antes y después de los genomas", en F. Bolivar (comp.), *Fronteras de la biología en los inicios del s. xxi. I. Genómica, proteómica y bioinformática*, El Colegio de México, México, pp. 155-168.

Dávila, A., S. Arias y U. Guzmán, 2001, Lista taxónomica de *Cactaceae* en México, Facultad de Estudios Superiores Iztacala-unam-Base de datos snib, Conabio, proyecto Q045.

Ezcurra, E., Ortiz S. y Soberón J., 2002, Evidence of Gene Flow from Transgenic Maize to Local Varieties in México. LMOS and Environment. Proceedings of an International Congress. oecd.

Feria, P. y T. Peterson, 2002, "Prediction of Bird Community Composition Based on Point-Occurrence Data and inferential Algorithms: a Valuable Tool in Biodiversity Assessments", en *Diversity and Distributions*, 8, pp. 49-56.

Giddings, L., 1986, "Diseño del Sistema Bioclimas y su manual de funcionamiento para la planificación regional", INIREB Informe 8630144.

Gómez Pompa, A. y L. I. Nevling, 1970, "La Flora de Veracruz", *Anales del Instituto de Biología de la UNAM*, 31, pp. 137-171.

Guzmán, U., 2003, *Revisión y actualización del Catálogo de Autoridad Taxonómica de las Cactáceas Méxicanas*, Base de datos SNIB-Conabio, proyecto AS021.

Guzmán, U., S. Arias y P. Dávila, 2003, *Catálogo de Cactáceas Mexicanas*, UNAM, Conabio, México, 315 pp.

Hernández, H., 2003, "Informe Anual 2002", Instituto de Biología-UNAM.

Hingston, A. B. y P. B. McQuillan, 1999, "Displacement of Tasmanian Native Megachilid Bees by the Recently Introduced Bumblebee: *Bombus terrestris* (Linnaeus, 1758) (*Hymenoptera: Apidae*)", en *Australian Journal of Zoology*, 47, pp. 59-65.

Jones, P. G. y A. Gladkov, 1999, *FloraMap: A computer tool for predicting the distribution of plants and other organisms in the wild*, Centro Internacional de Agricultura Tropical, Cali.

Jonghe, R. de, 1982, "Interspecific Copulation in Captive Species of the Genus *Bombus* Latreille (*sensu stricto*) (*Hymenoptera: Apidae, Bombinae*)", en *Bulletin et Annales de la Société Royale Belge d'Entomologie*, 118, pp. 171-175.

Labougle, J. M., 1990, "Bombus of Mexico and Central America (*Hymenoptera, Apidae*)", en *University of Kansas Science Bulletin*, 54, pp. 35-73.

Llorente, P. Koleff, H. Benítez y L. Lara, 1999, *Síntesis del estado de las colecciones biológicas mexicanas. Resultados de la encuesta "Inventario y Diagnóstico de la actividad taxonómica en México" 1996-1998*, Conabio, México.

Lodge, D. M., 1993, "Biological Invasions: Lessons for Ecology", en *Trends in Ecology and Evolution*, 8, pp. 133-137.

Louda, S. M., A. E. Arnett, T. A. Rand y F. L. Rusell, 2003, "Invasiveness of Some Biological Control Insects and Adequacy of Their Ecological Risk Assessment and Regulation", en *Conservation Biology*, 17, pp. 73-82.

MacFarlane, R. P. y L. Gurr, 1995, "Distribution of Bumble Bees in New Zealand", *Australian Entomologist*, 18, pp. 29-36.

Mack, R. N., D. Simberloff, W. M. Lonsdale, H. Eucins, H. Evans, M. Clout y F. Bazzazz, 2000, "Biotic Invasions: Cuases, Epidemiology, Global Consequences, and Control", en *Ecological Applications*, 10, pp. 689-710.

May, R. M., 1990, "How Many Species?", en *Philosophical Transactions of the Royal Society*, 330, pp. 293-294.

McCarthy, M. A. y J. Elith, 2002, "Species Mapping for Conservation", en *Gap Analysis Program Bulletin*, 11, pp. 29-32.

Panero, J. L., 2003, "Herbarium of the University of Texas at Austin, Herbaria (TEX-LL)", Base de datos REMIB-Conabio, Texas.

Peterson, A. T. y C. R. Robins, 2001, "Predicting Species Invasions Using Ecological Niche Modeling", en *BioScience*, 51, pp. 363-371.

Peterson, A. T. y C. R. Robins, 2003, "Using Ecological-niche Modeling to Predict Barred owl Invasions with Implications for Spotted owl Conservation", en *Conservation Biology*, 17, pp. 1161-1165.

Peterson, A. T., M. A. Ortega-Huerta, J. Bartley, V. Sánchez-Cordero, J. Soberón, R. H. Buddemeier y D. R. B. Stockwell, 2002a, "Future Projections for Mexican Faunas Under Global Climate Change Scenarios", en *Nature*, 416, pp. 626-629.

─────── , D. R. B. Stockwell y D. A. Klutza, 2002b, "Distributional Prediction Based on Ecological Niche Modeling of Primary Occurrence Data", en M. Scott, P. Heglund y M. L. Morrison (eds.), *Predicting Species Occurrences: Issues of Scale and Accuracy*, Island Press, Washington, D.C., pp. 617-623.

Pimentel, D., L. Lach, R. Zuñiga y D. Morrison, 2000, "Environmental and Economic Costs of Nonindigenous Species in the United States", en *BioScience*, 50, pp. 53-65.

Possingham, H. P., Ball I. R. y Andelman S., 2000, "Mathematical Methods for Identifying Representative Reserve Networks", en S. Ferson y M. Burgman (eds.), *Quantitative Methods for Conservation Biology*, Springer-Verlag, Nueva York, pp. 291-306.

Ramírez-Pulido, J., 1999, *Catálogo de autoridades de los mamíferos terrestres de México*, Laboratorio de Zoología-Departamento de Biología-División de Ciencias Biológicas y de la Salud-UAM Iztapalapa, Base de datos SNIB-Conabio, proyecto Q023.

Raxworthy, C., Martínez-Meyer, N. Horning, R. Nussbaum, G. Schneider, M. Ortega-Huerta y T. Peterson, 2003, "Predicting Distributions of Known and Unknown Reptile Species in Madagascar", en *Nature*, 426, pp. 837-841.

Sala, O. E., 2000, "Global Biodiversity Scenarios for the Year 2100", en *Science*, 287, pp. 1770-1774.

Sánchez Cordero V. y E. Martínez Meyer, 2000, "Museum Specimen Data Predicts Crop Damage by Tropical Rodents", en *Proceedings of the National Academy of Sciences*, 97, pp. 7024-7077.

Sarakinos, H. A. O., A. Nicholls, A. Tubert, Aggarwal, C. Margules y S. Sarkar, 2001, "Area Prioritization for Biodiversity Conservation in Quebec on the Basis of Species Distributions: a Preliminary Analysis", en *Biodiversity and Conservation*, 10, pp. 1419-1472.

Schmid-Hempel, P. y R. Loosli, 1998, "A Contribution to the Knowledge of Nosema Infections in Bumble Bees", en *Bombus supplement Apidologie*, 29, pp. 525-535.

Soberón, J., Llorente y H. Benítez, 1996, An International View of National Biological Surveys, en *Annals of the Missouri Botanical Garden*, 83, pp. 562-573.

————, y P. Koleff, 1997, "The National Biodiversity Information System of Mexico", en P. H. Raven (ed.), *Nature and human society. The quest for a Sustainable World*, National Academy Press, Washington, pp. 586-595.

————, Sarukhán y J. Golubor, 2001a, "The Importance of *Opuntia* in México and Routes of Invasion and Impact of *Cactoblastis Cactorum* (*Lepidoptera: Pyralidae*), en *Florida Entomologist*, 84, pp. 486-492.

————, L. Arriaga y L. Lara, 2001b, "Issues of Quality Control in Large, Mixed-Origin Entomological Databases", en H. Saarenma y E. Nielsen (eds.), *Towards a Global Biodiversity Information Structure. Challenges, Opportunities, Synergies and the Role of Entomology*, European Environmental Agency Technical Report, 70, pp. 15-22.

————, E. Huerta-Ocampo y L. Arriaga, 2002, "The Use of Biological Databases to Assess the Risk of Gene flow: the Case of Mexico",

LMOS and Environment, Proceedings of an International Congress, OECD.

Soberón, J. y A. T. Peterson, 2004, "Biodiversity Informatics: Managing and Applying Primary Biodiversity Data", en *Philosophical Transactions of the Royal Society (B)*, 35, pp. 689-698.

Soto, M., A. Gómez Pompa y L. Giddings (eds.), 1999, *Bioclimatología de la Flora de Veracruz*, vol. II, fascículos 12-21, Instituto de Ecología-Plant Resources Information Laboratory-University of California at Riverside (URL: http://www.ecologia.edu.mx/publicaciones).

Stockwell, D. R. B., y D. P. Peters, 1999, "The GARP Modelling System: Problems and Solutions to Automated Spatial Prediction", en *International Journal of Geographic Information Systems*, 13, pp. 43-158.

Stout, J. C. y D. Goulson, 2000, "Bumble Bees in Tasmania: their Distribution and Potential Impact on Australian Flora and Fauna", en *Bee World*, 81, pp. 80-86.

Toledo, V. M., 1988, "La diversidad biológica de México", en *Ciencia y Desarrollo*, 81, pp. 17-30.

Turner, W., S. Spector, N. Gardiner, M. Fladeland y E. Sterling y M. Steininger, 2003, "Remote Sensing for Biodiversity Science and Conservation", en *Trends in Ecology and Evolution*, 18, pp. 306-314.

Van den Eijnde, J. y A. de Ruijter, 2000, "Bumblebees from the Canary Islands: Mating Experiments with *Bombus Terrestris* L. from the Netherlands", *Proceedings of the Section Experimental ad Applied Entomology*, en 11, pp. 159-162.

Walker, B. y W. Steffen, 1997, "An Overview of the Implications of Global Change for Natural and Managed Terrestrial Ecosystems", en *Conservation Ecology*, 1 (URL: http://www.consecol.org/vol1/iss2/art2).

Zimmermann, H. G., Moran, V. C., and J. H. Hoffmann, 2000, "The Renowned Cactus Moth *Cactoblastis cactorum*: its Natural History and Threat to Native *Opuntia* Floras in Mexico and the United States of America", *Diversity and Distributions*, 6, p. 259.

VI. La biodiversidad, las culturas y los pueblos indígenas

Víctor M. Toledo y Eckart Boege

Las relaciones entre la variedad de la vida y los seres humanos se encuentran mediadas por la cultura, pues cada sociedad percibe, conoce, utiliza y maneja de manera singular la diversidad biológica embebida en sus territorios. Las relaciones entre la biodiversidad y las diferentes culturas humanas que han existido y existen aún, es un tema de enorme importancia y trascendencia. Aunque la variedad del mundo vivo es el resultado de un largo proceso de evolución que tomó unos 3.5 mil millones de años y, en cambio, la diversidad de las culturas es la consecuencia de apenas 100 mil años, ambas se encuentran ligadas en la actualidad por razones geográficas, productivas, espirituales y éticas.

En efecto, a una escala planetaria la diversidad cultural de la especie humana se encuentra estrechamente asociada con las principales concentraciones de biodiversidad existentes. De hecho, existen evidencias de traslapes notables en los mapas globales entre las áreas del mundo con alta riqueza biológica y las áreas de alta diversidad de lenguas, que es el mejor indicador para distinguir una cultura. La correlación anterior puede ser certificada tanto con base en los análisis geopolíticos realizados en cada país como utilizando criterios de tipo biogeográfico.

Como resulta evidente, cada ser humano es diferente en términos de diversos criterios (genéticos, anatómicos, culturales, psicológicos, etcétera), lo cual imprime un rasgo de diversidad a la especie humana. Sin embargo, en términos generales, la diversidad del fenómeno humano suele ser constatada por dos vías: en el sentido somático por la variedad genética de los individuos, y en el sentido cultural por la variedad de las lenguas habladas por determinados conjuntos sociales. Ambos rasgos son el resultado de un proceso de evolución y de diferenciación provocado por la expansión de la población humana por todos los hábitats del planeta, un fenómeno que tomó unos 100 mil años y que permitió la colonización de la especie humana a partir de sus más antiguos ancestros, originalmente restringidos a las porciones sudoccidentales del continente africano. La estrecha correlación que existe entre los árboles genéticos y los lingüísticos en las poblaciones humanas certifica que los genomas y las lenguas son el resultado de un mismo proceso de expansión, aislamiento y evolución por las diferentes regiones del planeta (Cavalli-Sforza, 1997).

Tomando como referencia el criterio lingüístico, toda la población humana pertenece hoy en día a unas seis mil culturas. Por lo tanto, con base en los inventarios hechos por los lingüistas, podemos trazar una lista de las regiones y países con el mayor grado de diversidad cultural en el mundo. De acuerdo con Ethnologue (www.ethnologue.org) que es el catálogo más detallado y completo de las lenguas del mundo, hacia 2004 existía un total de 6 703 lenguas (en su gran mayoría ágrafas), 32% de las cuales se encuentran en Asia; 30%, en África; 19%, en el Pacífico; 15%, en América, y tan sólo 3% en Europa. Dentro del panorama anterior, sólo 12 países contienen 54% del total de las lenguas. Estos países son: Papúa Nueva Guinea, Indonesia, Nigeria, India, Australia, México, Camerún, Brasil, Zaire, Filipinas, los Estados Unidos y Vanuatu (cuadro VI.1).

Por otro lado, de acuerdo con los más detallados análisis acerca de la biodiversidad desde una perspectiva geopolítica (Mittermeier y Goettsch-Mittermeier, 1997), existen asimismo 12 países que albergan los mayores números de especies y de especies endémicas (con poblaciones restringidas). Esta evaluación se basó en el análisis comparativo de ocho grupos biológicos principales: mamíferos, aves, reptiles, anfibios, peces de agua dulce, escarabajos y plantas con flores. Las naciones consideradas como países

CUADRO IV.1 *Países con el mayor número de lenguas en el mundo*

Países (número de lenguas)	Países (número de lenguas)
1. Papúa Nueva Guinea* (830)	14. Malasia* (141)
2. Indonesia* (742)	15. Chad (134)
3. Nigeria (521)	16. Tanzania (128)
4. India* (428)	17. Nepal (126)
5. México* (298)	18. Vanuatu (110)
6. Camerún (279)	19. Perú* (108)
7. Australia* (273)	20. Rusia (105)
8. Estados Unidos* (238)	21. Colombia* (101)
9. China* (236)	22. Etiopía (89)
10. Brasil* (235)	23. Canadá (89)
11. Rep. Democrática del Congo* (215)	24. Costa de Marfil (80)
12. Las Filipinas* (175)	25. Islas Salomón (74)
13. Sudán (142)	

* Países considerados como megadiversos por su riqueza biológica.
Fuente: Ethnologue (www.ethnologue.org).

"megadiversos" son: Brasil, Indonesia, Colombia, Australia, México, Madagascar, Perú, China, Filipinas, India, Ecuador y Venezuela (cuadro VI.2).

Con base en lo anterior, una primera correlación entre la diversidad cultural y la diversidad biológica aparece en las estadísticas globales, pues nueve de los 12 centros principales de diversidad cultural (en términos del número de lenguas) están también en el registro de la megadiversidad biológica y, recíprocamente, nueve de los países con la mayor riqueza de especies y endemismos están también en la lista de las 25 naciones con las cifras más altas de lenguas endémicas (cuadro VI.3).

Los vínculos entre la diversidad biológica y la cultural también pueden ilustrarse usando los datos del llamado Proyecto

CUADRO VI.2 *Países con mayor número de especies (riqueza)*
de plantas y animales, y endemismos (especies de distribución
restringida)

País	Riqueza	Endemismo	Ambos
Brasil*	1	2	1
Indonesia*	3	1	2
Colombia*	2	5	3
Australia*	7	3	4
México*	5	7	5
Madagascar*	12	4	6
Perú*	4	9	7
China*	6	11	8
Las Filipinas*	14	6	9
India*	9	8	10
Ecuador	8	14	11
Venezuela	10	15	12

* Países incluidos en la lista de las 25 naciones con el mayor número de lenguas (véase cuadro VI.1). Cifras calculadas a partir de los siguientes grupos biológicos: mamíferos, aves, reptiles, peces de agua dulce, mariposas, escarabajos y fanerógamas (Mittermeier y Goettsch-Mittermeier, 1997).

CUADRO VI.3 *Los 10 países bioculturalmente más ricos del mundo.*
Estimado a partir de los cuadros 1 y 2

1. Indonesia	6. Zaire
2. Australia	7. Papúa Nueva Guinea
3. India	8. Las Filipinas
4. México	9. China
5. Brasil	10. Colombia

Global 200, un programa del World Wildlife Fund (WWF) desarrollado como una nueva estrategia para identificar prioridades de conservación por medio de un enfoque eco-regional. Como parte de este programa, la wwf ha identificado una lista de 233 eco-re-giones biológicas terrestres, acuáticas y marinas que son represen-tativas de la más rica diversidad de especies y hábitats de la Tierra.

Un análisis conducido por la People & Conservation Unit de la wwf acerca de los pueblos indígenas en las 136 eco-regiones terrestres del Proyecto Global 200 (www.terralingua.org), reveló patrones interesantes. Como se muestra en el cuadro VI.4, cerca de 80% de las eco-regiones están habitadas por uno o más pueblos indígenas, y la mitad de las seis mil culturas indígenas son habitan-tes de estas áreas. Sobre una base biogeográfica, todas las regiones, exceptuando la paleártica, mantienen 80% o más de sus territorios habitados por pueblos indígenas (cuadro VI.4).

¿CÓMO SE DEFINEN LOS PUEBLOS INDÍGENAS?

Se estima que entre cuatro y cinco mil lenguas del total registrado en el mundo solamente son habladas por 100 mil o menos indivi-duos, y éstos corresponden a los llamados pueblos indígenas. Así, los pueblos indígenas representan entre 80 y 90% de la diversidad cultural del planeta. La población indígena del mundo contempo-ráneo asciende a más de 300 millones, vive en alrededor de 75 de los 184 países del planeta, y es habitante de prácticamente cada uno de los principales biomas de la Tierra y, especialmente, de los ecosis-temas terrestres y acuáticos menos perturbados (Toledo, 2001).

Los pueblos indígenas, también llamados pueblos tribales, aborígenes o autóctonos, minorías nacionales o primeros pobla-dores, se pueden definir mejor utilizando los ocho criterios siguientes: a) son descendientes de los habitantes originales de un territorio que ha sido sometido por conquista, por ello poseen una larga his-toria de poblamiento en los territorios que ocupan; b) son pueblos íntimamente ligados a la naturaleza a través de sus cosmovisiones, conocimientos y actividades productivas, como la agricultura permanente o nómada, el pastoreo, la caza y recolección, la pesca o la artesanía, las cuales adoptan una estrategia de uso múltiple de

CUADRO VI.4 *Pueblos indígenas (PI) dentro de las eco-regiones terrestres del proyecto Global 200 consideradas como áreas prioritarias para su conservación por el Fondo Mundial para la Vida Silvestre*

Región	Eco-regiones	Eco-región con PI	%	Total de PI en eco-regiones	Número de PI en eco-regiones	%
Mundo	136	108	79	3 000	1 445	48
África	32	25	78	983	414	42
Neotropical	31	25	81	470	230	51
Neártica	10	9	90	147	127	86
Asia y Pacífico (indo-malayo)	24	21	88	298	225	76
Oceanía	3	3	100	23	3	13
Paleártica	21	13	62	374	11	30
Australasia	15	12	80	315	335	65

Fuente: "Indigenous and Traditional Peoples in the Global 200 Eco-regions Map", WWF/UNEP/Terralingua, 2000.

apropiación de la naturaleza; c) practican una forma de producción rural a pequeña escala e intensiva en trabajo, que produce pocos excedentes, y en sistemas con pocos o ningún insumo externo y bajo uso de energía; d) no tienen instituciones políticas centralizadas, organizan su vida de modo comunitario, y toman decisiones con base en el consenso; e) comparten lenguaje, religión, valores morales, creencias, vestimentas y otras características de identidad, así como una relación profunda (material y espiritual) con un cierto territorio; f) tienen una visión del mundo diferente, e incluso opuesta, a la que prevalece en el mundo moderno (urbano e industrial) que consiste en una actitud no materialista de custodia hacia la tierra, que consideran sagrada, donde los recursos naturales son apropiados mediante un intercambio simbólico; g) generalmente viven subyugados, explotados, marginados por las sociedades dominantes, y h) se componen de individuos que subjetivamente se consideran a sí mismos como indígenas.

Basados en el porcentaje de la población total identificada como perteneciente a una o varias culturas indígenas, es posible reconocer un grupo de naciones con una fuerte presencia de estos pueblos: Papúa Nueva Guinea (77%), Bolivia (70%), Guatemala (47%), Perú (40%), Ecuador (38%), Birmania (33%), Laos (30%), México (12%) y Nueva Zelanda (12%). Por otro lado, el número absoluto de personas reconocidas como indígenas permite identificar países con una alta población indígena, como India (más de 100 millones) y China (entre 60 y 80 millones).

TERRITORIOS INDÍGENAS Y BIODIVERSIDAD

La evidencia científica muestra que prácticamente no existe ningún fragmento del planeta que no haya sido habitado, modificado o manipulado a lo largo de la historia. Aunque parezcan vírgenes, muchas de las últimas regiones silvestres más remotas o aisladas están habitadas por grupos humanos o lo han estado por milenios (Gómez-Pompa y Kaus, 1992). Los pueblos indígenas viven y poseen derechos reales o tácitos sobre territorios que, en muchos casos, albergan niveles excepcionalmente altos de biodiversidad. En general, la diversidad cultural humana está asociada con las principales concentraciones de biodiversidad que quedan, y tanto la diversidad cultural como la biológica están amenazadas o en peligro.

Los pueblos indígenas ocupan una porción sustancial de bosques tropicales y boreales, montañas, pastizales (sabanas), tundras y desiertos de los menos perturbados del planeta, junto con grandes áreas de costas y riberas del mundo (incluyendo manglares y arrecifes de coral) (Durning, 1993). La importancia de los territorios indígenas para la conservación de la biodiversidad es por lo tanto evidente. De hecho, los pueblos indígenas controlan, legalmente o no, inmensas áreas de recursos naturales.

Entre los ejemplos más notables destacan los casos de los inuit (antes conocidos como esquimales) quienes gobiernan una región que cubre una quinta parte del territorio de Canadá (222 millones de hectáreas), las comunidades indígenas de Papúa Nueva Guinea cuyas tierras representan 97% del territorio nacional, y las tribus de Australia con cerca de 90 millones de hectáreas.

Con una población de algo más de 250 mil habitantes, los indios de Brasil poseen un área de más de 100 millones de hectáreas, principalmente en la cuenca del Amazonas, distribuidas en 565 territorios. En suma, en una escala global se estima que el área total bajo control indígena probablemente alcance entre 12 y 20% de la superficie terrestre del planeta.

El mejor ejemplo de superposiciones notables entre pueblos indígenas y áreas biológicamente ricas es el caso de los bosques tropicales húmedos. De hecho, hay una clara correspondencia entre las áreas de bosques tropicales que quedan y la presencia de pueblos indígenas en América Latina, la cuenca del Congo en África y varios países de Asia tropical, como Filipinas, Indonesia y Nueva Guinea. Es notable la fuerte presencia de pueblos indígenas en Brasil, Indonesia y Zaire, que juntos representan solamente 60% de todos los bosques tropicales del mundo.

Muchos bosques templados del planeta también se traslapan con territorios indígenas, como por ejemplo en India, Birmania, Nepal, Guatemala, los países andinos (Ecuador, Perú y Bolivia) y Canadá. Finalmente, más de dos millones de isleños del Pacífico sur, la mayoría de los cuales pertenecen a pueblos indígenas, siguen pescando y cosechando los recursos marinos en áreas de alta biodiversidad (como los arrecifes de coral).

En resumen, la muy alta correspondencia que existe entre las áreas de mayor biodiversidad (*hotspots*) del planeta y los territorios indígenas ha dado lugar a un "axioma bio-cultural". Este axioma, llamado por B. Nietschmann el "concepto de conservación simbiótica", en la que la diversidad biológica y la cultural son recíprocamente dependientes y geográficamente coterráneas, constituye un principio clave para la teoría de la conservación y sus aplicaciones, y es la expresión de la nueva investigación integradora e interdisciplinaria que está ganando reconocimiento dentro de la ciencia contemporánea.

LA IMPORTANCIA CONSERVACIONISTA DE LOS PUEBLOS INDÍGENAS

Para los pueblos indígenas, la tierra y, en general, la naturaleza, tienen una cualidad sagrada que está casi ausente del pensamiento occidental (Berkes, 1999). La tierra es venerada y respetada, y su inalienabilidad se refleja en prácticamente todas las cosmovisiones indígenas. Los pueblos indígenas no consideran la tierra ni como una dimensión separada de la humana ni como un mero recurso económico. Bajo sus cosmovisiones, la naturaleza es la fuente primaria de la vida que nutre, sostiene y enseña. La naturaleza es, por lo tanto, no sólo una fuente productiva sino el centro del universo, el núcleo de la cultura y el origen de la identidad étnica.

En el corazón de este profundo lazo está la percepción de que todas las cosas vivas y no vivas y mundo social y el natural están intrínsecamente ligados (principio de reciprocidad). Es de particular interés la investigación hecha por varios autores (Reichel-Dolmatoff, P. Descola, C. Van der Hammen) sobre el papel que juega la cosmología de varios grupos indígenas como mecanismo regulador del uso y manejo de los recursos naturales.

En la cosmovisión indígena cada acto de apropiación de la naturaleza tiene que ser negociado con todas las cosas existentes (vivas y no vivas) mediante diferentes mecanismos, como rituales agrícolas y diversos actos chamánicos (intercambio simbólico). Así, los humanos son vistos como una forma de vida particular participando en una comunidad más amplia de seres vivos regulados por un solo conjunto de reglas de conducta.

Paralelamente, las sociedades indígenas albergan un repertorio de conocimiento ecológico que generalmente es local, colectivo, diacrónico y holístico. De hecho, como los pueblos indígenas poseen una muy larga historia de práctica en el uso de los recursos, han generado sistemas cognitivos sobre sus propios recursos naturales circundantes que son transmitidos de generación a generación. La transmisión de este conocimiento se hace mediante el lenguaje, de ahí que el corpus sea generalmente un conocimiento no escrito. La memoria es, por lo tanto, el recurso intelectual más importante entre las culturas indígenas o tradicionales (Toledo, 2005).

El conocimiento indígena es holístico porque está intrínsecamente ligado a las necesidades prácticas de uso y manejo de los ecosistemas locales. Aunque el conocimiento indígena está basado en observaciones en una escala geográfica más bien restringida, debe proveer información detallada de todo el escenario representado por los paisajes concretos donde se usan y manejan los recursos naturales. Como consecuencia, las mentes indígenas no sólo poseen información detallada acerca de las especies de plantas, animales, hongos y algunos microorganismos; también reconocen tipos de minerales, suelos, aguas, nieves, topografías, vegetación y paisajes.

De manera similar, el conocimiento indígena no se restringe a los aspectos estructurales de la naturaleza o que se refieren sólo a objetos o componentes y su clasificación (etnotaxonomías), también se refiere a dimensiones dinámicas (de patrones y procesos), relacionales (ligado a las relaciones entre los elementos o los eventos naturales) y utilitarias de los recursos naturales. Como resultado, es posible integrar una matriz cognitiva (cuadro VI.5) que certifique el carácter del conocimiento indígena y sirve como un marco metodológico para la investigación etnecológica (Toledo, 2002).

Generalmente, las sociedades indígenas subsisten apropiándose de diversos recursos biológicos de su vecindad inmediata. Así, la subsistencia de los pueblos indígenas está basada más en intercambios ecológicos (con la naturaleza) que en intercambios económicos (con los mercados). Están, por lo tanto, forzados a adoptar mecanismos de subsistencia que garanticen un flujo constante de bienes, materiales y energía de los ecosistemas. En este contexto, se adopta una racionalidad económica donde predomina el valor de uso o la autosubsistencia que, en términos prácticos, está representada por una estrategia del uso múltiple que maximiza la variedad de bienes producidos con el fin de proveer los requerimientos domésticos básicos a lo largo del año (para mayores detalles sobre esta estrategia véase Toledo, 1990). Este rasgo principal muestra una autosuficiencia relativamente alta de los hogares y de las comunidades indígenas.

Los hogares indígenas tienden a realizar una producción no especializada basada en el principio de la diversidad de recursos y prácticas. Este modo de subsistencia resulta en la utilización al máximo de todos los paisajes disponibles de los ambientes circundantes, el reciclaje de materiales, energía y desperdicios, la diversificación de los productos obtenidos y, especialmente, la integración de diferentes prácticas: agricultura, recolección, extracción forestal, agroforestería, pesca, caza, ganadería de pequeña escala, y artesanía. Como resultado, la subsistencia indígena implica la generación de toda una gama de productos que incluyen alimento, instrumentos domésticos y de trabajo, materiales de construcción, medicinas, combustible, fibras, forraje y otros.

CUADRO VI.5 *Matriz de conocimientos indígenas sobre la naturaleza*

| | Astronómico | Físicos | | | Biológicos | Ecogeográficos |
		Atmósfera	Litosfera	Hidrosfera		
Estructural	Tipo de astros	Tipos de clima, viento, nubes	Unidades de relieve, rocas, suelos	Tipos de aguas	Plantas, animales, hongos, microorganismos	Unidades de vegetación y paisaje
Relacional	Varios	Varios	Varios	Varios	Varios	Varios
Dinámico	Movimientos y ciclos solares, lunares, estelares	Movimiento de vientos y nubes	Erosión del suelo y otros	Movimiento del agua	Ciclos de vida	Sucesión ecológica
Utilitario	Varios	Varios	Varios	Varios	Varios	Varios

Fuente: Toledo, 2002.

Biodiversidad y pueblos indígenas en México

En México, el largo proceso de humanización de la naturaleza, producto de su historia social y ecológica, ha hecho que cada especie de planta, grupo de animales, tipo de suelo o de paisaje, de montaña o manantial, casi siempre conlleve un correspondiente cultural: una expresión lingüística, una categoría de conocimiento, una historia o una leyenda, un significado mítico o religioso, un uso práctico, o una vivencia individual o colectiva. En efecto, la notable presencia de los pueblos indios en las áreas rurales del país y muy especialmente en sus porciones de mayor riqueza biológica hacen del binomio cultura-naturaleza un asunto obligado.

En la actualidad, las estimaciones de la población indígena de México, elaboradas a partir de los últimos datos censales, sitúan a este sector entre los 10 y 12 millones de habitantes (Comisión Nacional para el Desarrollo de los Pueblos Indígenas: www. cdi.gob.mx). Esta población, que es la heredera directa de las antiguas civilizaciones mesoamericanas, pertenece a 62 grupos etnolingüísticos que corresponden a 12 complejos lingüísticos que incluyen varios idiomas que, dependiendo de la forma de clasificar, pueden llegar a 300, entre lenguas y dialectos (fig. VI.1). Como veremos en las siguientes secciones, la presencia de estos pueblos que han mantenido una relación con la biodiversidad desde hace por lo menos 11 mil años, conlleva una experiencia histórica de enorme valor que se extiende por prácticamente todos los hábitats del territorio mexicano (fig. VI.2). Ellos representan la "memoria tradicional" del país en tanto que mantienen relaciones simbólicas, cognitivas y prácticas con el mundo de la naturaleza, cuyas raíces se remontan al pasado profundo (Bonfil, 1992).

FIGURA VI.1 *Lenguas indígenas, familias lingüísticas en México y número de hablantes en el año 2000*

Familia   Lengua

HOKANA
Paipai (201)   Seri (458)
Kiliwa (52)   Chontal de Oax. (4 959)
Cucapá (178)   Kumiai (161)
Cochimí (82)   Tipai (n.d.)

CHINANTECA
Chinanteca (133 374)

OTOPAME
Pames (8 312)   Matlatzinca (1 302)
Chichimeca Jonaz (1 641) Ocuilteco (466)
Otomí (291 722)   Chocho (992)
Mazahua (133 430)

OAXAQUEÑA
Zapoteco (452 887)   Amuzgo (41 455)
Chatino (40 722)   Mazateco (241 477)
Mixteco (443 236)   Popoluca (16 468)
Cuicateco (13 425)   Ixcateco (351)
Trique (20 712)   Tacuate (2 379)

HUAVE
Huave (14 224)

TLAPANECA
Tlapaneco (99 389)

TOTONACA
Totonaco (240 034)
Tepehua (9 435)

MIXE-ZOQUE
Zoque (51 464)
Mixe (118 924)
Popoluca (38 139)

MAYA
Kekchí (987)   Motocintleco (692)
Huasteco (226 447)   Kanjobal (12 974)
Maya (475 575)   Jacalteco (1 478)
Lacandón (896)   Chuj (2 719)
Chol (229 978)   Quiché (524)
Chontal de Tab. (79 438) Aguacateco (59)
Tzeltal (384 074)   Ixil (224)
Tzotzil (406 962)   Teco (n.d.)
Tojolabal (54 505)   Chicomucelteco (n.d.)
Mame (23 812)
Cakchikel (675)

YUTO-AZTECA
Pápago (363)   Cora (24 390)
Pimas (1 540)   Huichol (43 929)
Tepehuano (37 548) Náhuatl (2 445 969)
Tarahumara (121 835) Guarijío (2 844)
Yaqui (23 411)   Mayo (91 261)

PURÉPECHA
Purépecha (202 884)

ANGLOQUINA
Kikapú (251)

M É X I C O

FIGURA VI.2 *Distribución geográfica de las principales culturas indígenas de México en relación con los principales hábitats*

CULTURAS DE LA COSTA (C)
1 MAYOS (Sin.)
2 SERIS (Son.)
3 NÁHUAS (Mich.)
4 HUAVES (Oax.)

CULTURAS DE LA SELVA (S)
1 HUASTECOS (S.L.P.)
2 TOTONACOS (Ver.)
3 CHINANTECOS (Oax.)
4 ZOQUES (Tab.)
5 LACANDONES (Chis.)
6 MAYAS (Yuc.)

CULTURAS DEL DESIERTO (D)
1 OTOMÍES (Hgo.)
2 KIKAPÚES (Coah.)
3 OPATAS (Son.)
4 PAPAGOS (Son.)
5 VARIOS (B.C.)

CULTURAS DEL PANTANO (P)
1 CHONTALES (Tab.)

CULTURAS DEL ALTIPLANO (A)
1 MAZAHUAS (Edo. de Méx.)
2 ZAPOTECOS (Oax.)

CULTURAS DE LAS MONTAÑAS (M)
1 TARAHUMARAS (Chih.)
2 TEPEHUANES (Chih. y Sin.)
3 CORAS (Nay.)
4 HUICHOLES (Nay.)
5 VARIOS (Gro.)
6 MAZATECOS (Oax.)
7 TZELTALES Y TZOTZILES (Chis.)

CULTURAS LACUSTRES (L)
1 PURÉPECHA (Mich.)
2 MATLATZINCA (Edo. de Méx.)

Zonas ecológicas y regiones indígenas en México

Un territorio indígena es un espacio apropiado y valorado simbólica o instrumentalmente por los pueblos autóctonos. La región se refiere a unidades territoriales que constituyen subconjuntos dentro del ámbito de un estado-nación y en la que sus partes actúan entre sí en mayor medida que con los actores, poblaciones e instituciones externos (Giménez, 1996). Esto significa que la región indígena está constituida por más de un territorio indígena y su delimitación especifica el grado de interacción de los componentes sociales y culturales.

La presencia indígena en la geografía de México puede ser revelada mediante su ubicación a escala municipal, como resultado de agrupar la información contenida en los Censos Nacionales de Población y Vivienda. Por ello es posible realizar una primera demarcación de grupos de municipios de cuya agregación surgen "regiones indígenas". Con base en la información del Censo Nacional de Población de 2000 es posible identificar 26 regiones indígenas (fig. VI.3). Estas regiones pueden considerarse como la expresión en el espacio de la presencia de los pueblos indios, la cual a su vez es el resultado de diferentes procesos sociales a través del tiempo.

Las regiones indígenas de México pueden, a su vez, correlacionarse con las zonas ecológicas del país. Para conocer la heterogeneidad ecológica se hace necesario realizar una revisión de los principales hábitats o paisajes naturales que existen en el territorio. El reto es, entonces, dividir el espacio geográfico en unidades significativas desde el punto de vista ecológico. En el territorio de la república mexicana pueden identificarse con relativa facilidad grandes unidades ecogeográficas o de paisaje con base en la distribución de dos elementos fundamentales: la vegetación y el clima.

La correlación de los principales tipos de vegetación con los que se consideran los dos principales factores climáticos (la temperatura y la precipitación pluvial), deriva en un panorama que sintetiza de manera adecuada la diversidad ecológica terrestre. De un

FIGURA VI.3 *Regiones indígenas y zonas ecológicas de México* (Toledo *et al.*, 2003)

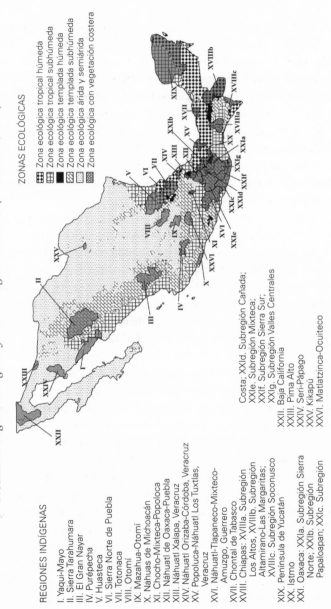

REGIONES INDÍGENAS

I. Yaqui-Mayo
II. Sierra Tarahumara
III. El Gran Nayar
IV. Purépecha
V. Huasteca
VI. Sierra Norte de Puebla
VII. Totonaca
VIII. Otomí
IX. Mazahua-Otomí
X. Nahuas de Michoacán
XI. Chocho-Mixteca-Popoloca
XII. Náhuatl de Oaxaca-Puebla
XIII. Náhuatl Xalapa, Veracruz
XIV. Náhuatl Orizaba-Córdoba, Veracruz
XV. Popoluca-Náhuatl Los Tuxtlas, Veracruz
XVI. Náhuatl-Tlapaneco-Mixteco-Amuzgo, Guerrero
XVII. Chontal de Tabasco
XVIII. Chiapas: XVIIIa. Subregión Los Altos, XVIIIb. Subregión Altamirano-Las Margaritas; XVIIIc. Subregión Soconusco
XIX. Península de Yucatán
XX. Istmo
XXI. Oaxaca: XXIa. Subregión Sierra Norte; XXIb. Subregión Papaloapan; XXIc. Subregión

Costa: XXId. Subregión Cañada; XXIe. Subregión Mixteca; XXIf. Subregión Sierra Sur; XXIg. Subregión Valles Centrales
XXII. Baja California
XXIII. Pima Alto
XXIV. Seri-Pápago
XXV. Kikapú
XXVI. Matlatzinca-Ocuiteco

ZONAS ECOLÓGICAS

Zona ecológica tropical húmeda
Zona ecológica tropical subhúmeda
Zona ecológica templada húmeda
Zona ecológica templada subhúmeda
Zona ecológica árida y semiárida
Zona ecológica con vegetación costera

lado, las diferencias altitudinales (de cero a cinco mil metros) que son una expresión de los pisos térmicos, y del otro, las condiciones de humedad y aridez (de cero a cinco mil milímetros de lluvia anual), permiten definir grandes unidades ambientales, en cierto modo equivalentes a los conceptos de región natural, paisaje natural o bioma, y que preferimos llamar zona ecológica (Toledo y Ordóñez, 1998; Toledo, 2004).

De esta forma, el territorio mexicano puede dividirse desde el punto de vista ecológico en siete zonas principales: a) la tropical húmeda, que presenta los máximos de lluvia (más de dos mil mm anuales) y temperaturas por encima de los 20 grados centígrados y que se encuentra cubierta por selvas altas (*perennifolias y subperennifolias*) y sabanas; b) la tropical subhúmeda, donde las temperaturas son similares a la anterior pero con menos lluvia y una estación seca de seis meses o más y que aloja selvas bajas caducifolias, que son de menor talla; c) la templada húmeda, que corresponde a áreas de montaña, con lluvias abundantes durante buena parte del año y temperaturas anuales por debajo de los 18 grados centígrados y cubierta por bosques mixtos (llamados de neblina) y otros bosques como los abetales; d) la zona templada subhúmeda, localizada también en las montañas o altiplanos del país, con precipitaciones menos abundantes, estación seca y cubierta de bosques de pino y encino; e) la árida y semiárida, cuya escasa precipitación pluvial impide la presencia de árboles, dando lugar a vegetaciones de tipo desértico dominado por diversos tipos de matorrales o pastizales; f) la zona fría o de alta montaña, ubicada por encima de los tres mil metros sobre el nivel del mar, sin presencia de árboles y dominada por un tapiz de hierbas y pastos (zacatonales) y, finalmente g) la zona costera, que es una franja de transición entre la tierra y los mares, donde crecen manglares, humedales y vegetación de dunas (para más detalles véase Toledo, 2004).

En términos generales, la distribución de los grupos indígenas de México según la temperatura se circunscribe principalmente a la región cálida y semicálida, y según la precipitación pluvial en las regiones subhúmedas. Ello provoca que la mayor parte de la población indígena se localice en áreas con selvas tropicales altas, medianas y bajas (especialmente sobre las planicies costeras), o con bosques templados (de las porciones montañosas), es decir en las zona ecológica tropical húmeda y templada subhúmeda. Por lo anterior, 90% de la población indígena se encuentra en las áreas arboladas del país y sólo 10% se ubica en las porciones áridas y semiáridas con vegetación arbustiva o pastizales.

Los pueblos indígenas que han convivido desde milenios con los distintos tipos de vegetación han *co-evolucionado* con ellos, seleccionando ciertos rasgos de plantas o animales y desechando otros, de tal manera que se construye así la biocultura de la "gente de los ecosistemas". Al respecto, algunos autores señalan un posible proceso de coevolución de grupos que actúan en escalas relativamente pequeñas con sus ecosistemas locales. Estas culturas locales tienen que relacionarse y modificar el medio ambiente y adaptarse con nichos ecológicos determinados, adquiriendo conocimientos profundos, detallados e íntimos sobre la naturaleza, para su manejo y utilización con fines de sobrevivencia (cuadro VI.5). Esta interacción de larga duración genera por supuesto una interpretación práctica de los ecosistemas anclados en los códigos de las lenguas específicas.

Territorios de los pueblos indígenas de México

No obstante su importancia, la distinción de regiones indígenas sólo alcanza a reconocer, en un nivel muy general, la presencia de los pueblos indios en el país. Por lo anterior, se hace necesario identificar con mayor precisión territorios donde los miembros de las diferentes culturas, generalmente agrupados en comunidades, utilizan los recursos de territorios específicos.

Un estudio realizado por la Procuraduría Agraria (2001) logró relacionar a los propietarios rurales hablantes de lengua indígena con las tres formas de propiedad agraria en México (ejidos, comunidades y propiedades privadas). Aunque no es posible arribar a cifras definitivas en virtud de que ese estudio no alcanza a discriminar la población indígena y no indígena dentro de cada municipio, su aporte ofrece una primera aproximación a los territorios que detentan y utilizan los pueblos indígenas del país (véase Robles-Berlanga y Concheiro, 2004).

De acuerdo con ese estudio, existen 803 municipios con 30% o más de población hablante de alguna lengua indígena (hli), de los cuales 556 municipios pueden considerarse de alta concentración indígena, pues en ellos 70% o más de su población pertenece a alguna de las culturas originales. En otros 247 municipios se registra 30% o más de su población como indígena (cuadro VI.6). En ambos tipos de municipios se registra un total de 6.75 millones de individuos hablantes de alguna lengua indígena.

De acuerdo con los datos anteriores, la superficie detentada por la población indígena de México puede estimarse en algo más de 23 millones de hectáreas. Esta cifra resulta de los 19.75 millones de hectáreas en los municipios con más de 70% de población indígena, más una cifra de 3.2 millones que equivale a la mitad del total de la superficie de los municipios con entre 30 y 70% de población indígena (con 50% del total siendo hli), más una cantidad imposible de calcular de los propietarios indígenas habitantes del resto de los municipios (véase cuadro VI.6).

Los pueblos indios de México se agrupan además en 6 884 núcleos agrarios, que corresponden a 4 374 ejidos y 2 510 comunidades (cuadro VI.6). Además, se estima que algo más de 300 mil familias indígenas poseen territorios privados en regiones como Zongolica, Veracruz; la Sierra Mazateca, en Oaxaca; la Sierra Norte de Puebla, y en algunos municipios de Chiapas y de la Huasteca hidalguense. Ello indica que la mayor parte de la población indígena se apropia sus recursos mediante núcleos ejidales y no a través del sistema comunal como solía suponerse.

Utilizando una metodología más fina, un nuevo estudio (Boege, 2005) logró arribar a un panorama más preciso de los territorios indígenas en México. Con el criterio lingüístico que se refleja en la autoadscripción de los encuestados por el Censo Nacional

CUADRO VI.6 *Núcleos agrarios y propiedades con población indígena en México*

Municipios		Ejidos	Comunidades	Propiedad privada	Total
Con alta concentración indígena (>70%) (556)	Núcleos agrarios	2 806	862	—	—
	Población (miles)	554.6	92.5	206.7	853.8
	Hectáreas (miles)	12 069	2 350	5 333	19 752
Con presencia indígena (30-70%) (247)	Núcleos agrarios	1 568	396	—	—
	Población (miles)	177.7	29.6	97.5	304.8
	Hectáreas (miles)	3 680	716	1 999	6 395
Con población indígena (<30%)	Núcleos agrarios	22 673	1 252	—	—
	Población (miles)	2 327	38.9	1 106	3 471.9
	Hectáreas (miles)	68 467	13 414	64 348	146 229

Fuente: Robles-Berlanga y L. Concheiro, 2004.

de Población 2000 (INEGI, 2001), lograron identificarse áreas o territorios de alta concentración indígena mediante el principio de contigüidad de las localidades que tienen más de 40% de hogares indígenas.

A estos núcleos territoriales indígenas pertenecen 20 475 localidades, con una población de 7 495 124 habitantes, de los cuales 6 374 476 son población indígena, es decir, 85% del total. Ese número de hablantes de lengua indígena representa, además, alrededor de 63% del total de la población indígena registrada por el censo de 2000.

A esas localidades donde habitan casi las dos terceras partes de la población indígena del país, se le adscribieron las poligonales de los núcleos agrarios certificados por el Procede (Programa de Certificación Agraria) para finales de 2004 (www.inegi.gob.mx), dando como resultado una extensión de 24 163 779 hectáreas, lo que representa 12.44% del territorio nacional. Esta superficie puede considerarse el "núcleo territorial indígena" de México y coincide, con bastante exactitud, con los datos derivados del anterior estudio. En esta superficie se encuentran representados los 45 tipos de vegetación identificados por la Cartografía de Uso del Suelo y Vegetación (Serie III, INEGI, 2004). En este 12.44% del territorio nacional se ubica más de 50% de seis tipos de vegetación: la selva mediana caducifolia (71%), la selva alta perennifolia (62%), la selva mediana subcaducifolia (60%), la selva de áreas inundables —petenes— (56%) y los bosques mesófilos de montaña (51%). Véase la figura VI.4.

BIODIVERSIDAD Y TERRITORIOS INDÍGENAS EN MÉXICO

La estrecha correspondencia entre los territorios indígenas y las áreas prioritarias para la conservación de la biodiversidad puede ser revelada mediante varias evidencias. En México, donde la mitad de los ejidos y comunidades se localiza, justamente, en los 10 esta-

FIGURA VI.4 *Porcentaje de vegetación remanente que permanece en territorios de los pueblos indígenas, por tipo de vegetación* (Boege, 2005)

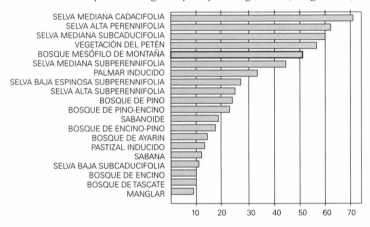

dos de la república mexicana a los que se considera los más ricos en términos biológicos; esta relación ha sido documentada.

Hacia 1996, la Comisión Nacional para el Conocimiento y Uso de la Biodiversidad (Conabio) reunió 32 especialistas de diferentes campos con el objeto de detectar las áreas del país de mayor importancia biológica (www.Conabio.gob.mx). Este grupo identificó un total de 151 áreas como regiones prioritarias terrestres para la conservación biológica. De éstas, casi 60 (39%) se encuentran sobrepuestas con territorios indígenas, y 70% de las del centro y sur del país se encuentran en la misma situación (fig. VI.5).

Un panorama similar se encuentra respecto a los centros de diversidad florística establecidos por el World Wildlife Fund (WWF) y la Unión Internacional para la Conservación de la Naturaleza (IUCN), (Davies *et al.*, 1997.) De 21 áreas detectadas como las más importantes en México y los países centroamericanos por su gran número de especies y de endemismos vegetales, 14 revelan la presencia de pueblos indígenas.

Las poblaciones indígenas de México, al igual que las existentes en otras partes del mundo, se ubican en regiones donde existe

Figura vi.5 *Áreas prioritarias para la conservación de la biodiversidad de México, que se traslapan con territorios de los pueblos indígenas* (véase texto)

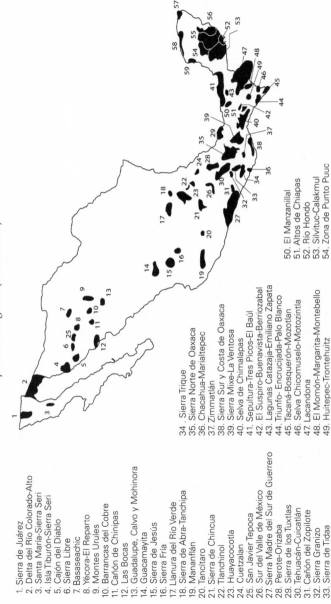

1. Sierra de Juárez
2. Delta del Río Colorado-Alto
3. Santa María-Sierra Seri
4. Isla Tiburón-Sierra Seri
5. Cajón del Diablo
6. Sierra Libre
7. Basaseachic
8. Yécora-El Reparto
9. Montes Urules
10. Barrancas del Cobre
11. Cañón de Chinipas
12. Las Bocas
13. Guadalupe, Calvo y Mohinora
14. Guacamayita
15. Sierra de Jesús
16. Sierra Fría
17. Llanura del Río Verde
18. Sierra de Abra-Tanchipa
19. Manantlán
20. Tancítaro
21. Sierra de Chincua
22. Tlanchinol
23. Huayacocotla
24. Cuetzalan
25. San Javier Tepoca
26. Sur del Valle de México
27. Sierra Madre del Sur de Guerrero
28. Perote-Orizaba
29. Sierra de los Tuxtlas
30. Tehuacán-Cuicatlán
31. Cañón del Zopilote
32. Sierra Granizo
33. Sierra de Tidaa

34. Sierra Trique
35. Sierra Norte de Oaxaca
36. Chachahua-Marialtepec
37. Zimmatlán
38. Sierra Sur y Costa de Oaxaca
39. Sierra Mixe-La Ventosa
40. Selva de Chimalapas
41. Sepultura-Tres Picos-El Baúl
42. El Suspiro-Buenavista-Berriozabal
43. Lagunas Catazaja-Emiliano Zapata
44. Triunfo- Encrucijada-Palo Blanco
45. Tacaná-Bosquerón-Mozotlan
46. Selva Chicomuselo-Motozintla
47. Lacandona
48. El Momón-Margarita-Montebello
49. Huitepec-Trontehuitz

50. El Manzanillal
51. Altos de Chiapas
52. Río Hondo
53. Silvituc-Calakmul
54. Zona de Punto Puuc

alguna modalidad de áreas naturales protegidas (parques nacionales, reservas de la biosfera, refugios faunísticos, monumentos naturales, etcétera). Esto convierte a los grupos indígenas en aliados obligados para la conservación de la naturaleza. En efecto, en México las principales reservas de la biosfera se encuentran rodeando o superpuestas a la presencia indígena: Montes Azules y El Triunfo en Chiapas, Sierra de Santa Marta en Veracruz, Calakmul en Campeche, Sierra de Manantlán en Jalisco, El Pinacate en Sonora, la reserva del Alto Golfo en Baja California.

De manera similar, existe una fuerte presencia indígena dentro o en zonas vecinas a las áreas naturales protegidas. De 94 áreas donde existe información, 20.7% se localizan en municipios con 30% o más de población indígena, y 15% con más de 70% (Lara, 1996). Por su parte Boege (2005) reporta, como resultado de su análisis, que dentro de las zonas demarcadas y establecidas (poligonales) de las 40 áreas naturales protegidas donde existe población hablante de alguna lengua indígenas, 25% pertenece a sus territorios: un total de 1.24 millones de hectáreas de un total de 4.98 millones (cuadro VI.7 y fig. VI.6). Ello confirma la notable presencia indígena en las áreas de mayor interés biológico del país, especialmente su porción central y sur.

Consideraciones finales

México es uno de los países más ricos del mundo en número de especies y endemismos de plantas y animales (véase los primeros cuatro capítulos de este libro). Esta riqueza, sin embargo, no se expresa en las escalas menores (áreas de una a varias decenas de hectáreas), sino que más bien resulta de la acumulación de numerosos sitios con conjuntos de especies restringidas a cada uno de ellos. Este patrón de distribución de la riqueza biológica conocido como diversidad beta (en contraste con la diversidad alfa que es la registrada en sitios específicos), está siendo ilustrada cada vez más por los estudios de numerosos grupos de organismos (Peterson *et al.*,

Cuadro VI.7 Superficies de áreas naturales protegidas bajo usufructo indígena

Nombre del área natural protegida	Pueblo indígena	Superficie área natural protegida en territorio de los pueblos indígenas (has)	Superficie total de cada territorio indígena	Superficie total calculada por sistema de información geográfica de las anp.	% de territorio indígena en anp.	% de área protegida en cada territorio indígena	Categoría de manejo
Barranca de Metztitlán	Otomí	9 352	406 726	96 043	2.299	9.737	Reserva de la biosfera
Bonampak	Maya Lacandón	4 242	504 642	4 357	0.841	97.363	Monumento natural
Bosencheve	Mazahua	1 750	91 267	14 600	1.918	11.989	Parque nacional
Calakmul	Chol	33 686	698 371	722 839	4.824	4.66	Reserva de la biosfera
Calakmul	Maya	162 745	6 928 393	722 839	2.349	22.515	Reserva de la biosfera
Calakmul	Tzeltal	2 456	821 584	722 839	0.299	0.34	Reserva de la biosfera
Cañón del Río Blanco	Náhuatl Zongolica Pico de Orizaba	8 950	315 304	48 800	2.838	18.339	Parque nacional
Cañón del Sumidero	Tzotzil	1 923	605 867	23 246	0.317	8.272	Parque nacional
Cascada de Agua Azul	Chol	1 370	698 371	2 316	0.196	59.164	Área de protección de flora y fauna
Cascada de Agua Azul	Tzeltal	950	821 584	2 316	0.116	41.002	Área de protección de flora y fauna
Chan-Kin	Chol	1 510	698 371	12 182	0.216	12.397	Área de protección de flora y fauna
Chan-Kin	Maya Lacandón	10 701	504 642	12 182	2.121	87.845	Área de protección de flora y fauna
Cuenca hidrográfica del Río Necaxa	Náhuatl Sierra Norte de Puebla	12 807	892 348	41 692	1.435	30.719	Área de protec. de los rec. naturales
Cuenca hidrográfica del Río Necaxa	Totonaca	11 433	291 015	41 692	3.929	27.424	Área de protec. de los rec. naturales

Cuadro VI.7 (*continuación*)

Nombre del área natural protegida	Pueblo indígena	Superficie área natural protegida en territorio de los pueblos indígenas (has)	Superficie total de cada territorio indígena	Superficie total calculada por sistema de información geográfica de las amp	% de territorio indígena en amp	% de área protegida en cada territorio indígena	Categoría de manejo
Dzibilchantun	Maya	533	6 928 393	539	0.008	98.921	Parque nacional
El Triunfo	Tzeltal	10 372	821 584	119 183	1.262	8.702	Reserva de la biosfera
El Triunfo	Tzotzil	751	605 867	119 183	0.124	0.63	Reserva de la biosfera
Islas del Golfo de California	Seri	118 915	214 626	358 000	55.406	33.217	Área de protección de flora y fauna
Islas del Golfo de California	Yaqui	500	457 191	358 000	0.109	0.14	Área de protección de flora y fauna
La Sepultura	Tzeltal	1 656	821 584	167 310	0.202	0.99	Reserva de la biosfera
La Sepultura	Tzotzil	1 013	605 867	167 310	0.167	0.605	Reserva de la biosfera
Lacan-Tun	Maya Lacandón	63 079	504 642	61 889	12.5	101.922	Reserva de la biosfera
Lagunas de Montebello	Mame	14	24 721	6 396	0.055	0.212	Parque nacional
Los Mármoles	Otomí	4 563	406 726	23 514	1.122	19.406	Parque nacional
Los Petenes	Maya	70 326	6 928 393	100 801	1.015	69.767	Reserva de la biosfera
Los Tuxtlas	Náhuatl Sur de Veracruz	20 901	55 649	155 066	37.559	13.479	Reserva de la biosfera
Los Tuxtlas	Popoluca	20 799	91 895	155 066	22.633	13.413	Reserva de la biosfera
Malinche o Matlalcueyatl	Náhuatl Altiplano	5 606	554 619	45 494	1.011	12.322	Parque nacional
Mariposa Monarca	Mazahua	1 593	91 267	56 258	1.745	2.831	Reserva de la biosfera

Metzabok	Tzeltal	3 016	821 584	3 369	0.367	89.513	Área de protección de flora y fauna
Montes Azules	Chinanteco	3	610 524	327 915	0.001	0.001	Reserva de la biosfera
Montes Azules	Chol	13 523	698 371	327 915	1.936	4.124	Reserva de la biosfera
Montes Azules	Maya Lacandón	284 664	504 642	327 915	56.409	86.81	Reserva de la biosfera
Montes Azules	Tojolabal	4 753	213 554	327 915	2.226	1.449	Reserva de la biosfera
Montes Azules	Tzeltal	17 623	821 584	327 915	2.145	5.374	Reserva de la biosfera
Montes Azules	Tzotzil	987	605 867	327 915	0.163	0.301	Reserva de la biosfera
Naha	Tzeltal	2 652	821 584	3 845	0.323	68.983	Área de protección de flora y fauna
Nevado de Toluca	Matlatzinca	34	1 484	53 988	2.28	0.063	Parque nacional
Nevado de Toluca	Otomí	26	406 726	53 988	0.007	0.049	Parque nacional
Otochma ax Yetel Kooh	Maya	5 186	6 928 393	5 368	0.075	96.614	Área de protección de flora y fauna
Palenque	Chol	1 052	698 371	1 767	0.151	59.512	Parque nacional
Pantanos de Centla	Chontal de Tabasco	1 810	31 545	302 655	5.738	0.598	Reserva de la biosfera
Papigochic	Tarahumara	1 331	2 437 696	243 639	0.055	0.546	Área de protección de flora y fauna
Playa de Maruata y Colola	Náhuatl Mich.	10	37 318	33	0.027	30.868	Santuario
Playa Ría Lagartos	Maya	-	6 928 393	131	0	0.174	Santuario
Ría Celestun	Maya	34 802	6 928 393	60 106	0.502	57.9	Reserva de la biosfera
Ría Lagartos	Maya	35 303	6 928 393	60 348	0.51	58.5	Reserva de la biosfera
Selva el Ocote	Tzotzil	15 595	605 867	101 289	2.574	15.397	Reserva de la biosfera
Sian Ká'an	Maya	26 170	6 928 393	374 830	0.378	6.982	Reserva de la biosfera

Nombre del área natural protegida	Pueblo indígena	Superficie área natural protegida en territorio de los pueblos indígenas (has)	Superficie total de cada territorio indígena	Superficie total calculada por sistema de información geográfica de las amp	% de territorio indígena en amp	% de área protegida en cada territorio indígena	Categoría de manejo
Sierra Gorda	Huasteco	1 826	277 701	384 503	0.657	0.475	Reserva de la biosfera
Tehuacán-Cuicatlán	Chinanteco	9 694	610 524	490 678	1.588	1.976	Reserva de la biosfera
Tehuacán-Cuicatlán	Cuicateco	15 614	78 013	490 678	20.015	3.182	Reserva de la biosfera
Tehuacán-Cuicatlán	Mazateco	7 286	253 841	490 678	2.87	1.485	Reserva de la biosfera
Tehuacán-Cuicatlán	Mixteco	53 088	1 315 035	490 678	4.037	10.819	Reserva de la biosfera
Tehuacán-Cuicatlán	Náhuatl Zongolica-Pico de Orizaba	38 084	315 304	490 678	12.079	7.762	Reserva de la biosfera
Tehuacán-Cuicatlán	Popoloca	7 042	26 819	490 678	26.259	1.435	Reserva de la biosfera
Tulum	Maya	14	6 928 393	664	0	2.127	Parque nacional
Tutuaca	Pima	9 049	33 360	363 441	27.125	2.49	Área de protección de flora y fauna
Tutuaca	Tarahumara	15 187	2 437 696	363 441	0.623	4.179	Área de protección de flora y fauna
Uaymil	Maya	1 741	6 928 393	89 082	0.025	1.954	Área de protección de flora y fauna
Yaxchilán	Chol	1 972	698 371	2 632	0.282	74.943	Monumento natural
Yaxchilán	Maya Lacandón	472	504 642	2 632	0.093	17.915	Monumento natural
Yum Balám	Maya	39 010	6 928 393	48 827	0.563	79.895	Área de protección de flora y fauna
Total		1 239 092	4 975 654				

Fuente: Boege, 2005.

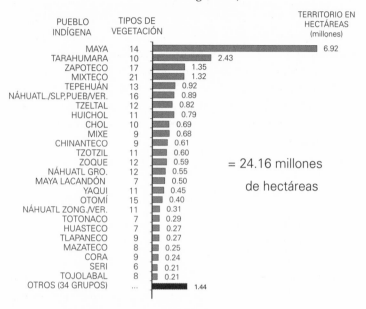

Figura vi.6 *Superficie (en millones de hectáreas) de los territorios de los pueblos indígenas de México, y tipos de vegetación incluidos en los territorios* (Boege, 2005)

1993; Sarukhán *et al.*, 1996) y está obligando a repensar las estrategias de conservación (Halffter, 2005).

En efecto, las particulares configuraciones que toma la distribución de las especies en el espacio obligan a replantear la estrategia predominante de crear áreas naturales protegidas en determinadas regiones del país (entre más grandes mejor) (ANP). Sin embargo, las ANP, por grandes que sean, están orientadas a proteger reiteradamente la diversidad alfa; es decir, se trata de una estrategia importante y necesaria pero insuficiente. Lo anterior obliga a considerar la necesidad de crear sistemas o cadenas de pequeñas reservas en sitios estratégicos, así como de tomar en cuenta las contribuciones a la conservación de corredores, franjas amortiguadoras y áreas utilizadas bajo sistemas productivos y tecnologías de bajo impacto ecológico (véase capítulo XII).

Dado lo anterior, los pueblos, comunidades y familias indígenas están llamadas a jugar un papel clave en la puesta en práctica de una estrategia más adecuada de conservación de la biodiversidad mexicana, no sólo porque habitan porciones estratégicas desde el punto de vista conservacionista, sino porque mantienen modalidades de uso de los recursos naturales, como los cafetales y cacaotales bajo sombra (capítulo VII; Moguel y Toledo, 1999), los huertos familiares (capítulo VIII), y el manejo de bosques (Bray *et al.*, 2005), selvas (Toledo *et al.*, 2003) y sistemas agrícolas (capítulo X) que inducen y favorecen altos niveles de riqueza de flora y fauna.

Bibliografía

Berkes, F., 1999, *Sacred Ecology*, Taylor and Frances, Filadelfia.

Bonfil, G., 1992, *México profundo: una civilización negada*, Grijalbo, México, 250 pp.

Boege, E., 2005, *La diversidad biocultural de los pueblos indígenas de México: hacia la conservación* in situ *de la biodiversidad y agrobiodiversidad*, Semarnat, México (en prensa).

Bray, D. B., L. Merino Fernández y D. Barry (eds.), 2005, *The Community Forests of Mexico*, University of Texas Press, Austin, 372 pp.

Cavalli-Sforza, L., 1997, *Genes, pueblos y lenguas*, Crítica, Barcelona, 235 pp.

Davies, S. D., V. H. Heywood, O. Herrera MacBryde, J. Villa-Lobos y A. C. Hamilton (eds.), 1997, *Centres of Plant Diversity*, vol. III, The Americas, wwf, iucn, Cambridge.

Durning, A. T., 1993, "Suporting Indigenous Peoples", en L. Brown (ed.), *State of the World 1993*, World Watch Institute, Washington, D. C, pp. 80-100.

Giménez, G., 1996, "Territorio y cultura", en *Estudios sobre las culturas contemporáneas*, 2(4), pp. 9-30.

Gómez-Pompa, A., y Kaus, 1992, "Taming the Wilderness Myth", en *BioScience*, 42, pp. 271-279.

Halffter, G., 2005, "Towards a Culture of Biodiversity Conservation", *Acta Zoológica Mexicana*, 21 (2), pp. 133-153.

Maffi, L. (ed.), 2001, *On Biocultural Diversity: Linking Language, Knowledge and the Environment*, Smithsonian Institution Press, Washington, D. C, 578 pp.

Mittermeier R., y C. Goettsch-Mittermeier, 1997, Megadiversity: the Biological Richest Countries of the World, Conservation International, Cemex, Sierra Madre, México, Moguel, P. y V. M. Toledo, 1999, "Biodiversity Conservation in Traditional Coffee Systems in Mexico", en *Conservation Biology*, 13, pp. 1-11.

Peterson, A. T., A. Flores Villela y L. León-Paniagua, 1993, "Conservation Priorities in Mexico: Moving Up in the World", en *Biodiversity Letters*, 1, pp. 33-38.

Robles-Berlanga, H. y L. Concheiro, 2004, *Entre las fábulas y la realidad: los ejidos y las comunidades con población indígena*, UAM Xochimilco, Comisión Nacional para el Desarrollo de los Pueblos Indígenas, 128 pp.

Sarukhán, J., J. Soberón y J. Larson, 1996, "Biological Conservation in a High Beta-Diversity Country", en F. Di Castri y T. Younés (eds.), *Biodiversity, Science and Development*, Cab International, Wallingford, pp. 246-263.

Toledo, V. M., 1990, "The Ecological Rationality of Peasant Production", en M. Altieri y S. Hecht (eds.), *Agroecology and Small-Farm Development*, CRC Press, Boca Raton, Florida, pp. 51-58.

――――― y M. J. Ordóñez, 1992, "The Biodiversity Scenario of Mexico: a Review of Terrestrial Habitats", en T. P. Ramamorty *et al.* (eds.), *The Biodiversity of Mexico: Origins, Distributions and Interactions*, Oxford Univesity Press, pp. 81-101.

――――― , 2001, "Biodiversity and Indigenous Peoples", en S. Levin *et al.* (eds.), *Encyclopedia of Biodiversity*, Academic Press, San Diego, pp. 1181-1197.

――――― , P. Alarcón Chaires, P. Moguel, M. Olivo, A. Cabrera, E. Leyequien y A. Rodríguez-Aldabe, 2001, "El Atlas Etnoecológico de México y Centroamérica: fundamentos, métodos y resultados", en *Etnoecológica*, 8, pp. 7-41 (URL: www.etnoecologica.org.mx/Etnoecologica_ vol6_n8/princ_art_toledoetal.htm).

Toledo, V. M., 2002, "Ethnoecology: a Conceptual Framework for the Study of Indigenous Knowledge of Nature", en J. R. Stepp *et al.* (eds.), *Ethnobiology and Biocultural Diversity*, International Society of Ethnobiology, Georgia, pp. 511-522.

_____, P. Alarcón Cháires, P. Moguel, M. Olivo, A. Cabrera y A. Rodríguez-Aldabe, 2002, "Biodiversidad y pueblos indios en México y Centroamérica", en *Biodiversitas*, 43, pp. 1-8.

_____ B. Ortiz, L. Cortés, P. Moguel y M. J. Ordóñez, 2003, "The Multiple Use of Tropical Forests by Indigenous Peoples in Mexico: a Case of Adaptive Management", en *Conservation Ecology*, 7(3).

_____ 2004, "La diversidad ecológica de México", en E. Florescano (ed.), *El patrimonio nacional de México*, vol. I, FCE, México, pp. 111-138.

_____ 2005, "La memoria tradicional: la importancia agroecológica de los saberes locales", LEISA, en *Revista de Agroecología*, 20(4), pp. 16-19.

VII. Café y biodiversidad en México: ¿por qué deben conservarse los cafetales bajo sombra?

Patricia Moguel

Introducción

México es un país de enormes riquezas, diversos paisajes y múltiples contrastes. Si ha tenido la oportunidad de viajar y recorrer sus distintas regiones, estar en contacto con sus muy variadas culturas, lenguas, tradiciones y sentirse rodeado de sus montañas, ríos, bosques, desiertos, praderas y litorales, podrá reconocer y por tanto apreciar el hecho de que México sea considerado como uno de los países que alberga la mayor riqueza biológica y cultural en el mundo.

Poseedor de toda esta riqueza, hoy también se reconoce que México es uno de los cinco principales centros de origen y diversidad agrícola en el planeta, pues las culturas originarias indujeron la creación y conservación de una gran variedad de especies útiles a partir de un apropiado manejo de sus ecosistemas y la domesticación de un sin número de especies. Por tanto, la diversidad biológica contenida en el territorio mexicano no es exclusivamente fortuita, hecho que ha podido ser demostrado por diversos autores y trabajos, quienes han evidenciado que una buena parte de las regiones indígenas de México se traslapan con aquellas áreas que concentran la mayor biodiversidad del país, por lo que la riqueza y diversidad biológica no está localizada sólo en aquellas regiones destinadas a su conservación, como son las áreas naturales protegidas, las reservas de la biosfera o los parques naturales, sino en aquellas regiones habitadas por los pueblos indígenas (véase capítulo VI).

¿Qué relación tienen estos hechos con el tema del café?, ¿cuál es el vínculo que existe entre este cultivo y la biodiversidad?, ¿por qué algunas regiones cafetaleras en el mundo se tornan prioritarias para su conservación?, y en el caso particular de México, siendo el café un cultivo introducido o exótico: ¿qué papel juegan en ello los pueblos indígenas? Responder a cada una de estas interrogantes significa justamente contestar la pregunta del título de este capítulo: ¿por qué debemos conservar los cafetales bajo sombra?

LOS CAFETALES BAJO SOMBRA: UN REFUGIO DE LA BIODIVERSIDAD

Les debemos a los bosques mesófilos del noreste de África la planta del café, y a la cultura árabe, la bebida que hoy se consume en casi todo el mundo. Originalmente, el café silvestre (*Coffea spp*) es un arbusto que se ubica en el estrato inferior de los bosques mesófilos (sotobosque) del este de África, específicamente del sudeste de Sudán (conocida antes como Abysinia) y el sudoeste de Etiopía y norte de Kenia (Brintnall y Conner, 1986).

El bosque mesófilo, de montaña o bosque de neblina es un término que se refiere al conjunto de ecosistemas afines que se desarrollan en las laderas de las zonas montañosas, y cuya característica principal es la alta precipitación pluvial y la alta humedad atmosférica durante todo el año.

LA CEREZA MADURA O FRUTO DEL CAFÉ

El café, como una plantación mixta y de carácter netamente umbrófilo, forma parte de lo que se conoce como sistema agroforestal, que se define como una unidad integral agrícola y forestal, donde las especies leñosas (árboles, arbustos, palmas, bambúes, etcétera), con una cierta distribución espacial o secuencia temporal, juegan un papel determinante en la producción y conservación de los agroecosistemas (Nair, 1990). Éstos son espacios donde interactúan diversos componentes, cultivos anuales y perennes intercalados con una diversidad de árboles frutales y leguminosas, que junto con las especies del estrato herbáceo, arbustivo y epífitas, proporcionan beneficios directos al cultivo (sombra, nutrientes y agua), a otras especies (hábitats como refugio, anidación y alimentos), al productor (materias primas para el autoconsumo o mercado) y al propio sistema (mejora el suelo, el clima y la calidad en general del medio ambiente).

En este sentido, los bosques templados, cálidos húmedos y subhúmedos distribuidos en los trópicos han sido el sitio ideal de la planta del café que más se produce y consume en el mundo: *Coffea arabica* o café arábigo, con 76% de la producción global. A pesar de que han sido descritas más de cien especies para el género *Coffea*, sólo dos se han cultivado en la franja intertropical del planeta, siendo la especie *Coffea canephora* o café robusta la segunda que más se cultiva en estas regiones, con 23% de la producción total (Graaff, 1986). Esto se debe a que la arábica posee mejor calidad, sabor y menor contenido de cafeína, en tanto que la robusta, tiene mayor resistencia a plagas y enfermedades, y tiene mejor capacidad de adaptación, en general, a condiciones climáticas adversas. Esta última también es utilizada ampliamente en la producción de cafés solubles, por su mayor contenido de cafeína.

Desde que el café se introdujo en América (siglo XVIII), salvo excepciones como Brasil, donde se deforestaron grandes extensiones de selvas tropicales para dar lugar a plantaciones exclusivas con cafetos (más de dos millones de hectáreas), en el resto de los países latinoamericanos, el aromático se cultivó dentro de ecosistemas forestales tropicales o templados sin ser modificados sustancialmente. *Coffea arabica*, que es la principal especie que se cultiva en México, no sólo requiere de condiciones climatológicas específicas y de una importante altitud para poder madurar —entre los 600 y 1 200 m, con 1 500 a 2 500 mm de precipitación promedio anual, sin sufrir heladas o sequías prolongadas—, además necesita la sombra de numerosos árboles que este u otro tipo de ecosistemas tropicales pueden ofrecer a sus frutos.

Se sabe que en sus inicios en estas regiones, el aromático se integró a los sistemas agrosilvícolas indígenas, como pudo haber ocurrido en algunas áreas de Mesoamérica donde cultivaban el cacao. Durante más de dos siglos, el café se introdujo en el piso de las selvas o bosques, intercalándolo con especies nativas e introducidas, útiles para el productor, el cultivo y el agroecosistema, respetando con ello la diversidad biológica y la complejidad estructural de los ecosistemas naturales. La trascendencia de ello en la conservación de los recursos naturales y específicamente en la biodiversidad, ha sido ampliamente estudiada (Perfecto *et al.*, 1998; Masera *et al.*, Moguel y Toledo, 1996 y 1999).

Por lo anterior, es crucial el papel que pueden tener hoy los cafetales que se producen bajo una sombra diversa en su estructura y composición para conservar la biodiversidad, sobre todo si pensamos en las fuertes transformaciones ocurridas en el paisaje ecogeográfico debido a las actividades agrícolas, ganaderas y forestales extensivas e intensivas de los últimos 50 años. Si Latinoamérica es la región con la más alta tasa de deforestación en el mundo, y México ocupa el segundo lugar después de Brasil, con alrededor de 600 mil ha de bosque destruidas anualmente, resulta evidente que se proteja o induzca cualquier agroecosistema que implique principalmente un manejo adecuado de su cobertura arbórea, dados los múltiples beneficios derivados de ellos.

En términos del impacto que esto tiene en la conservación de la biodiversidad, se ha podido evaluar la diversidad y la composición de los grupos de flora y fauna que poseen los ecosistemas naturales, en comparación con la que presentan los agroecosistemas forestales cafetaleros, encontrándose que estos últimos actúan como un refugio apropiado para numerosas especies de aves (residentes y migratorias), mamíferos (murciélagos, monos, roedores, marsupiales), anfibios (sapos), artrópodos (hormigas, escarabajos, arañas, mariposas), reptiles (víboras, lagartijas) y un extenso grupo de plantas como son las epifitas (orquídeas y bromelias), palmas, helechos y bambúes. En algunas regiones del país, se sabe que grupos indígenas como son los chinantecos (Oaxaca), tzetzales (Chiapas) y náhuas (Puebla), realizan un manejo apropiado de la sombra silvestre dentro de sus cafetales, lo que les permite conservar entre 70 y 80% de las especies nativas de plantas (Bandeira *et al.*, 2003; Soto *et al.*, 2001; Toledo y Moguel, observación en campo).

Por ejemplo, numerosos estudios han comprobado que los cafetales que mantienen una sombra compuesta de varios estratos, un número elevado de especies arbóreas y en los que no se aplican insumos químicos, conservan una alta riqueza y diversidad biológica, comparada incluso con la de los bosques mesófilos y, en menor proporción, con la de las selvas tropicales húmedas y subhúmedas (Thiollay, 1994; Gallina *et al.*, 1996; Moguel y Toledo, 1999; Perfecto *et al.*, 2003; Bandeira *et al.*, 2003; Pineda *et al.*, 2003). En el caso de las aves, artrópodos y epífitas, se observa una variación mínima en el número y composición de las especies que ocupan los distintos estratos dentro de los ecosistemas y agroecosistemas cafetaleros (véase cuadro VII.1).

En los distintos estudios realizados con estos tres grupos de flora y fauna se ha observado que, en la medida que se mantenga un dosel diverso y rico de árboles dentro de los cafetales, éstos siguen proporcionando los recursos energéticos, hídricos, hábitats y un sinnúmero de micrositios específicos necesarios para que se mantenga la biodiversidad de los ecosistemas naturales (Risch y Carroll, 1985; Perfecto *et al.*, 1996, 2003; Soto-Pinto *et al.*, 2003). Ello no significa que los cafetales de sombra sean espacios sustitutos de la biodiversidad que los bosques o selvas tropicales o templadas presentan, ya que cuando se considera la composición y abundancia de las especies, se demuestra que cada ecosistema y agroecosistema alberga una determinada fauna, flora, hongos o microorganismos, en cuyo caso algunos grupos exponen hábitos específicos para cada sitio. En un paisaje altamente perturbado donde sólo nos restan fragmentos de selvas o bosques, los agroecosistemas cafetaleros bajo sombra representan un recurso altamente funcional para la preservación de la biodiversidad. Éstos pueden actuar

CUADRO VII.1 *La riqueza de especies de los cafetales bajo sombra en México y algunos países de Centroamérica*

Grupos	Número de especies	Región
Plantas	50-150/ha	Sierra Norte de Puebla
	40/190/ha	Oaxaca
	85/132/ha	Chiapas
	90/120/ha	Guerrero y Veracruz
Árboles	261 *spp**	El Salvador
	31-35/ha	Chiapas
	20-60/ha	Sierra Norte de Puebla
	13-60/ha	Guerrero y Veracruz
Arbustos	7-11/ha	Guerrero
	5-20/ha	Sierra Norte de Puebla
Hierbas	55-100/ha	Guerrero
Orquídeas	25/ha***	Veracruz
Epifitas	90 *spp***	Veracruz
	2-3 *spp*/árbol	Sierra Norte de Puebla
Helechos	40 *spp**	El Salvador
Mamíferos (medianos)	24 *spp**	Veracruz
Murciélagos	24 *spp**	Guatemala
	11 *spp**	Veracruz
Aves	136 *spp*	Veracruz
	82-184 *spp*	Chiapas
	87-122 *spp*	Guatemala
Artrópodos	609	Chiapas
	259 *spp*/árbol	
Hormigas	65/ha	Chiapas
	30 *spp*/árbol	
(otros hymenópteros)	103 *spp*/árbol	
Avispas	58 *spp**	El Salvador
	184 *spp**	Costa Rica
Arañas	87 *spp**	Chiapas
Anfibios y reptiles		
Sapos	13 *spp*	Veracruz

* Total de *spp* muestreadas y un alto porcentaje de éstas son endémicas.
** En diez sitios.
*** Algunas son epífitas.

como nichos complementarios dentro de un diverso y complejo mosaico de paisajes, que junto con los relictos de vegetación de los ecosistemas naturales, de las áreas riparias, ruderales, los policultivos, pastizales, entre otros, protejan la mayor biodiversidad de nuestro territorio.

LA DISTRIBUCIÓN DEL CAFÉ DE SOMBRA EN MÉXICO COINCIDE CON LAS ÁREAS MÁS RICAS EN BIODIVERSIDAD

En México, el café se cultiva sobre las vertientes del Golfo de México y del Pacífico, en el centro y sur del país, a una altitud entre los 600 y 1200 m. Aunque podemos encontrar producción por debajo o encima de esta cota altitudinal, el tamaño y la calidad de su fruto disminuye considerablemente. Del total de hectáreas sembradas con café (750 000 ha), alrededor de un 12% (90 000 ha) se ubican fuera de la cota altitudinal óptima para su cultivo, lo que refleja que buena parte de la actividad cafetalera se desarrolla en condiciones climatológicas bastante adecuadas.

Asimismo, y de acuerdo con un estudio realizado por Moguel (1996), se encontró que los cafetales se distribuyen en las laderas y pendientes de las montañas de México, dentro de un cinturón altitudinal biogeográfico y ecológico estratégico, en el cual se sobreponen elementos templados y tropicales, y donde establecen contacto cuatro tipos de vegetación. En este sentido, el estudio mostró que, del total de municipios cafetaleros ubicados en la vertiente que corresponde al Atlántico —con mayor humedad y con menor diferencia entre las temperaturas diarias y anuales—, las áreas cultivadas con café se localizan en regiones que originalmente fueron cubiertas por selvas tropicales húmedas (50-76%) y bosques mesófilos, mientras que en las montañas del Pacífico (Nayarit, Colima, Guerrero) las plantaciones con cafetos ocupan nichos de selvas tropicales subhúmedas y secas, encinares de baja altitud, y en menor proporción, de bosques templados de pino-encino. Otros estudios han confirmado la enorme riqueza biológica y de especies endémicas —especies con un rango de distribución geográfica limitada— en estas áreas.

Con base en esta información y en los criterios que estableció la Comisión Nacional para el Conocimiento y Uso de la Biodiversidad (Conabio) para definir áreas prioritarias de conservación biológica en México, 14 de las 155 zonas identificadas por una mayor riqueza y diversidad biológica son, a su vez, zonas de gran importancia en la producción del aromático. En la figura VII.1 podemos observar dicha superposición, donde los estados que más producen café como Oaxaca, Chiapas y Veracruz no sólo muestran el mayor número de áreas prioritarias para la conservación en términos de su biodiversidad, sino que además son regiones donde, debido a un intenso proceso de deforestación, los cafetales bajo sombra se están convirtiendo en los últimos refugios para una muestra importante de fauna, flora y otro tipo de organismos como los hongos. También existen países como El Salvador, Nicaragua y Puerto Rico, donde los sistemas agroforestales cafetaleros han sido señalados como los últimos relictos de vegetación boscosa que pueden albergar una diversidad biológica importante, por lo que es crucial el mantenimiento de tales sistemas.

FIGURA VII.1 *Superposición de las áreas productoras de café con las áreas más ricas en biodiversidad y endemismos* (Moguel y Toledo, 1999)

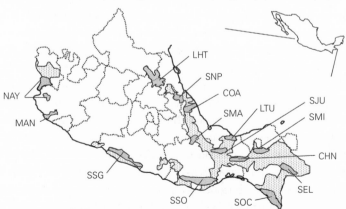

La distribución geográfica que presentan los bosques mesófilos, de neblina o de montaña en México es muy limitada, y es aquí donde se localizan los cafetales bajo sombra. Originalmente, dicho bosque cubrió 1% de la superficie del país (dos millones de hectáreas) y es considerado el que conserva la mayor riqueza y diversidad biológica por unidad de área, con 10% y 12% del total de la flora en México (alrededor de unas tres mil especies), así como 30% de especies endémicas, es decir, con una distribución restringida. Actualmente sólo contamos con 0.5% de la superficie con bosques mesófilos, que se encuentran prácticamente en estado de fragmentación o en pequeñas islas, lo que está provocando una fuerte reducción de las áreas de distribución para muchas especies, y en estos casos, los cafetales bajo sombra están actuando de nuevo como un importante refugio para muchos organismos.

Se considera que éste es el ecosistema húmedo más amenazado mundialmente, debido a que es el que presenta la tasa de deforestación más alta. Por ejemplo, se ha descrito que en regiones tan importantes por su producción de café como es Xalapa-Coatepec-Xico, Veracruz, sólo queda 10% de sus bosques mesófilos. Es importante mencionar que la norma ecológica 059 de México enlista 415 especies en peligro de extinción o sujetas a algún tipo de protección especial que habitan los bosques mesófilos; en tanto que para las selvas tropicales húmedas, la misma fuente reporta un total de 381 especies. Muchas de estas especies se han localizado dentro de las regiones con cafetales.

Como se apuntó en párrafos anteriores, el café de altura de buena calidad requiere de las condiciones únicas que ofrece el bosque de neblina en México, como son sus suelos, clima, temperaturas, humedades y la biodiversidad que lo acompaña. Es indudable que se tiene que conservar ese 0.5% de bosque mesófilo que resta, no sólo por la enorme riqueza de especies que cohabitan en este tipo de ecosistema, sino también por los múltiples servicios ambientales que ofrece. Estos tipos de vegetación son los que captan la mayor cantidad de agua por hectárea, y al ser bosques que se desarrollan en zonas con la precipitación más alta y ubicarse en lugares con fuertes pendientes, se convierten en una importante reserva de lluvia, de humedad, de suelo y de carbono.

Los productores indígenas de las regiones con café de sombra han logrado proteger muchas de las especies biológicas que pertenecen a tales sistemas y mantener los beneficios otorgados por éstos, debido al complejo aprovechamiento holístico e integral que los productores llevan a cabo dentro de sus cafetales. Esto ha conducido a promover que no sólo se rescaten y se conserven los últimos relictos de bosques mesófilos del territorio, sino también a señalar insistentemente que se otorgue con carácter de urgente un incentivo económico a la producción de café bajo estos sistemas de manejo. Los bajos precios del aromático registrados desde hace seis ciclos, están conduciendo la sustitución de los cafetales bajo sombra a monocultivos intensivos, o bien al abandono y descuido de este tipo de parcelas con su consecuente deterioro.

¿Y todo el café que se produce en México es de sombra?

Desde que se introduce el café en México (1790) hasta 1970, el café se cultivó bajo dos sistemas de producción denominados: rusticano o natural y el policultivo tradicional, en los que se introducía y asociaba la planta del cafeto dentro del ecosistema forestal original, respetando con ello su alta diversidad y riqueza en especies (fig. VII.2).

Sin embargo, a partir de la década de 1980 y con los efectos producidos en el agro mexicano por la expansión de la llamada "Revolución Verde" (modelo agro-industrial), las formas de producir el café cambian sustancialmente en muchas regiones del país. El organismo responsable de tales transformaciones en el paisaje, fue el Instituto Mexicano del Café (Inmecafe), hoy desaparecido, cuyas funciones entre muchas otras fue la de incentivar y mejorar la productividad del café a través de la transferencia de paquetes tecnológicos. Éstos incluyeron: el uso intensivo de agroquímicos, el incremento en la densidad de los arbustos del cafeto (de mil hasta

FIGURA VII.2 *Diversos sistemas de cultivo de café*

Sistema rusticano y tradicional

Policultivo comercial

Monocultivo con sombra

Monocultivo bajo sol

5 mil arbustos/ha promedio), la introducción de nuevas variedades resistentes a plagas y enfermedades, la eliminación de las especies nativas arbóreas e introducción de sombra monoespecífica (100 árboles/ha de una sola especie generalmente leguminosas) y en algunos casos, hasta la remoción completa de los árboles de sombra.

Con excepción del trabajo de Nestel (1995), prácticamente no existe ningún estudio donde se analice el grado de penetración tecnológica del Inmecafe en las distintas regiones caficultoras de México, el nivel de impacto por zonas, ni la forma en cómo repercute cada una de las actividades introducidas por el instituto en las prácticas culturales tradicionalmente desarrolladas por los grupos indígenas y campesinos. Lo que se puede inferir a partir de la poca información que existe y de las observaciones que han sido realizadas por varios autores, es que dicho proyecto que se inicia en la década de los sesenta, tiene su impacto en términos de una transformación real del paisaje a partir de la década de los ochenta (Jimenez-Ávila, 1981; Nolasco, 1985; Escamilla, 1993; Moguel, 1996).

Hacia finales de los setenta algunos estudios reportan que en las regiones cafetaleras predominaba el sistema de producción rusticano y que hacia la década de los ochenta, sólo 10% del café se cultivaba bajo sistemas especializados bajo sombra o sin ésta, cuyas plantaciones modernas se distribuían en zonas como el Soconusco (Chiapas), Xicotepec (Puebla) y en algunas fincas de Coatepec (Veracruz) (Nolasco, 1985.) Estimaciones más recientes coinciden en que actualmente, entre 35 y 45% de la superficie con café en México se produce bajo los sistemas modernos especializados (Moguel, 1995; Nestel, 1996). Esto significa que en la última década, aproximadamente 200 000 ha de tierra dedicada al cultivo de café bajo condiciones diversificadas, se transformaron en sistemas especializados, lo cual produjo consecuencias negativas para el medio ambiente. El primer impacto de este proyecto modernizador sobre las regiones cafetaleras del país —como ocurrió en todos los países productores de café de Latinoamérica—, fue la modificación del paisaje cafetalero: de existir en las montañas del trópico mexicano un predominio de los ecosistemas forestales diversos y complejos, donde el café era un componente más de la vegetación natural, hoy sólo se observan parajes simples y homogéneos de monocultivos de café con sombra o sin ella, perdiéndose con ello el carácter mixto, diversificado y netamente umbrófilo del sistema forestal que le dio origen (Moguel y Toledo, 1996).

De esta manera y como consecuencia de dichos cambios, hoy el café es producido bajo cinco sistemas de producción, cuyas diferencias están dadas básicamente por la diversidad y complejidad estructural del agroecosistema, por el tipo de componentes agrícolas y forestales que se integran, por el tipo y grado de prácticas culturales, por la tecnología empleada y por el destino de la producción.

La diferencia que existe entre un sistema rusticano y un policultivo tradicional, es que en este último existe un manejo sofisticado de las especies nativas e introducidas, en cuyo espacio se realiza una serie de prácticas agrícolas para el mejor funcionamiento de los sistemas cafetaleros. Se estima que en México contamos con una superficie aproximada de 500 000 ha con café, cultivadas bajo estos dos sistemas de producción.

En ambos sistemas se respeta la cobertura forestal original del ecosistema natural, pero en el caso del policultivo tradicional, el café se verá acompañado de numerosas especies nativas y exóticas que le serán útiles al cultivo, al agroecosistema y al productor. En términos de los rendimientos, éstos son muy bajos en el sistema rusticano dado su poco manejo, pero la biodiversidad contenida en éste es la más alta, comparable a la de bosques mesófilos. Por ello, se ha recomendado que estos espacios se conserven como bancos de germoplasma, esto es, sitios destinados a conservar la mayor diversidad genética y biológica, en cuyo caso el productor tendría que beneficiarse de que alguna organización y el propio gobierno le otorgase una compensación económica y social por su contribución por preservar los recursos biológicos *in situ*. En el caso del policultivo tradicional, éste sí logra mantener una productividad alta —en algunos sitios comparable con la de los sistemas modernos—, logrando conservar una parte importante de la riqueza biológica a partir del manejo que los productores realizan con la composición y la abundancia de las especies en los distintos estratos que conforman los cafetales bajo sombra.

Los otros tres sistemas representan los patrones productivos modernos, los cuales han eliminado por completo la diversidad, riqueza y complejidad estructural y funcional del ecosistema forestal nativo. Son plantaciones muy simples, especializadas y homogéneas, generalmente con un alto consumo de agroquímicos y sostenidas básicamente por medianos y grandes productores. En el tercer sistema (policultivo comercial) se combinan con el café de tres a cuatro especies (frutales y leguminosas). En el caso del monocultivo con sombra se introducen exclusivamente árboles de leguminosas que les otorgan nitrógeno y sombra a los cafetos, y en el último diseño, se pierde el carácter agroforestal de los sistemas anteriores, eliminándose del sistema la cobertura arbórea por completo y dejando un monocultivo de café.

Estos tres últimos sistemas de producción fueron los que se desarrollaron en el sector cafetalero a partir de los cambios tecnológicos ocurridos durante la "Revolución Verde". Las instituciones agronómicas encargadas de diseñar los sistemas productivos modernos que permitiesen tornar más eficiente la producción al introducir nuevas variedades e insumos químicos, así como incrementar la densidad de los cafetos, no siempre cumplieron sus objetivos. La especialización *versus* la diversidad, la productividad *versus* la conservación, los monocultivos *versus* los policultivos, condujeron a la expresión más severa del deterioro ambiental ocurrida en los últimos 30 años, y consiguieron demostrarnos que se tiene que conciliar el conocimiento empírico con la ciencia y la tradición con lo moderno, si realmente queremos encontrar la ecuación de cómo producir conservando y cómo conservar produciendo.

Diversidad cultural y diversidad biológica: el café de sombra sale beneficiado

De acuerdo con las estadísticas básicas del Consejo Mexicano del Café (2000), se registran en México cerca de 4 557 comunidades dedicadas a la producción del aromático en alrededor de 760 000 ha, superficie que se distribuye en 398 municipios y 12 estados de la república, de los cuales, sólo tres de ellos concentran 72% de la superficie (Chiapas 29%, Oaxaca 23% y Veracruz 20%), y cuatro más 24% restante (Puebla 8%, Guerrero 7%, Hidalgo 6% y San Luis Potosí 3%). De esta manera, ante la pregunta de quién produce el café en México, destaca la importancia del sector social en la producción del aromático. De los 282 mil productores que participan directamente en el ramo cafetícola, 92% de éstos poseen predios menores a las 5 ha o bien, 70% no más de 2 ha (Censo Inmecafe, 1992). El mismo Censo reporta que sólo 270 finqueros son poseedores de más de 50 ha, lo que representa 0.1% del total de productores en el país. En términos de la superficie cultivada, este 92% de pequeños productores detenta 65% del total de la superficie cafetalera y casi la mitad de la producción nacional. Del total de productores, hay que añadir que 62% pertenecen a ejidos y comunidades indígenas, en tanto que 38% son propietarios privados.

El café que se produce sin químicos, con prácticas de conservación de suelos y agua y bajo un esquema de certificación, es el que se denomina café orgánico. El 92% de los productores que sostienen la agricultura orgánica en México son pequeños productores campesinos con predios menores a las 5 ha. Han sido los productores indígenas quienes mejor adoptaron la caficultura orgánica, de tal suerte que en unos pocos años México se ha convertido en el primer país productor de café orgánico certificado del mundo, generando el equivalente a una quinta parte del total mundial. Hacia el año 2001, la superficie total sembrada con café orgánico en el país fue de algo más de 100 000 ha, lo que equivale a 66% del total de la superficie agrícola orgánica en México (Gómez Tovar y Gómez Cruz, 2004). Esta superficie fue generada por unos 33 mil productores pertenecientes a cooperativas o comunidades indígenas de Chiapas, Oaxaca, Guerrero, Puebla y Veracruz, las cuales exportan café orgánico a Estados Unidos, Alemania, Holanda, Italia, España, Japón y otros países.

De todos estos datos, un aspecto de la caficultura en México que se debe resaltar es que éste es producido fundamentalmente por productores indígenas a pequeña escala, el cual se distribuye básicamente en las vertientes de las cadenas montañosas del centro y sur del país, bajo la cubierta de un dosel diversificado de árboles. El primer hecho tiene que ver con la presencia de una riqueza y diversidad cultural, y el segundo, con la importancia que guardan estas culturas en la creación y en el diseño de sistemas cafetaleros altamente diversificados, que son la expresión y el resultado mismo de su conocimiento. Como he venido señalando en diversos trabajos, de los casi tres millones de personas que están relacionadas con este ramo, desde la producción de café hasta su comercialización, 60% de ellos son productores indígenas, que pertenecen a 32 grupos étnicos (30 nacionales y dos guatemaltecos) de un total de 56 grupos culturales que se registran en México. En algunos estados, como es el caso de Chiapas, la producción de café está siendo sostenida prácticamente por comunidades indígenas (78%) (fig. VII.3).

En México, toda la superficie cultivada con café manejada por grupos indígenas se produce bajo sistemas de café bajo sombra diversificada. Las diferencias que se observan en la estructura y composición de sus cafetales depende tanto de factores eco-geográficos (temperatura, humedad, altitud, suelos, vegetación), como del tipo y grado de prácticas culturales que los productores indígenas aplican. La diversidad y riqueza de los conocimientos que cada grupo étnico preserva sobre la funcionalidad y las interacciones de todos los elementos que componen el sistema, en combinación con las tecnologías, el conocimiento científico y las exigencias mismas de un mercado local, regional o global, determina el diseño de los "jardines de café", policultivos o sistemas de café bajo sombra que los 32 grupos étnicos le ofrecen al país. El resultado de ello, es un elevado número de especies de plantas útiles contenidas dentro de los sistemas agroforestales cafetaleros, como ha sido revelado por diversos estudios.

Por ejemplo, entre los nahuas de la Sierra Norte de Puebla, encontramos que tan sólo en una hectárea de café bajo sombra diversificada, los productores pueden manejar y conservar un promedio de 150 a 200 especies de plantas, sean éstas cultivadas, silvestres, nativas o introducidas (Toledo y Moguel, 2004). De acuerdo con un estudio realizado por Beaucage (1997), el mayor porcentaje de especies que se combinan con el café son silvestres y nativas (92%) y, en menor proporción, cultivadas nativas o introducidas (18%). Las principales formas de vida que observamos dentro de

FIGURA VII.3 *Principales etnias y estados productores de café en México*

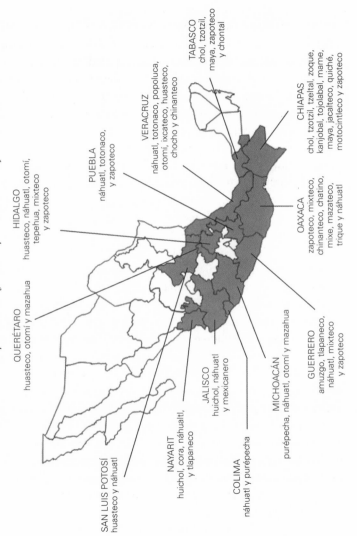

SAN LUIS POTOSÍ
huasteco y náhuatl

NAYARIT
huichol, cora, náhualtl,
y tlapaneco

COLIMA
náhuatl y purépecha

JALISCO
huichol, náhuatl
y mexicanero

MICHOACÁN
purépecha, náhuatl, otomí y mazahua

QUERÉTARO
huasteco, otomí y mazahua

GUERRERO
amuzgo, tlapaneco,
náhuatl, mixteco
y zapoteco

HIDALGO
huasteco, náhuatl, otomí,
tepehua, mixteco
y zapoteco

PUEBLA
náhuatl, totonaco,
y zapoteco

OAXACA
zapoteco, mixteco,
chinanteco, chatino,
mixe, mazateco,
trique y náhuatl

VERACRUZ
náhuatl, totonaco, popoluca,
otomí, ixcateco, huasteco,
chocho y chinanteco

TABASCO
chol, tzotzil,
maya, zapoteco
y chontal

CHIAPAS
chol, tzotzil, tzeltal, zoque,
kanjobal, tojolabal, mame,
maya, jacalteco, quiché,
motocintleco y zapoteco

los cafetales son árboles (44%), hierbas (18%), trepadoras o bejucos (15%) y en el 23% restante, los nahuas identifican hasta doce formas más de vida con sus propios nombres (helechos [*pesmamej*], ornamentales [*xochimej*], epífitas [*pepechuajme*], entre muchas otras). Los beneficios que de ello resulta son numerosos, no sólo para el café o su cultivo eje (sombra, nutrientes, reguladores de temperatura y humedad), sino para el agroecosistema en su conjunto (hábitats para otras especies, controladores de plagas y enfermedades, reservorios de agua, carbono y nutrientes) y la familia (alimentos, medicinas, fuentes energéticas, materiales para su vivienda y muchas otras materias primas destinadas al autoconsumo o el mercado). El mismo autor cita que el mayor porcentaje de las especies dentro del cafetal de los nahuas se destina a la alimentación (31%), y el resto a medicinas o remedios (26%), energía (18%), madera (10%), ornamentales (6%) y otros usos (9%) (Beaucage, 1997).

De mayor relevancia ha sido descubrir que, lo que se denomina como "sistema agroforestal cafetalero", en realidad conforma un bosque o selva útil o productiva conocida localmente como *Koujtakiloyan* ("monte útil" en náhuatl), construido a partir de un detallado conocimiento botánico local (la taxonomía náhuatl) y del manejo de cada grupo de plantas en el sistema forestal, donde se han adoptado y adaptado el café y otras muchas especies exóticas con alto valor comercial. Ello confirma los resultados obtenidos por otros autores como Alcorn (1983), quien llamó la atención acerca del Te'lom de los huastecos; o Bandeira y coautores (2002), quienes analizaron los cafetales de los tzotziles de Chiapas. Estos datos ponen una vez más en perspectiva la necesidad de promover, ya no sistemas cafetaleros bajo sombra, sino "jardines productivos" (con o sin café), a partir de los cuales los productores pueden obtener una amplia gama de productos (y servicios) tanto para el autoconsumo familiar y local, como para su comercialización en los diferentes mercados.

La experiencia referida muestra que, de los predios con *Koujtakiloyan* existentes en la región, es posible manejar, utilizar y comercializar más de 100 especies de plantas y conjuntos de productos de valor económico, tales como frutos tropicales, alimentos de alto valor nutricional (quelites y verduras), plantas ornamentales, materiales para construcción (bambúes y otros), plantas medicinales, además de productos convencionales con alto valor comercial. Lo anterior viene a corroborar que el axioma, reiteradamente planteado, de que "producir conservando y conservar produciendo" es factible.

El café de sombra conserva otros recursos y ofrece servicios ambientales

Como se describió en líneas anteriores, la estructura y el funcionamiento que guardan los agroecosistemas cafetaleros bajo sombra diversificados es de crucial importancia para la preservación de la biodiversidad. De los distintos sistemas productivos descritos en el párrafo anterior, los cafetales cultivados bajo la sombra del dosel original de los bosques o selvas en México, sean estos los rusticanos o los policultivos tradicionales, son modelos agro-silvícolas que conservan un diseño muy similar a los ecosistemas forestales naturales.

En tales espacios se imita la estructura, composición y ciclo de nutrientes de un bosque. Los estudios pioneros que se llevaron a cabo en México sobre la ecofisiología de los agroecosistemas cafetaleros a principios de la década de los ochenta, vinieron a revelar a escala mundial una mayor estabilidad ecológica en los cafetales con cobertura arbórea heterogénea y diversificada, que en aquellos sistemas donde el café transforma radicalmente el paisaje natural, como ocurre con los monocultivos bajo sombra y sol (Jiménez-Ávila, 1981; Jiménez-Ávila y Gómez-Pompa, 1982).

A escala global, el impacto puede ser evaluado a partir de los ciclos biogeoquímicos y, particularmente, a partir del balance entre oxígeno y dióxido de carbono, al ser reservorios eficientes de este último gas. A escala regional y local, estos sistemas son barreras físicas efectivas contra las fuerzas erosivas del agua y del viento y contribuyen a mantener la fertilidad y la estructura de los suelos al añadirles nitrógeno, materia orgánica, modificar su porosidad y las tasas de infiltración (Nair, 1990 y 1991). Como fue descrito en el capítulo anterior, la biodiversidad útil que el productor no sólo induce, sino que protege y mejora a través de diferentes prácticas productivas, tales como rotación de cultivos, selección de individuos, terraceo y descanso, le permite incrementar la riqueza biológica y genética de sus agroecosistemas, obtener una variedad más amplia de productos destinados a la alimentación, salud, vivienda, energía, y a favorecer la fertilidad y la estructura de los suelos, potenciando el funcionamiento de todo el sistema.

En términos generales, cuando se comparan los sistemas de café bajo sombra con los que se realizan a pleno sol, se encuentra que en los primeros existe mayor biomasa, cantidad de nutrientes, biodiversidad de macro y microorganismos, así como una baja susceptibilidad a la erosión edáfica y un ambiente físico mucho más estable. Todo ello induce a reducir la vulnerabilidad del sistema ante posibles perturbaciones como cambios climáticos, enfermedades o plagas. Es importante resaltar que, entre los distintos cafetales bajo sombra, sólo en los rusticanos y policultivos tradicionales es donde se logra mantener la naturaleza compleja y heterogénea de la cobertura arbórea que presentan los bosques o selvas, y no así en los policultivos comerciales o monocultivos bajo sombra. En diversos inventarios realizados en parcelas de policultivos y monocultivos de café con y sin sombra, se muestra cómo en la medida en que se simplifica la estructura de un agroecosistema cafetalero y éste se vuelve más tecnificado, la biodiversidad disminuye considerablemente. Es por ello, que de los distintos cafetales con sombra que existen (policultivos y monocultivos) es fundamental conservar la diversidad y complejidad, no sólo en la estructura y composición de las especies que componen la cobertura arbórea, sino respetar o inducir la heterogeneidad del paisaje del que forman parte, esto es, preservar la mayor diversidad de ecosistemas y agroecosistemas (naturales y transformados) para que la suma o complementariedad de éstos puedan efectivamente conservar la biodiversidad.

Asimismo, habría que señalar que es necesario y urgente que se eliminen aquellas prácticas agrícolas dañinas como son la aplicación de plaguicidas, fungicidas o herbicidas y hasta el mismo chapeo, si deseamos conservar un mayor número y diversidad en los recursos. En el caso del chapeo, éste implica la inhibición indiscriminada con machete de brotes de plantas, las cuales compiten o reducen la productividad del aromático. Simplificar la sombra del café, eliminar las especies que compiten con el aromático con prácticas que resultan inapropiadas o el uso de químicos, puede efectivamente incrementar y mejorar la productividad del cultivo del café en un tiempo corto, pero con el sacrificio del el resto de los componentes del sistema. Hoy se sabe que ha sido muy alto el costo al aplicar exclusivamente el criterio de la rentabilidad en el manejo de los sistemas productivos, no sólo por la severa crisis ecológica inducida por la especialización y tecnificación de la naturaleza, sino también por el incremento considerable en las últimas décadas de problemas relacionados con la salud humana, tales como el cáncer.

La naturaleza mixta de la cubierta de sombra de un cafetal, sin lugar a dudas, viene a ser el factor clave no sólo en el balance de los procesos biofísicos del ecosistema, sino además, en la estabilidad de las economías domésticas. En efecto, la cobertura arbórea como componente crítico del ecosistema forestal además de conservar la flora y la fauna, otorga numerosos servicios ambientales, tales como proteger los suelos de la acción erosiva continua, favorecer los regímenes climáticos local y globalmente, y ayudar al funcionamiento del ciclo hidrológico al regular los flujos de agua de diversas cuencas. Al ubicarse los agroecosistemas forestales cafetaleros en las partes altas o intermedias de las cuencas, en las porciones más abruptas y de mayor inclinación, se evita directamente la erosión de los suelos, se mantienen las "fábricas naturales" de agua (captando agua de la lluvia y protegiendo los manantiales) y especialmente, se regulan los flujos del agua (escorrentías) que fluyen hacia las porciones bajas, en cuyo caso están ayudando a mitigar los efectos de fenómenos naturales tan desastrosos como han sido las inundaciones de los últimos dos años en diversas regiones del mundo (Moguel, 1997).

En paralelo con lo anterior, los cafetales bajo sombra también poseen un valor social como amortiguador de las catástrofes económicas. Con un mercado tan inestable como es el del café, el productor, que generalmente es un pequeño productor, dispone en sus policultivos bajo sombra de toda una gama de productos para la autosubsistencia y para el mercado, pues como ya fue revisado anteriormente, además de obtener el café, el agricultor induce el mantenimiento de numerosas especies útiles que serán empleadas para su alimentación, salud, vivienda, energía y otras necesidades.

CAFÉ DE SOMBRA O CAFÉ SUSTENTABLE

Hasta aquí han quedado delineados los argumentos económicos, sociales, culturales y ecológicos más importantes que defienden no sólo la caficultura bajo sistemas productivos de sombra, diversificados y con prácticas culturales que implica la conservación de los recursos naturales (orgánico), sino aquellos que están siendo sostenidos y manejados por organizaciones o grupos de pequeños y medianos productores indígenas y campesinos (justo). Estos dos tipos de café, el orgánico y justo, hoy se comercializan en los llamados mercados alternativos, donde a diferencia del mercado convencional, el productor logra un sobreprecio por la venta de un café de mejor calidad. Este café bajo escrutinio de procesos de certificación le garantiza al consumidor un producto sano y limpio con el medio ambiente. Indudablemente, estas iniciativas responden a ese sector de la sociedad civil del Primer y Tercer Mundo, que se ha vuelto consciente de que una crisis ecológica ha rebasado los confines de cualquier frontera y amenaza con destruir toda forma de vida, incluyendo al ser humano. Al mismo tiempo, ambas vías se han ido construyendo como una opción solidaria para ese sector rural pobre y marginado que se enfrenta a un mundo globalizado, que al menos hoy en día es totalmente injusto y nada solidario.

La cafeticultura orgánica, vista como una actividad dirigida estrictamente a la conservación ecológica, al mejoramiento de todo el proceso productivo hasta su transformación en un producto de alta calidad y su certificación respectiva, tiene su punto de partida en 1928 en la región del Soconusco, Chiapas, en las plantaciones de la Finca Irlanda, y es hasta 1967 que se certifica y exporta a Europa por primera vez como café orgánico (Martínez y Peters, 1994). Posteriormente, esta práctica se extiende a otras regiones del mismo estado (Indígenas de la Sierra Madre de Motozintla, la Unión de Ejidos de la Selva, Mahomut, Otilio Montaño, el Frente Indígena Ecológico), y del país, como son Oaxaca (Unión de Cafetaleros Indígenas de la región del Istmo), Veracruz, Guerrero (Atoyac), y más recientemente, al resto de los países latinoamericanos que hoy producen café orgánico, como Guatemala, Nicaragua, El Salvador, Costa Rica, Colombia, Venezuela y Brasil.

Año con año se suman numerosos grupos, organizaciones y regiones al cultivo bajo sistemas de producción de café orgánico, cuyo crecimiento vertiginoso se explica en función del sobreprecio que se le otorga (de 10 y a 15 dólares más del precio regular del café en el mercado convencional), y del incremento en el deterioro ambiental que ha conducido a la pérdida irreversible de recursos como el suelo, la fauna, la flora, así como problemas ligados directamente a la salud de las poblaciones humanas. Al mismo tiempo, organizaciones no gubernamentales, ecologistas y de consumidores verdes están ejerciendo una mayor presión a sus gobiernos para incorporar en el mercado artículos con etiqueta orgánica que les garantice también un beneficio a su salud.

La organización que establece las normas que deben regir la producción de carácter orgánica y las reglas generales de operación para las que certifican es el ifoam (International Federation of Organic Agriculture Movement; www.ifoam.org) con sede en Alemania, la cual agrupa a 650 miembros de más de 100 países que producen orgánicamente. En la actualidad, existen más de 200 empresas que certifican, siendo Alemania, los Estados Unidos y Canadá las naciones que concentran el mayor número de éstas. En el caso de México, las empresas que certifican son OCIA (Organic Certification for International Agriculture), Natureland y Max Havelar (Holanda), Demeter Bund (Alemania) y CERTIMEX (México) (Gómez *et al.*, 1999).

En esa propuesta alternativa, se están abriendo otros nichos conocidos en el mercado como el café amigable con las aves, el de sombra, el ecológico y el sustentable. En este tipo de iniciativas se están elaborando nuevos esquemas de certificación donde se incluyen normas específicas para su certificación, como por ejemplo la diversificación y la composición de las especies que integran la cobertura arbórea de los cafetales, los servicios ambientales que ofrecen estos sistemas, la complementariedad de los cafetales en un paisaje ecogeográfico (criterios regionales), así como normas donde también se incluye la equidad de género, entre otras. La propuesta que surge en México es la de integrar todas estas opciones de mercado en una sola vertiente llamada café sustentable. Ésta ha sido elaborada por numerosos científicos, técnicos, organizaciones de productores, consumidores, empresarios, entre muchos, y en 1996 se consolida dicha propuesta en el Primer Congreso de Café Sustentable organizado por el Smithsonian Migratory Bird Center en Washington, D. C. El objetivo central que se persigue en este concepto, el café sustentable, es el de integrar y asegurar en un nuevo esquema de certificación aquellos criterios probados y surgidos en las distintas vertientes del mercado alternativo, como son la calidad del producto, la conservación del medio ambiente, la defensa de la diversidad biológica y cultural, la equidad y la justicia social.

Con esto se persigue fortalecer a todas aquellas organizaciones que están desarrollando estrategias de producción bajo una perspectiva de sustentabilidad, donde cada una de sus dimensiones queden efectivamente integradas: desde lo social, lo económico y ecológico, hasta los principios y valores que se inscriben en una ética global. Ello puede significar la posibilidad de incrementar, no sólo el consumo de los cafés ambientalmente sanos y socialmente justos y junto con ello la inserción de un mayor número de productores al mercado solidario, sino también asegurar que la conservación del medio ambiente no puede ni debe caminar aislada o separadamente de la lucha por un mundo más democrático, justo y equitativo.

Sin embargo, debe hacerse hincapié en los numerosos riesgos que existen en la construcción de estos caminos alternativos, y que dicho proceso termine por desvirtuarse. Por un lado, debemos evitar que los grandes consorcios (nacionales o trasnacionales) sean los que nuevamente se adueñen de este otro mercado e instauren sus propias ventajas comparativas que sólo los beneficia a ellos. Si esto ocurre, una vez más serían estos los que determinarían los precios, abatirían los costos de producción y de la mano de obra, controlando los inventarios y, con ello, colocando a millones de productores en una posición de extrema vulnerabilidad.

Por otra parte, también tendríamos que reconocer que existen posibilidades de perder los grandes avances que se han logrado en materia de conservación del medio ambiente si los productores miran exclusivamente el mercado alternativo como una opción rentable. Si el mercado convencional ofrece mejores precios y los gobiernos continúan sin otorgar las facilidades que se requieren para lograr mantener la producción de carácter orgánica (créditos, subsidios, asesoría técnica, etcétera), la cual es costosa y compleja en términos de su producción, procesamiento y comercialización (certificación), muchos agricultores que hoy son orgánicos podrían abandonar dicha propuesta.

Por último, es urgente que se impulse un proyecto de educación ambiental bajo una ética social entre los consumidores, que permita generar una mayor conciencia ecológica, social y cultural. En los criterios que debieran aplicarse en las opciones que tenemos de consumo, tendríamos que incluir no sólo el factor precio y calidad del producto, sino además, los beneficios que recibimos en nuestra salud, la de nuestra familia, nuestra comunidad, país y todo el entorno. Ésta es la única opción real que tenemos para conservar la biodiversidad y salvar el planeta.

Bibliografía

Alcorn, J. B., 1983, "El Te'lom huasteco: presente, pasado y futuro de un sistema de silvicultura indígena", en *Biótica*, 8, pp. 315-331.

Bandeira, F. P., J. López-Blanco y V. M. Toledo, 200s, "Tzotzil Maya Ethnoecology: Landscape Perception and Management as a Basis for Coffee Agroforest Design", en *Journal of Ethnobiology*, 22(2), pp. 247-272.

Beaucage, P., 1997, "Integrating Innovation: the Traditional Nahua Coffee Orchard (Sierra Norte de Puebla)", en *Journal of Ethnobiology*, 17(1), pp. 45-67.

Brintnall Simpson, B. y M. Conner O., 1986, *Economic Botany: Plants in our World*, The University of Texas, Austin.

Escamilla, P. E. *et al.*, 1993, "Los sistemas de producción de café en el centro de Veracruz, México: un análisis tecnológico", Simposio Latinoamericano Modernización Tecnológica, Cambio Social y Crisis Cafetaleras, Universidad Nacional de Costa Rica e Instituto Costarricense del Café, Heredia, Costa Rica, 13-16 de julio de 1993.

Fuentes-Flores, R., 1978, "Sistemas de Producción de Café en México", en F. de las Salas (ed.), *Simposio en sistemas agroforestales en Latinoamérica*, Centro Agronómico Tropical de Investigación y Enseñanza, Turrialba, Costa Rica, pp. 60-71.

Gómez Tovar, L. *et al.*, 1999, *Desafíos de la agricultura orgánica: certificación y Comercialización*, Editorial Aedos, Barcelona.

Gómez Tovar, L. y M. A. Gómez Cruz, 2004, La Agricultura Orgánica en México: Un Ejemplo de Incorporación y Resistencia a la Globalización, Ponencia presentada en la Conferencia "Los comunes en la edad de la transición global: riesgos y oportunidades", Oaxaca, México, agosto 9-13.

Graff, J. de, 1986, "The Economics of Coffee", *Economics of Crops in Developing Countries No. 1*, Pudoc, Wageningen, Holanda.

Jiménez-Ávila, E., 1981, "Ecología del Agroecosistema Cafetalero", tesis doctoral, UNAM, México.

Jiménez-Ávila, E. y A. Gómez Pompa (eds.), 1982, *Estudios ecológicos en el agroecosistema cafetalero*, Instituto Nacional de Investigaciones sobre Recursos Bióticos (Inireb), Xalapa.

Martínez, E. y W. Peters, 1994, *Cafeticultura ecológica en el estado de Chiapas: un estudio de caso*, Tapachula, Chiapas (manuscrito), México, 77 pp.

Masera, O. y S. López-Ridaura, 2000, "El marco de evaluación MESMIS", en O. Masera y S. López-Ridaura (eds.), *Sustentabilidad y sistemas campesinos: cinco experiencias de evaluación en el México Rural*, Mundi-prensa, Grupo Interdisciplinario de Tecnología Rural Apropiada (Gira), México, pp. 13-44.

Moguel, Patricia, 1997, "Producción de café y desarrollo sustentable en México: ¿Realidad o utopía?", en *Economía Informa*, 253, pp. 65-74.

_____ y V. M. Toledo, 1996, "El café en México: ecología, cultura indígena y sustentabilidad", en *Ciencias*, 43, pp. 40-51.

_____ 1999, "Biodiversity Conservation in Traditional Coffee Systems of Mexico", en *Conservation Biology*, 13(4), pp. 11-21

Nair, P. K., 1990, *The Prospects for Agroforestry in the Tropics*, The World Bank (Technical Paper, 131), Washington, D. C.

_____, 1991, "State of the Art of Agroforestry Systems", en *Forest Ecology and Management*, 45, pp. 4-29.

Nestel, D., 1995, Coffee in Mexico: International Market, Agricultural Landscape and Ecology, en *Ecological Economics*, 15, pp. 29-39.

Nolasco, M., 1985, *Café y sociedad en México*, Centro de Ecodesarrollo, México.

Perfecto, I. *et al.*, 1998, "Shade Coffee: A Disappearing Refuge for Biodiversity", en *Bioscience*, 46(8), pp. 598-608.

_____, A. Mas, T. Dietsch y J. Vandermeer, 2003, "Conservation of Biodiversity in Coffee Agroecosystem: a Tri-Taxa Comparison in Southern Mexico, *Biodiversity and Conservation*, 12, pp. 1239-1252.

Toledo, V. M. y P. Moguel, 2004, "Conservar produciendo: biodiversidad, café orgánico y jardines productivos", en *Biodiversitas*, 55, pp. 2-7.

VIII. El manejo de la biodiversidad en los huertos familiares

Javier Caballero, Laura Cortés
y Andrea Martínez-Ballesté

Introducción

Los huertos familiares son sistemas agrosilvícolas tradicionales, bastante comunes en las regiones tropicales del mundo. Estos sistemas pueden ser definidos como aquellas áreas alrededor de las viviendas rurales, en las que se manejan combinaciones de muchas especies vegetales, principalmente árboles frutales, plantas medicinales, especies ornamentales y cultivos de tubérculos, formando un complejo sistema multiestratificado (Soemarwoto y Soemarwoto, 1982). Los huertos familiares mexicanos son unos de los ejemplos más sofisticados de este sistema agroforestal en el contexto mundial. Estos sistemas alcanzan un alto nivel de complejidad no sólo en las zonas indígenas, sino también entre diversas poblaciones mestizas del centro y el sureste del país.

Los huertos familiares han atraído considerable atención de los científicos durante las últimas décadas (Nair, 2001) debido a su complejidad ecológica, que con frecuencia se compara con la de ecosistemas naturales altamente estructurados, como el bosque tropical. Este sistema agroforestal también ha despertado interés por el potencial que tiene para el desarrollo rural, así como por el papel que puede cumplir en el mantenimiento, conservación y generación de biodiversidad.

En este trabajo se presenta un panorama de la estructura y composición de estos sistemas agroforestales, de su papel cultural y económico, así como de su importancia para el aprovechamiento y conservación de la biodiversidad.

LA BIODIVERSIDAD DE LOS HUERTOS FAMILIARES EN MÉXICO

Por el gran número de especies que albergan, los huertos familiares de México están entre los más ricos del mundo, quizá sólo son superados por los del sudeste asiático, particularmente los de Indonesia. Con base en la información bibliográfica y de campo disponible, encontramos más de 1 400 especies de plantas vasculares que son utilizadas en este sistema agroforestal, incluidas tanto plantas perennes como anuales. Dentro del estrato herbáceo registramos formas biológicas variadas, como especies rastreras, trepadoras y epífitas. En total tenemos reportadas 537 especies herbáceas útiles, mientras que entre las especies perennes se reporta un total de 224 arbustos y 282 árboles útiles dentro de estos sistemas agroforestales.

De las 1 400 especies registradas para los huertos de México, 572 tienen uso medicinal, 528 uso ornamental y 442 son utilizadas como alimento. Las 682 especies restantes tienen otros muchos usos, como se observa en la figura VIII.1. Lo anterior coincide con el patrón observado en la utilización de plantas, en general, en diversas partes del mundo; sin embargo, si bien el número de especies de uso medicinal generalmente duplica el número de especies alimenticias, en el caso de los huertos familiares la proporción de especies con este uso es más cercana a la proporción de especies de uso medicinal. Otro resultado interesante es la abundancia de especies ornamentales que existen en los huertos familiares y que no se observan en otros sistemas agroforestales. Estas plantas son de gran importancia, ya sea para adornar la casa o con fines rituales y ceremoniales. En los altares de los santos, en ofrendas y diversas ceremonias rituales se necesitan grandes cantidades de flores, como es el caso de *Rosa odorata*, que resulta ser la especie más reportada dentro de los huertos familiares.

Figura viii.1 *Número de especies medicinales, alimenticias y ornamentales de los huertos familiares de México, de acuerdo con las familias botánicas* (Catálogo de plantas útiles de México, Jardín Botánico, unam)

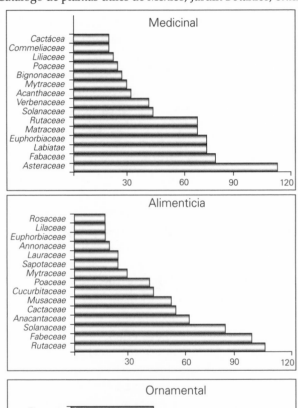

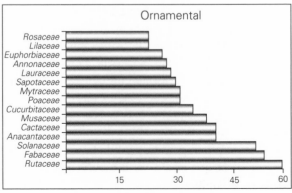

Una amplia diversidad de familias botánicas se encuentra representada dentro de los huertos familiares de México (fig. VIII.2). En el caso de las especies medicinales, las familias más importantes son las asteráceas, seguidas de la familia de las leguminosas, labiadas y euforbiáceas. *Pluchea odorata*, conocida comúnmente como *canelón*, es una de las especies con más usos reportados. Dentro de la familia de las leguminosas, la hoja sen o hediondilla (*Cassia spp*) es muy utilizada como laxante y diurético, junto con la especie *Diphysa robinioides*, conocida como chipil o chipile, que se usa para problemas de la piel y dolor de huesos, entre otros. Otras especies, como *Ocimum basilicum* (*Labiatae*) son ampliamente utilizadas por los curanderos en sus ramos de limpias y como sedante, además de otros usos de tipo alimentario y ceremonial.

Entre las familias más representadas de uso alimentario, se encuentran las *rutaceae*, leguminosas, solanáceas y anacardiáceas. Los jobos o ciruelas tropicales (*Spondias spp*), los chiles (*Capsicum annuum*) y el maíz (*Zea mays*) son las especies alimenticias más comunes en los huertos familiares de México. Lo anterior refleja la existencia de un conjunto de especies compartidas entre huertos familiares de zonas ecológicas muy distintas. La diversidad de

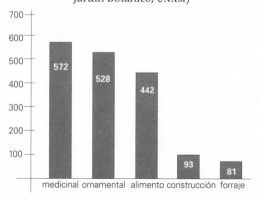

FIGURA VIII.2 *Número de especies de los huertos familiares de México, por tipo de uso* (Catálogo de plantas útiles de México, Jardín Botánico, UNAM)

los huertos familiares se compone de especies que por su importancia cultural se comparten en todo el país, tal es el caso de las especies más mencionadas, como de especies propias de cada región. Los cítricos, por ejemplo, son especies muy abundantes en los huertos familiares del sudeste del país, mientras que diversas especies de cactáceas solamente se encuentran en los huertos familiares de las zonas áridas de México.

Finalmente, entre las especies ornamentales predominan las familias *asteraceae, araceae, rosaceae* y *euphorbiaceae*. La rosa (*Rosa odorata*), el tulipán (*Hibiscus rosa-sinensis*) y la vicaria (*Catharanthus roseus*) son las especies más comunes dentro de los huertos familiares. Otras especies menos comunes varían según cada región y los gustos de sus habitantes.

LOS HUERTOS FAMILIARES COMO RESERVORIOS DE ESPECIES INTRODUCIDAS

El huerto familiar en México ha sido un espacio en constante evolución, en donde se han propagado especies nativas e introducidas de otras regiones del mundo. El intenso intercambio comercial que existió en América desde antes de la llegada de los españoles permitió la propagación de especies nativas de Mesoamérica y Áridoamérica, así como la introducción de especies de Centro y Sudamérica. A partir de la época colonial, el huerto familiar fue el sitio típico para introducir nuevas especies traídas del viejo mundo, así como de especies introducidas de otros continentes por los conquistadores, como fue el caso de las plantas provenientes de Asia, África y Oceanía. El intercambio de plantas es un proceso que actualmente continúa mediante la adquisición de semillas, injertos y propágulos entre los pobladores de una localidad, ya sea a través de vendedores, en los mercados, o simplemente entre vecinos y familiares.

En cuanto al origen de las especies presentes en los huertos familiares contamos con información de 601 de las 1 400 especies registradas. La flora útil introducida en los huertos familiares de México es de 286 especies registradas como originarias de otras regiones del mundo. Si bien esto no es despreciable, la mayor parte de las especies que conforma el solar se reporta como originaria del territorio mexicano. El número de especies de origen nativo presentes en los huertos familiares refleja la importancia de este sistema como medio de conservación de la flora útil de México.

De las 1 400 especies útiles de los huertos familiares, la mayoría son de origen americano, seguido de las especies de origen asiático y africano (fig. VIII.3). Las especies introducidas, la mayor parte de origen asiático, tienen un uso alimenticio. Entre las medicinales predominan las especies que provienen de Asia, Sudamérica y Centroamérica, mientras que en las ornamentales encontramos una mayoría de especies de origen americano.

FIGURA VIII.3 *Origen de las especies localizadas en los huertos familiares de México de acuerdo con los principales criterios de uso* (Catálogo de plantas útiles de México, Jardín Botánico, UNAM)

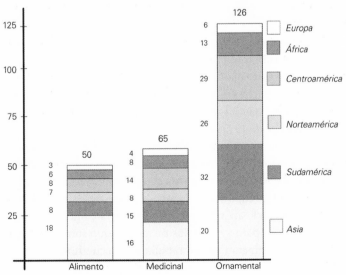

En resumen, la estructuración espacial de estos sistemas agroforestales, además de la diversidad de especies biológicas nativas e introducidas que ahí se promueven, son factores que favorecen la alta complejidad estructural de los huertos familiares de México. Este sistema agroforestal es un espacio en donde se siguen probando diferentes estrategias de manejo, y se experimentan nuevas posibilidades de selección y adaptación de especies, convirtiéndose en un reservorio de germoplasma y una práctica de conservación *in situ*.

Los huertos familiares de los mayas yucatecos

Los huertos familiares de México se caracterizan no sólo por las especies que ahí se promueven, sino también por la estructura espacial que los pobladores asignan para la promoción de las especies. Un ejemplo muy interesante es el de los huertos familiares en la zona maya de la península de Yucatán, que son quizá los más estudiados, con investigaciones realizadas en unas 40 comunidades. Estos estudios han variado en intensidad, de tal suerte que pueden distinguirse dos tipos de investigaciones: las dedicadas a realizar un análisis comparativo de varios sitios (Caballero, 1992; Jiménez-Osornio *et al.*, 1999), lo que supone inventarios generales obtenidos de una sola muestra en el tiempo, y las que se concentran en una sola comunidad y logran documentar con más detalle la composición a lo largo de un ciclo anual (Herrera-Castro *et al.*, 1993; Ortega *et al.*, 1993).

Los huertos familiares mayas por lo común tienen una superficie de entre 500 y 2 000 m² con máximos de hasta 5 000 m² (Caballero, 1992). En los huertos se cultivan, toleran y manejan gran cantidad de especies de plantas, principalmente árboles y arbustos, además de animales domésticos, tales como cerdos, gallinas, guajolotes, patos y colonias de abejas, que son fundamentales en la alimentación de las familias. De acuerdo con estudios publicados, el número de especies de plantas por huerto varía a lo largo de las diferentes regiones de la península de Yucatán entre 50 y 100 especies.

A escala de comunidad, esos estudios sugieren un número promedio de entre 100 y 200 especies, aunque los dos inventarios más detallados realizados en Chunchucmil (Ortega *et al.*, 1993) y en X-Uilub (Herrera-Castro *et al.*, 1993) arrojan 276 y 387 especies, respectivamente. En el que posiblemente es el análisis cuantitativo más detallado, (Rico-Gray *et al.* 1990), se hallaron cifras muy semejantes en los huertos de dos comunidades: Tixpeual (N=20) y Tixcacaltuyub (N=22). En un área de 45 265 m^2 y 40 150 m^2, se registraron 135 y 133 especies de plantas correspondientes a 5 651 y 5 603 individuos. Se estima que 80% de las especies de los huertos mayas proviene de la flora nativa y que el restante 20% corresponde a especies introducidas durante la Conquista española (Barrera, 1980).

El huerto familiar maya por lo común se subdivide al interior en áreas de manejo agrícola y forestal de uso intensivo y extensivo (fig. VIII.4). El área de menor manejo (extensivo) se localiza en la parte más alejada de la casa; esta zona asemeja pequeñas fracciones de selva, donde crecen muchas de las especies que se reportan como parte de la regeneración natural de la vegetación silvestre local. A primera vista pareciera una zona descuidada del huerto familiar; sin embargo, en este espacio crecen especies que sirven de sombra y alimento para los animales domésticos. También se extrae madera así como plantas medicinales y especies productoras de néctar y polen. Asimismo, esta zona sirve como banco de germoplasma para el propio huerto y los huertos familiares vecinos.

El área de uso intensivo es el espacio cercano a la casa en donde se desarrolla la mayoría de las labores domésticas y recreativas de la familia, así como el espacio para la cría de animales como cerdos y aves de corral. En esta zona se cultivan árboles frutales, hortalizas, plantas ornamentales y medicinales. Las prácticas de manejo destinados al cuidado de las especies que aquí se cultivan son mayores; diversas técnicas hortícolas registradas en esta área dan cuenta de esto. El *koloxche'* es una estructura elevada, construida de piedras, que sirve para proteger las plantas medicinales,

FIGURA VIII.4 *Esquema de un huerto familiar maya de la península de Yucatán, mostrando sus principales áreas y componentes* (Herrera-Castro, 1994)

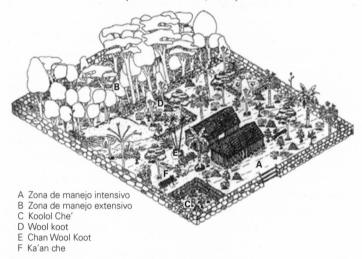

A Zona de manejo intensivo
B Zona de manejo extensivo
C Koolol Che'
D Wool koot
E Chan Wool Koot
F Ka'an che

comestibles u ornamentales de los animales domésticos del huerto familiar. Las hortalizas suelen sembrarse en pequeñas camas de tierra al nivel del piso, mientras que el *wool koot* es otra estructura de piedra circular que protege de plagas a los pequeños árboles frutales mientras crecen lo suficiente para ser trasplantados. El *ka'anche'* es la técnica hortícola más atractiva de la cultura maya de mayor tradición familiar. Consiste de una cama de tierra elevada que se prepara con palos de diferentes especies. La cama se coloca a una altura de un metro y medio, en ella se reproducen plantas comestibles, y se utiliza como semillero de árboles frutales.

IMPORTANCIA PARA LA ECONOMÍA DOMÉSTICA Y EL DESARROLLO REGIONAL

Los huertos familiares son una parte integral de la agricultura a pequeña escala y proporcionan una cantidad importante de los frutos y los vegetales necesarios para la alimentación cotidiana de la unidad familiar. En el caso de los solares mayas yucatecos, el estudio de 22 unidades domésticas de Txicacaltuyub, Yucatán, mostró que los cultivos del solar y los animales que se crían en él no contribuyen significativamente a cubrir las necesidades energéticas, pero sí son importantes en la calidad y diversidad de la dieta. Considerados en conjunto, los productos de plantas y animales proveen 11% de energía, 10% de proteína, 47% de grasas, 55% de vitamina A, 73% de vitamina C, 18% de riboflavina, 16% de niacina, y entre 5 y 10% de calcio, fósforo, hierro y tiamina (Stuart, 1993). En Chunchucmil, Yucatán, los solares son también una fuente de ingreso monetario para los agricultores. En esa comunidad, (Ortega *et al.* 1993) documentaron que los ingresos monetarios que se obtienen son principalmente por la venta de plantas ornamentales que son utilizadas para ofrendas, y los frutos de algunas plantas comestibles.

POTENCIAL PARA EL DESARROLLO

Diversos autores han planteado que el cultivo de huertos familiares podría constituir una opción viable para suplementar la dieta y, en general, para aliviar la pobreza en los países de las regiones tropicales. Se ha planteado que esto puede hacerse mediante la introducción de especies de valor comercial y de variedades mejoradas de las especies nativas. En el caso de Yucatán, se ha mostrado cómo los huertos familiares pueden ser la base para el desarrollo de sistemas intensivos de plantaciones de frutales. Otros autores sugieren que este sistema podría volverse más extensivo, o bien ser extrapolado al manejo de la vegetación natural mediante el cultivo y manejo de especies útiles en este sistema, particularmente en la vegetación secundaria generada por el uso agrícola del suelo. Los huertos familiares podrían ser también importantes como una forma de reforestación útil, inclusive para la captura de carbono. Se calcula que el conjunto de huertos familiares mayas en el estado de Yucatán tiene una superficie arbolada de 25 mil hectáreas, lo cual representa un esfuerzo mucho mayor a cualquier otro proyecto existente de plantaciones forestales en esa región.

Manejo y sostenibilidad ecológica del sistema

Un importante número de especies silvestres son manejadas en estos sistemas de formas diferentes, tales como la tolerancia, la protección o la promoción de los individuos de especies útiles que están presentes en el momento del establecimiento del solar o que se establecen posteriormente de forma espontánea.

Aunque la evidencia cuantitativa y el análisis detallado es todavía limitado, en otras partes del mundo estos agroecosistemas han sido descritos como ecológicamente sostenibles. De acuerdo con Torquebiau (1992), en el caso de Indonesia, la combinación de árboles y otros cultivos resulta en una diferencia microclimática significativa en relación con el ambiente externo, lo cual sugiere la sostenibilidad del sistema. En la cuenca del Chao Phraya, en Tailandia, se estudiaron las "racionalidades ecológicas" del sistema, es decir, cómo se seleccionan las combinaciones de especies, cuáles son las entradas y salidas del sistema, cómo cambian los microambientes en el sistema, cómo se reciclan los nutrientes, y cómo cambia la fertilidad de los suelos. En este caso se encontró que el principal factor que determina la selección de especies en los huertos es la utilización de los productos, mientras que las diferentes prácticas de manejo están determinadas por las especies, los sistemas y el medio ambiente. Se encontró, asimismo, que la estructura y la diversidad son similares a los bosques de dicha región. También, que existe una alta utilización del espacio, la luz, el agua y los nutrientes del suelo.

En el caso de los huertos mayas yucatecos, se ha observado que la complejidad estructural y la diversidad de especies son críticas para la sostenibilidad de los huertos familiares, al permitir el uso eficiente y la transferencia de carbono, agua y nutrientes. La diversidad de especies parece estar manejada de acuerdo con la distribución heterogénea de los recursos limitantes y con las necesidades de la unidad doméstica. La diversidad es significativa para la sostenibilidad socioeconómica y biológica del sistema.

Conservación de la biodiversidad

Uno de los aspectos más importantes de los huertos familiares es que son reservorios excepcionales y multifuncionales de la biodiversidad de las especies, en los aspectos genético y ecológico. En el sentido genético, esta diversidad está representada por el gran número de variedades locales de especies cultivadas que se mantiene en estos sistemas agroforestales. En los huertos familiares de México se conserva un gran número de especies nativas que se han adaptado a estos espacios para su manipulación. La interacción planta-humano dentro de estos sistemas ha llevado al desarrollo de procesos activos en la domesticación de dichas plantas. La intervención humana, a través de la selección artificial, opera como una fuerza evolutiva principal al generar procesos de cambios, ya sea en la morfología, fisiología, fenología, ciclos de vida o sistemas reproductivos de las plantas, que se promueven dentro de los huertos familiares.

Todos estos cambios son diseñados y regulados con base en los requerimientos humanos y el valor cultural ponderado de las especies. Durante las épocas prehispánicas, especies como el maíz (*Zea mays*), el frijol (*Phaseolus vulgaris*), la calabaza (*Cucurbita spp*), el camote (*Ipomea batatas*), el chile (*Capsicum spp*), el cacao (*Theobroma cacao*), etcétera, constituían los principales elementos de la base alimenticia mesoamericana. Otras especies como el coco (*Coccus nucifera*), el café (*Coffea arabica*), frutales caducifolios (por ejemplo duraznos, chabacanos y ciruelas), etcétera, se volvieron elementos importantes de los huertos familiares una vez que fueron introducidos por los españoles y que adquirieron un valor cultural que favoreció su manipulación.

En el sentido ecológico, la biodiversidad que se conserva en los huertos familiares incluye el gran número de especies de plantas diferentes que se cultiva en un espacio generalmente reducido. Eso normalmente incluye una mezcla de plantas nativas e introducidas, lo cual es resultado de largos y complejos procesos de intercambio de germoplasma entre regiones distantes y aparentemente no relacionadas. En un estudio comparativo entre huertos familiares en el sudeste de Asia y el sudeste de México, Anderson (1993) encontró que éstos son sorprendentemente similares en estructura y función. Se ha sugerido, además, que los huertos familiares pueden ser también un refugio importante para especies silvestres útiles en algunas regiones donde los procesos de deforestación han puesto en riesgo la disponibilidad de muchos recursos vegetales (Herrera-Castro *et al.*, 1993).

Los huertos familiares son sistemas ecológicamente complejos, pues en ellos se promueven especies propias de la vegetación natural en nichos ecológicos equivalentes. Son sistemas en donde se simula la estructura y la dinámica de los ecosistemas naturales, pero donde se incrementan las posibilidades del uso de cualquiera de los nichos ecológicos disponibles. Son conjuntos de plantas que, al igual que los ecosistemas naturales, suelen tener una mayor diversidad, en cuanto a especie y a variedades o razas. La dispersión entre huertos es común, y asegura una mayor variación genética que la existente en las parcelas especializadas de una sola especie.

El impacto del cambio cultural y económico

Aunque no existe evidencia cuantitativa y detallada, algunos estudios han mostrado que, mundialmente, los huertos familiares están sufriendo el impacto de los procesos de cambio socioeconómico y cultural, lo cual no sólo puede modificar significativamente su estructura y función, sino que incluso los puede llevar a su desaparición. En Zimbabwe, por ejemplo, se ha documentado el proceso de sustitución de árboles nativos no frutales por árboles frutales tanto nativos como exóticos. En la amazonia peruana se ha observado que el turismo tiene un impacto grande en la transformación de la estructura florística y en la diversidad. En el caso de México, en Yucatán se ha documentado la transformación de los huertos en relación con la cercanía de los centros urbanos.

En la ciudad de Mérida, muchos huertos se han transformado en jardines ornamentales, mientras que en los huertos mejor conservados, más de 50 por ciento de las especies son ornamentales y varias de las especies que son comestibles en las zonas rurales ya no se usan para ese fin en los huertos urbanos y sólo se les considera ornamentales (Flores, 1993). En suma, el tipo de desarrollo regional que se ha estado promoviendo ha impactado sustancialmente los solares tradicionales mediante la reducción del trabajo humano invertido en su cuidado, de la superficie de terrenos dedicados al uso tradicional y de la diversidad tanto en relación con la parcela como con el paisaje.

Bibliografía

Anderson, E. N. 1993, "Gardens in Tropical America and Tropical Asia", en *Biótica*, nueva época, 1, pp. 81-102.

Barrera-Marín A., 1980, "Sobre la unidad habitacional tradicional campesina y el manejo de los recursos bióticos en el área maya yucatanense", en *Biótica*, 5(3), pp. 115-128.

Caballero J., 1992, "The Maya Homegardens of the Yucatan Peninsula: Past, Present and Future", en *Etnoecológica*, 1(1), pp. 35-54. Online: www.etnoecologica.org.mx.

Flores, J. S., 1993, "Observaciones preliminares sobre los huertos familiares mayas en la ciudad de Mérida", en *Biótica*, nueva época, 1, pp. 13-18.

Herrera-Castro, N. D., Gómez-Pompa, A., L. Cruz Kuri y J. S. Flores, (1993), "Los huertos familiares mayas en X-uilub, Yucatán, México: aspectos generales y estudio comparativo entre la flora de los huertos familiares y la selva", en *Biótica*, nueva época, 1, pp. 19-36.

Jiménez-Osornio, J., M. del R. Ruenes-Morales y P. Montañez-Escalan-te, 1999, "Agrobiodiversidad de los solares de la península de Yu-catán", en *Red-Gestión de Recursos Naturales*, 14, pp. 30-40.

Millat-e-Mustafa, M., 1998, "Overview of Research in Home Garden Systems", en A. Rastogi, A. A. Godbole y P. Shengj (eds.), *Applied Ethnobotany in Natural Resource Management Traditional Home Gardens*, Kathmandu, ICIMOD.

Nair, P. K. R., 2001, "Do Tropical Homegardens Elude Science, or is it the Other Way Around?", en *Agroforestry Systems*, 53, pp. 239-245.

Ortega, L. M., A.Avendaño, A. Gómez-Pompa y E. Ucán-Ek, 1993, "Los solares de Chunchucmil, Yucatán", en *Biótica*, nueva época, 1, pp. 37-52.

Rico-Gray, V., J. G. García-Franco, A. Chemas, A. Puch y P. Sima, 1990, "Species Composition, Similarity and Structure of Maya Ho-megardens in Tixpeual and Tixcacaltuyub, Yucatan, Mexico", en *Economic Botany*, 44 (4), pp. 470-487.

Soemarwoto, O., y I. Soemarwoto, 1982, "Homegardens: its Nature, Origin and Future Development", *Ecological Basis for rational resource utilization in the humid tropics of South East Asia*, Royal Society, Brisbane, pp. 130-139.

Stuart, J. W., 1993, "Contribution of Dooryard Gardens to Contemporary Yucatecan Maya Subsistence", en *Biótica*, nueva época, 1, pp. 53-62.

Torquebiau, E., 1992, "Are Tropical Agroforestry Home Gardens Sustainable?", en *Agriculture, Ecosystems and Environment*, 41, pp. 189-207.

IX. El manejo de la biodiversidad en el desierto: el Valle de Tehuacán-Cuicatlán

ALEJANDRO CASAS, ALFONSO VALIENTE-BANUET,
EDGAR PÉREZ-NEGRÓN Y LEONOR SOLÍS

INTRODUCCIÓN

Aunque los desiertos de México parecen a primera vista porciones de la naturaleza de poca utilidad para los seres humanos, el conocimiento, uso y manejo de la flora y la fauna de las regiones áridas y semiáridas ha sido determinante para la supervivencia y permanencia de numerosas culturas.

Esto resulta cierto de manera muy especial para la región más ecuatorial de la zona desértica mexicana: el llamado Valle de Tehuacán-Cuicatlán, localizado en las fronteras colindantes de Puebla y Oaxaca.

En este capítulo se examina el papel de los recursos biológicos de las zonas áridas en la subsistencia campesina, tomando como ejemplo el Valle de Tehuacán-Cuicatlán. Se presenta un panorama de los recursos biológicos aprovechados en el área, de las técnicas de manejo que desarrollaron las culturas locales para optimizar su aprovechamiento, del impacto humano sobre la diversidad biológica, así como de las perspectivas de su conservación futura.

LAS ZONAS ÁRIDAS DE MÉXICO Y SU DIVERSIDAD BIOLÓGICA

Aproximadamente la mitad de la superficie de los hábitats terrestres de México se encuentra en zonas áridas y semiáridas (Rzedowski,

1993; Toledo y Ordóñez, 1993). Se considera como una zona árida aquella en donde la precipitación pluvial es baja e impredecible, con 400 mm o menos de lluvia anual y de 8 a 12 meses de sequía; mientras que las zonas semiáridas son aquellas en las que anualmente caen precipitaciones de 400 a 700 mm y tienen de 6 a 8 meses de sequía (Toledo y Ordóñez, 1993). En estas regiones se registran altos niveles de radiación solar y temperaturas extremas, elevadas durante el día y bajas durante la noche. La predominancia de estos ecosistemas en nuestro país se debe, en buena medida, a que el territorio nacional se ubica dentro de la franja mundial de los desiertos, pero también se debe a la presencia de grandes cadenas montañosas, como las Sierras Madre Oriental y Occidental que, debido a su elevación, capturan una elevada proporción de la humedad y acarrean los vientos provenientes de los océanos, reduciendo así los niveles de humedad de los territorios vecinos y generando lo que se conoce como "sombra de lluvia".

FIGURA IX.1 *Localización geográfica de las zonas áridas de México* (con base en Rzewdoski, 1978)

Desierto sonorense
Desierto Chihuahuense
Valle de Tehuacán-Cuicatlán

Las principales zonas desérticas del país son el desierto chihuahuense, que incluye las zonas áridas queretano-hidalguenses; el sonorense, que incluye las zonas áridas de Baja California, y el poblano-oaxaqueño, este último también conocido como Valle de Tehuacán-Cuicatlán (Valiente-Banuet *et al.*, 1990) (fig. IX.1). Estas regiones de México albergan una extraordinaria diversidad biológica y un elevado porcentaje de especies que son exclusivas de tales áreas, es decir, son endémicas. Así, por ejemplo, Rzedowski (1993) estimó que en las zonas áridas y semiáridas de México existen aproximadamente seis mil especies de plantas vasculares, lo que constituye alrededor de 20% de la flora de México, de las cuales alrededor de 60% son endémicas. Este patrón de alta diversidad se puede apreciar también para otros grupos de organismos (cuadro IX.1).

Los seres vivos que habitan los desiertos poseen características adaptativas que les permiten mantenerse en las condiciones de sequía y temperaturas extremas. Algunas plantas, por ejemplo, tienen un ciclo de vida muy corto, permaneciendo la mayor parte del año en forma de semillas, las que germinan y desarrollan plantas que pueden alcanzar la madurez reproductiva y la muerte en intervalos de unas cuantas semanas, de acuerdo con la duración del periodo de lluvias. Las hojas de las hierbas del desierto pueden encontrarse plegadas o enrolladas, y los arbustos y árboles pueden carecer de hojas o poseer unas muy pequeñas, o bien, perderlas en la temporada seca para rebrotar sólo cuando aumenta la humedad. Estas plantas generalmente tienen tallos verdes con funciones fotosintéticas.

Numerosas especies presentan ceras en la cutícula o pelos en sus hojas, flores y tallos que protegen a estas estructuras y reducen la transpiración. Todas estas estrategias contribuyen a evitar la pérdida de agua, pero, además, las hojas de numerosas especies de plantas del desierto tienen una fisiología que les permite reducir la evaporación. Otras más, como las cactáceas y las crasuláceas, poseen tejidos de almacenamiento de agua y una reducción de la proporción entre la superficie y el volumen de su cuerpo. Además, las plantas de los desiertos desarrollan extensas redes de raíces superficiales o bien sistemas muy profundos, que les permite aumentar su capacidad de captación de agua. Los animales del desierto

Cuadro IX.1 *Número de especies de plantas, aves, murciélagos y abejas registradas para los desiertos de Norteamérica*

Zona árida	Extensión (km²)	Núm. spp de plantas	Núm. spp de aves	Núm. spp de murciélagos	Núm. spp de abejas	Núm. spp de anfibios y reptiles
Sonorense	275 000	2 634[w]	60	26	109 (13)[y]	69 (43)[x]
Chihuahuense	281 627	3 233[w]	55	25	169 (25)[y]	33 (7)[x]
Baja California	143 790[v]	2 958[v]	—	27	111 (20)[y]	
Tehuacán	10 000	2 621[v]	91	34	36 (2)[y]	59
Total zonas áridas de México		6 000 (60%)	206 (37)[z]	90		
Mojave	54 000	?	45	9	—	
Gran Cañón	254 269	?	44	9	—	

Fuentes: Arizmendi *et al* (2002);[v] Krings (2000);[w] Flores-Villela (1993);[x] Ayala, Griswold y Ballock, (1993);[y] Escalante, Navarro y Peterson, (1993);[z] Fa y Morales (1993) consideran que aproximadamente 90 de las 449 especies de mamíferos de México se encuentran en las zonas áridas y semiáridas.

EL MANEJO DE LA BIODIVERSIDAD EN EL DESIERTO 239

también presentan generalmente una reducida superficie corporal en relación con su volumen, y algunos presentan estructuras anatómicas para el almacenamiento de agua. Su fisiología posee características que les permiten respirar y excretar sin perder demasiada agua, así como soportar relativamente mayores temperaturas que los animales de otras zonas, antes que transpirar para regular su temperatura. La mayoría de las especies tienen hábitos nocturnos y combinan diferentes estrategias de conducta para regular su temperatura corporal. Algunas especies, principalmente roedores, presentan el fenómeno de estivación, que es análogo al de hibernación, mediante el cual los animales se aletargan durante el verano y principios del otoño.

La presencia humana en los desiertos mexicanos

Desde el punto de vista cultural, los arqueólogos y antropólogos han dividido el territorio nacional en dos grandes regiones, Aridoamérica, en la porción norte, y Mesoamérica, en la mitad meridional del país (fig. IX.2). En términos generales, los patrones culturales de los grupos humanos asentados en tales regiones mantuvieron notorias diferencias. Así, mientras las culturas de Aridoamérica se caracterizaron por ser pueblos nómadas cuya subsistencia dependía predominantemente de la caza y la recolección, en Mesoamérica el sedentarismo se desarrolló desde etapas tempranas, a la par del desarrollo de la agricultura hace más de seis mil años (MacNeish, 1992). En esta última región florecieron las grandes civilizaciones de México que dejaron las construcciones monumentales que, hoy en día, es posible apreciar en diferentes áreas del país. No obstante que el término Aridoamérica sugiere que dicha región comprende las zonas áridas y semiáridas de México, lo cierto es que en esa región se encuentran importantes áreas templadas y húmedas en las sierras que la constituyen.

Asimismo, importantes zonas áridas de México se encuentran en la región de Mesoamérica y, por lo tanto, las culturas de los de-

FIGURA IX.2 *Delimitación aproximada de Mesoamérica y Aridoamérica justo antes de la Conquista española* (con base en Matos, 1994)

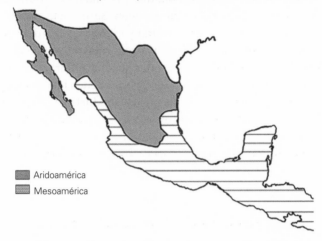

siertos de México lograron desarrollar elementos culturales contrastantes. En particular, el desierto sonorense y la mayor parte del chihuahuense se encuentran dentro del territorio de Aridoamérica, mientras que la porción sureña del desierto chihuahuense, en los actuales estados de Querétaro, Hidalgo y parte de San Luis Potosí y Zacatecas, así como la región del Valle de Tehuacán-Cuicatlán, se encuentran dentro del territorio mesoamericano.

Martínez (1986) estimó que en el actual territorio de México, al momento de la Conquista española, podrían haberse hablado alrededor de 120 lenguas indígenas, pero es difícil saber cuántas de ellas correspondían a culturas que se desarrollaron en Aridoamérica y cuántas que lo hicieron en Mesoamérica. En la actualidad, poco más de la mitad de las culturas indígenas de México habitan las zonas áridas y semiáridas. De un total de 58 grupos étnicos indígenas que habitan el territorio mexicano (Casas *et al.*, 1999 y Toledo *et al.*, 2001) identificaron 30 viviendo en estas zonas (cuadro IX.2).

Para los seres humanos que las han habitado, la supervivencia en las zonas áridas supone la necesidad de resolver importantes problemas en cuanto a las fuentes de agua y alimento, la protección

CUADRO IX.2 *Grupos indígenas que en la actualidad habitan las zonas áridas y semiáridas de México*

Grupo étnico	Estados	Región indígena[1]
1. Chinanteco	Oaxaca	XXId
2. Cora	Nayarit, Jalisco	III
3. Cucapa	Baja California Norte	XXII
4. Cuicateco	Oaxaca	XXIe
5. Guarijío	Sonora, Chihuahua, Sinaloa	II
6. Huasteco	San Luis Potosí, Hidalgo	V
7. Huichol	Nayarit, Jalisco	III
8. Ixcateco	Oaxaca	XXIe
9. Kikapú	Baja California Norte, Coahuila	XXII, XXV
10. Kikiwa	Baja California Norte	XXII
11. Matlatzinca	Michoacán, México	XXVI
12. Mayo	Sinaloa, Sonora	I
13. Mazahua	México	IX
14. Mazateco	Oaxaca	XXId
15. Mixteco	Oaxaca, Puebla, Guerrero	XI, XVI
16. Motocintleco	Oaxaca, Puebla	XI
17. Náhuatl	Oaxaca, Puebla, Guerrero	XII, XVI, XXId
18. Ocuiteco	Michoacán, México	XXVI
19. Otomí	México, Querétaro, San Luis Potosí	VIII, IX
20. Paipai	Baja California Norte	XXII
21. Pame	San Luis Potosí, Querétaro	VIII
22. Pápago	Sonora	XXIV
23. Pima	Chihuahua, Sonora	II, XXIII
24. Popoloca	Puebla, Oaxaca	XI, XXIe
25. Tarahumara	Chihuahua, Sinaloa, Durango	II
26. Tepehuano	Chihuahua, Durango, Nayarit, Jalisco	II, III
27. Tipai	Baja California Norte	XXII
28. Trique	Oaxaca	XXIe
29. Yaqui	Sonora	I
30. Zapoteco	Oaxaca	XXIa

[1] De acuerdo con la clasificación de regiones culturales y ecológicas de Toledo *et al.* (2001).

contra la intensa radiación solar durante el día y de las bajas temperaturas durante la noche, entre otros. Sin embargo, estos problemas no limitaron la ocupación humana de los desiertos. A lo largo de miles de años de historia cultural, los humanos que poblaron tales zonas encontraron soluciones tecnológicas a esos y otros problemas, y construyeron un importante andamiaje cultural que persiste hasta el presente en numerosos pueblos indígenas de México. Las culturas del desierto no sólo encontraron la forma de aprovechar los cuerpos de agua disponibles en las áreas ocupadas (manantiales, arroyos, ríos y lagunas), sino también desarrollaron técnicas para almacenarla y manipularla. Ejemplos de ello lo constituyen los aljibes para el almacenamiento de agua, las terrazas y represas para el control de la pérdida de suelo y agua, así como las presas que permitieron regular el uso del agua en sistemas de irrigación.

Entre los restos más antiguos de presas hidráulicas (alrededor de tres mil años de antigüedad) destaca la presa de Purrón, cerca de Coxcatlán, Puebla, dentro del valle de Tehuacán. Otros problemas de la supervivencia en los desiertos han sido resueltos a partir del aprovechamiento de recursos biológicos, de manera que el conocimiento de tales recursos, de sus propiedades y el desarrollo de técnicas para su manipulación han sido prolíficos entre los pueblos de las zonas áridas. La caza, la recolección, la agricultura y el manejo silvícola, son todas actividades que han permitido a los pueblos del desierto aprovechar una considerable diversidad de especies de flora y fauna. Así, por ejemplo, entre los seri del desierto sonorense, Felger y Moser (1985) documentaron alrededor de 400 especies de plantas utilizadas en la alimentación, en el tratamiento de enfermedades, para elaboración de vestido, la construcción de las viviendas y otras necesidades culturales. En las zonas áridas de Chihuahua, Durango, Sonora y Baja California, entre los tepehuanos, tarahumaras, pimas y pápagos, Pennington (1963, 1969 y 1980) y Nabhan (1982) documentaron alrededor de 600 especies de plantas útiles. Entre los coras, Gispert y Rodríguez (1998) documentaron 154 especies de plantas comestibles y medicinales. Para el valle de Tehuacán, Casas et al. (2001) documentaron poco más de 800 especies de plantas útiles, y estudios recientes han identificado ya cerca de 1 300 especies útiles para esta región. De manera que, en la actualidad, las culturas de los desiertos mexicanos utilizan alrededor de 2 000 especies de plantas, es decir, por lo menos una tercera parte del total de especies de flora desértica y semidesértica.

El Valle de Tehuacán-Cuicatlán

Localización y clima

El Valle de Tehuacán-Cuicatlán se encuentra localizado en la parte sudeste del estado de Puebla y noroeste del de Oaxaca (fig. IX.3), y constituye la región árida más del sur de México, en la cual existen pequeños valles como los de Cuicatlán, Tepelmeme y Huajuapan en Oaxaca, y Tehuacán y Zapotitlán en Puebla (Villaseñor *et al.*, 1990).

FIGURA IX.3 *El Valle de Tehuacán-Cuicatlán*

El clima de la región está influido por los vientos alisios durante el verano, los cuales determinan la presencia de lluvias de tipo monsónico en esa época del año, pero también está influido por vientos del oeste durante el invierno. En ocasiones, durante la época invernal, los nortes provocan precipitaciones en las partes más altas de las montañas. La aridez de la región, en gran parte, se debe al fenómeno de sombra de lluvia provocada por la Sierra Madre Oriental, que en esta porción del país se conoce como Sierra de Zongolica. El Valle de Tehuacán-Cuicatlán comprende diferentes tipos de climas, desde los cálidos con precipitación anual de 700 a 800 mm en la porción sudeste del valle, los semicálidos con precipitación anual de 400 a 500 mm en la porción central y oeste de la región, y los templados con 600 mm anuales de lluvia en el noroeste.

Vegetación

La región está constituida por un mosaico de comunidades vegetales que, de acuerdo con Valiente-Banuet *et al.* (2000), se encuentra íntimamente relacionado con la heterogeneidad de climas y de geoformas. Asimismo, siendo una zona montañosa, la gran variedad de ambientes está influida por la altitud, la presencia de abanicos aluviales, las diferencias en orientación e inclinación de las laderas, así como por una litología superficial muy variada, caracterizada por los afloramientos de rocas calizas, areniscas y lutitas y, en menor medida, depósitos de material volcánico.

Hasta el presente se han descrito 29 tipos de asociaciones vegetales para el Valle de Tehuacán-Cuicatlán (Valiente-Banuet *et al.*, 2000). Estas asociaciones han sido agrupadas en seis categorías de acuerdo con la dominancia fisonómica y estructural de las comunidades. Tales categorías son: 1) bosques de cactáceas columnares, constituidos por nueve tipos de asociaciones vegetales; 2) vegetación arbolada de zonas que se encuentran por debajo de los 1 800 m de altitud, con siete tipos de asociaciones vegetales; 3) vegetación arbolada de montaña, en zonas que se encuentran por arriba de los

1 900 m y de la que existen cinco tipos de asociaciones vegetales; 4) vegetación asociada a ríos o manantiales con agua permanente, que incluye dos tipos de vegetación acuática; 5) matorrales espinosos, con cuatro variantes; 6) matorrales esclerófilos, con dos asociaciones vegetales. Estas 29 asociaciones vegetales alojan una considerable riqueza de especies de plantas, y su diversidad es elevada al pasar de una asociación a otra, lo que indica que la heterogeneidad ambiental afecta significativamente la distribución y abundancia de las especies vegetales (Osorio *et al.*, 1996; Valiente-Banuet *et al.*, 2000).

Diversidad biológica

La región destaca como uno de los más importantes reservorios de diversidad biológica de las zonas áridas de Norteamérica. Existe una sobresaliente riqueza de especies de plantas y animales y un considerable número de especies endémicas, como se refiere a continuación.

En cuanto a diversidad florística (cuadro IX.3), se ha registrado en la región un total de 2 621 especies de plantas vasculares, incluyendo musgos, helechos, gimnospermas y angiospermas (Dávila *et al.*, 2002). Debido a que se trata de una región árida, los musgos

CUADRO IX.3 *Riqueza florística del Valle de Tehuacán-Cuicatlán* (con base en Dávila *et al.*, 2002)

Jerarquía taxonómica	Grupo taxonómico	Número de taxa	Géneros	Especies
Familias	Musgos	—	28	57
	Helechos	15	47	156
	Gimnospermas	4	5	9
	Angiospermas	161	862	2 521
	(Monocotiledóneas)	(33)	(183)	(509)
	(Dicotiledóneas)	(128)	(679)	(2 012)

y helechos son escasos, encontrándose principalmente en grietas y en cañadas con humedad constante a lo largo del año, así como en las partes templadas con mayor humedad de la región. Las gimnospermas comprenden diferentes especies de pino que se encuentran en los bosques templados por arriba de los 2 000 m de altitud. También se incluyen los enebros o sabinos (*Juniperus spp*), que generalmente se establecen en ambientes de transición entre la vegetación xerófita y los pinares y encinares. Las angiospermas tienen representantes, tanto en climas templados como en los calientes áridos, lo cual se ve reflejado en su gran diversidad, tanto de monocotiledóneas como de dicotiledóneas. Al comparar la riqueza florística del Valle de Tehuacán-Cuicatlán con la de otras zonas áridas de México, resulta ser una de las más sobresalientes (cuadro IX.1).

Hay pocos estudios sobre la diversidad de insectos de la región; sin embargo, se han reportado 24 especies de chinches (*coreidae*) y 36 especies de abejas, dos de ellas endémicas. Ríos-Casanova *et al*., (2004) reportan 28 especies de hormigas. Las abejas han sido reconocidas como los polinizadores principales de algunas cactáceas globosas de los géneros *Echinocactus*, *Ferocactus* y *Mammillaria*, entre otros, así como de cactáceas columnares como *Polaskia spp*, *Myrtillocactus spp* y *Escontria chiotilla* y de nopales, arbustos y árboles como el huizache (*Acacia spp*) y los mezquites (*Prosopis laevigata*).

Con respecto a los anfibios y reptiles, un estudio llevado a cabo por Canseco (1996) en la cañada de Cuicatlán registró 11 especies de anfibios y 48 de reptiles, entre ellas ocho especies endémicas de Oaxaca. En cuanto a la diversidad de aves para la región, el trabajo de Arizmendi y Espinosa de los Monteros (1996) registró 91 especies en localidades con bosques de cactáceas columnares y selvas bajas caducifolias, 10 de ellas endémicas de la cuenca del Río Balsas y del Valle de Tehuacán-Cuicatlán. La avifauna de Tehuacán es más rica que la del desierto sonorense y del chihuahuense, no obstante que la extensión de estos últimos es mayor (cuadro IX.1).

Un inventario preliminar de mamíferos del Valle de Tehuacán, llevado a cabo por Rojas-Martínez y Valiente-Banuet (comunicación personal), registra cerca de 60 especies, de los cuales el grupo mejor conocido es el de los murciélagos. Rojas-Martínez y Valiente-Banuet (1996) encontraron 34 especies de murciélagos en el valle, riqueza que resulta muy alta comparada con la de otros desiertos de Norteamérica de mayor extensión (cuadro IX.1).

Diversidad cultural

Coexisten en la región siete grupos étnicos indígenas (nahuas, popolocas, mixtecos, ixcatecos, mazatecos, cuicatecos y chinantecos), constituyendo cerca de 30 por ciento de los 650 mil habitantes del área (Casas *et al.*, 2001). Se encuentran además numerosas comunidades campesinas mestizas, frecuentemente entrelazadas con las comunidades indígenas, así como algunas comunidades negras en la región de la cañada. La historia cultural en la zona tiene una antigüedad de alrededor de 10 mil años, de acuerdo con los famosos estudios arqueológicos llevados a cabo en Tehuacán por Richard S. MacNeish durante la década de los sesenta (MacNeish, 1992). A lo largo de esta historia, la flora y la fauna local han sido cruciales en la subsistencia humana, como se puede apreciar en el cuadro IX.4, y en el proceso se han acumulado conocimientos del entorno natural, así como estrategias de utilización y manejo de sus elementos. Numerosas especies de plantas y animales distribuidas en los 29 escenarios diferentes de vegetación han estado sujetas a una continua interacción con comunidades humanas desde las primeras etapas de ocupación de la zona (cuadro IX.5). Tan considerable diversidad biológica y cultural, así como el largo periodo de interacción entre sociedad y naturaleza, determinan que la región sea una de las áreas de Mesoamérica con mayor riqueza de conocimientos etnobiológicos (Casas *et al.*, 2001).

CUADRO IX.4 *Recursos vegetales encontrados en restos arqueológicos en el valle de Tehuacán* (con base en MacNeish, 1967, y Casas *et al.*, 2001)

Familia	Especie	11 000[1]	8 500[2]	6 200[3]	4 900[4]	3 200[5]	2 550[6]	2 250[7]	1 100[8]	880[9]	Uso actual
Agavaceae	Agave karwinskii		X	X	X	X	X	X	X	X	6, 7, 8, 15
	A. aff. kerchovei		X	X	X	X	X	X	X	X	2, 8, 11
	A. aff. ghiesbrechti		X	X	X	X	X	X	X	X	2, 8
Amaranthaceae	Amaranthus aff. cruentus	X	X	X	X	X	X	X	X	X	1, 2
	A. aff. leucocarpus	X	X	X	X	X	X	X	X	X	1, 2
Anacardiaceae	Cyrtocarpa procera	X	X	X	X	X	X	X	X	X	1, 2, 3, 4, 5, 7, 11, 12
	Spondias mombin		X		X	X	X		X	X	2, 4, 11, 16
Apocynaceae	Plumeria rubra			X	X				X	X	1, 2, 4, 6, 13
	Thevetia peruviana				X				X	X	3, 4, 6, 10
Arecaceae	Acrocomia mexicana		X	X	X			X	X	X	2, 5, 6
	Brahea dulcis	X	X						X	X	2, 5, 6, 11
Asteraceae	No identificadas										4
Bignoniaceae	Crescentia cujete		X	X	X			X	X	X	11
Bombacaceae	Ceiba parvifolia		X	X	X	X	X	X	X	X	1, 2, 8
Bromeliaceae	Hechita sp				X			X	X	X	1, 2, 3, 8
	Tillandsia usneoides								X	X	1, 6
	T. dasylirifolia			X	X			X	X	X	1, 2, 4
Cactaceae	Cephalocereus columna-trajani		X	X	X		X	X	X	X	1, 2, 3, 5
	Echinocactus platyacanthus										1, 2

Family	Species							References
	Escontria chiotilla				X	X	X	1, 2, 3, 5, 15
	Mammillaria sp				X	X	X	1, 2
	Myrtillocactus geometrizans		X	X	X	X	X	1, 2, 3, 7, 15
	Opuntia sp	X	X	X	X		X	1, 2, 3, 15
	Pachycereus hollianus		X	X	X		X	1, 2, 3, 7, 15
	P. weberi				X	X		1, 2, 3, 5
	Stenocereus stellatus			X	X	X	X	1, 2, 3, 7, 9, 15
Cucurbitaceae	*Cucurbita argyrosperma*	X		X	X	X	X	1, 2, 4, 12
	C. moschata			X	X	X	X	1, 2, 4, 12
	C. pepo	X		X	X	X	X	1, 2, 4, 12
	Lagenaria siceraria		X	X	X	X	X	11
Cycadaceae	*Dioon edule*		X	X	X	X	X	6
Dioscoreaceae	*Dioscorea sp*			X		X	X	2
Ebenaceae	*Diospyros digyna*		X	X	X	X	X	2, 4, 5, 6, 10
Euphorbiaceae	*Jatropha sp*	X		X	X	X	X	2
	J. neopauciflora				X	X	X	2
Fagaceae	*Quercus sp*			X	X	X		2, 3, 4, 5
Lauraceae	*Persea americana*	X		X	X	X	X	2, 4, 10, 11
Leguminosae	*Arachys hypogaea*				X	X	X	1, 2, 3, 12, 15
	Caesalpinia velutina		X					3, 5
	Canavalia villosa			X	X			2, 4
	Leucaena esculenta		X	X	X	X	X	1, 2, 3, 4, 5, 7, 15
	L. pueblana		X	X	X	X	X	1, 2
	Prosopis laevigata	X	X	X	X	X	X	1, 2, 3, 4, 5, 13

Familia	Especie	11 000[1]	8 500[2]	6 200[3]	4 900[4]	3 200[5]	2 550[6]	2 250[7]	1 100[8]	880[9]	Uso actual
Malvaceae	Gossypium hirsutum		X				X		X	X	1, 2, 4, 8, 12
Malpighiaceae	Malpighia sp			X	X			X	X		2
Myrtaceae	Psidium guajava							X	X	X	2, 4, 5, 11, 21
Nolinaceae	Beaucarnea gracilis			X				X	X	X	5, 6
	Yucca periculosa		X	X	X		X	X	X	X	2, 3, 8, 11
Poaceae	No identificadas			X	X	X	X	X	X	X	1
	Setaria aff. machrostachya	X	X	X	X			X	X	X	1, 2
	Zea mays			X	X	X	X	X	X	X	1, 2, 4
Rhamnaceae	Zizyphus pedunculata								X	X	5, 12
Rutaceae	Casimiroa edulis			X	X			X	X	X	2, 4, 5, 10, 12, 17
Sapotaceae	Sideroxylon palmeri		X	X	X		X	X	X	X	1, 2
	S. aff. capiri								X	X	1, 2
Selaginellaceae	Selaginella sp							X	X	X	4
Solanaceae	Capsicum annuum		X	X	X			X	X	X	2, 4, 10, 22
	Physalis philadelphica							X	X		1, 2, 4
Vitaceae	Cissus sp			X	X			X	X	X	4, 12

Fases: Ajuereado,[1] El Riego,[2] Coxcatlán,[3] Abejas,[4] Purrón,[5] Ajalpan,[6] Santa María,[7] Palo Blanco,[8] Venta Salada.[9]

Cuadro IX.5 *Variación temporal en los componentes de la dieta humana en el Valle de Tehuacán* (con base en MacNeish, 1967)

Fase	Antigüedad (años antes del presente)	Caza (%)	Recolección (%)	Cultivo (%)
El Riego	8 500	54	41	5
Coxcatlán	6 200	54	41	5
Abejas	4 900	30	49	21
Ajalpan	3 200	27	18	55
Santa María	2 550	25	17	58
Palo Blanco	2 250	18	17	65
Venta Salada	880	17	8	75

Uso y manejo de la diversidad florística

El inventario de los recursos vegetales arroja hasta el presente un total de 1 300 especies de plantas útiles (cuadro IX.6). Si se comparan esta cifra y la extensión del valle con los datos reportados para otras regiones del país (cuadro IX.7), podrá apreciarse que el Valle de Tehuacán-Cuicatlán es una de las regiones de México con mayor riqueza en recursos vegetales y en conocimientos tradicionales sobre ellos, reflejando una larga interacción entre las culturas y la flora. Del total de especies registradas hasta el momento, cerca de 10% son especies introducidas de otros continentes o de otras regiones de México, y 90% son especies nativas, de las que 50 son endémicas. Estas cifras permiten apreciar la importancia de la región por la existencia de plantas útiles únicas en el mundo.

La mayor parte de los recursos vegetales de la región son obtenidos a partir de la recolección, lo que implica cosechar los productos de las poblaciones naturales de plantas (cuadro IX.8). Pero también se han encontrado diferentes formas de manejo *in situ* de poblaciones y comunidades vegetales silvestres que se encuentran sujetas a una alteración deliberada por parte de la gente. Se dejan

CUADRO IX.6 *Formas de uso de las 1 300 especies de plantas útiles del Valle de Tehuacán-Cuicatlán*

Forma de uso	Núm. de spp
Forrajeras	723
Comestibles	306
Leña	207
Medicinales	187
Maderables	81
Ornamentales	77
Construcción	75
Cercas vivas	61
Fibras	33
Bebidas alcohólicas	29
Venenos	27
Artesanías	27
Saponíferas	20
Resiníferas, látex	11
Colorantes	10

en pie, selectivamente, algunas especies y en particular algunos individuos de esas especies, los cuales no sólo son tolerados, sino que en ocasiones son además propagados intencionalmente, y pueden recibir también algunos cuidados especiales, tales como podas, eliminación de herbívoros y competidores (Casas *et al.*, 1997). Finalmente, existe una gran variedad de sistemas de cultivo y selección de plantas en ambientes artificiales fuera de las comunidades silvestres originales y bajo condiciones ambientales y culturales muy específicas. Estas formas de manejo son una importante base para el desarrollo de nuevas tecnologías de aprovechamiento de los recursos locales.

Un grupo de plantas que hemos estudiado con mayor detalle y que permite ilustrar la combinación de estrategias de manejo, son las cactáceas columnares. El Valle de Tehuacán es un escenario de considerable diversidad y abundancia para estas plantas, de las

CUADRO IX.7 *Diversidad de especies de plantas útiles en el Valle de Tehuacán-Cuicatlán y en otras regiones de México (con base en Casas et al., 2001)*

Zona ecológica[1]	Región	Núm. de especies útiles	Superficie (km²)
Tropical húmeda	Sierra Norte de Puebla	720	13 000
Templada subhúmeda	Lago de Pátzcuaro	300	1 000
Tropical húmeda	Los Tuxtlas	274	
Tropical húmeda	Uxpanapa	325	5 000
Tropical húmeda	Selva Lacandona	415	13 000
Tropical húmeda	Sian Ka'an	316	5 280
Tropical subhúmeda/húmeda	Península de Yucatán	1 000	140 056
Templada/tropical subhúmeda	Montaña de Guerrero	430	11 000
Árida/semiárida	Valle de Tehuacán	1 300	10 000

[1] Definidas de acuerdo con Toledo y Ordóñez (1993).

CUADRO IX.8 *Formas de manejo de plantas útiles en el Valle de Tehuacán-Cuicatlán*

Estatus ecológico	Recolec-ción	Manejo in situ	Cultivo	Total
Silvestres	1 096	65	74	1 096[4]
Arvenses y ruderales	176	17	8	176[4]
Domesticadas	—	?	93	93
Total	1 136[1]	85[2]	185[3]	1 300[4]

[1] La suma no es directa, ya que 94 especies silvestres tienen variantes arvenses y ruderales.

[2] La suma no es directa, ya que 16 especies silvestres manejadas *in situ* tienen variantes arvenses y ruderales.

[3] La suma no es directa, ya que de las especies silvestres cultivadas, una tiene una variante ruderal, 18 tienen variantes domesticadas y una tiene variantes tanto ruderales como domesticadas. Además, porque tres plantas ruderales cultivadas tienen variantes domesticadas. Y, finalmente, porque 35 especies de plantas cultivadas introducidas no presentan signos de domesticación.

[4] La suma no es directa, porque el número de especies silvestres, arvenses y ruderales son tanto recolectadas como manejadas *in situ* o cultivadas.

que se han registrado 20 especies. Existe evidencia arqueológica de que estas plantas fueron utilizadas por la gente desde las primeras fases de ocupación humana de la región, y que fueron de las principales constituyentes de la dieta humana durante miles de años, y son hasta el presente un importante componente de la cultura humana del área. Los frutos de todas las especies son comestibles y, junto con sus tallos, son utilizados como forraje para cabras, vacas y burros. Las semillas de algunas especies se muelen para preparar una pasta comestible o para preparar salsas. Los botones florales y los tallos tiernos de algunas especies también son comestibles. La madera de las cactáceas columnares gigantes se utiliza comúnmente en la construcción de techos y cercas de las casas. Algunas especies se utilizan para cercas vivas y bordos de contención en terrazas (Casas *et al.*, 1999).

La recolección de productos útiles es una práctica común en las poblaciones silvestres de todas las especies. Pero 16 especies son sujetas a formas de manejo silvícola *in situ*, mediante el cual los campesinos dejan en pie algunos individuos cuando talan la vegetación, y promueven su abundancia por medio de propagación vegetativa (Casas *et al.*, 1999). Debido a que los individuos así tolerados compiten por espacio con las plantas cultivadas, la gente selecciona cuáles especies y, en particular, cuáles individuos son las mejores para tolerarse, de acuerdo con su utilidad y con la calidad de sus frutos. La gente deja en pie los individuos con frutos más grandes, con sabor más dulce, con cáscara delgada y pocas espinas. Además, once especies son cultivadas en las huertas, principalmente por medio de propagación vegetativa (Casas *et al.*, 1999).

Los frutos son las partes usadas principalmente; y el tamaño, color y sabor de su pulpa, así como el grosor y la cantidad de espinas de su piel son los principales objetivos de la selección artificial, para favorecer las especies o los individuos con mejores características utilitarias. La selección artificial se lleva a cabo identificando, primero, los individuos con las características deseables y después, aumentando su número por medio de propagación vegetativa; pero también se lleva a cabo cuando las plantas con características deseables se dejan en pie cuando se clarean los terrenos, así como cuando las plántulas son dejadas en pie en las poblaciones cultivadas. Así, la selección artificial puede actuar en especies que son cultivadas y también en las que se encuentran bajo manejo *in situ*.

Estos estudios permiten apreciar que las culturas locales no sólo han cosechado la diversidad biológica de la región, sino que además la han moldeado a nuevos ambientes artificiales y a diferentes propósitos culturales. La diversidad biológica que se mantiene en sitios antropogénicos (campos de cultivo, huertas, acahuales) suele ser alta, y la mayor parte son recursos útiles (Casas *et al.*, 2000). Su conservación y mantenimiento es de gran importancia, pues en ella se encuentran recursos genéticos únicos en el mundo. La diversidad genética que de cada especie maneja el hombre también es de gran importancia. Cuando el hombre domestica plantas, manipula una pequeña porción de la variabilidad genética de la especie domesticada. No obstante, en algunos casos de cactáceas columnares estudiados, como en *Stenocereus stellatus*, la información indica que en las áreas antropogénicas puede concentrarse una diversidad genética, tanto o más alta que la existente en poblaciones silvestres. Además, existen ahí variantes e híbridos únicos, incapaces de sobrevivir en condiciones naturales. Así, el manejo humano incluye la manipulación de una parte de la diversidad biológica y mecanismos artificiales para lograr su mantenimiento o, en algunos casos, incluso aumentar los niveles de diversidad.

Uso y manejo de la diversidad faunística

Los usos y manejo de la fauna en la región han sido menos documentados que los de la flora. Sin embargo, los estudios arqueológicos de la prehistoria y algunos estudios etnobiológicos ilustran que, tanto en el pasado como en el presente, numerosas especies de vertebrados e invertebrados han sido muy importantes en la subsistencia humana, si bien la domesticación de animales en la región, como en el resto de Mesoamérica, se limitó al perro y al guajolote.

Los primeros registros de restos animales asociados a los restos humanos fueron los publicados por Flannery (1967), y entre ellos se incluyen reptiles como tortugas, iguanas y lagartijas, 10 especies de aves y más de 20 especies de mamíferos (cuadro IX.9). Muchas de estas especies son aún comunes en el valle, mientras que otras, como los pumas, jabalíes y venados, son cada vez más escasas, y en algunas áreas se han extinguido.

En la actualidad, el uso y manejo de la diversidad faunística incluye insectos, reptiles, aves y mamíferos como alimento o medicina. Desafortunadamente, son muy pocos los estudios que se han realizado sobre estos temas. Uno de estos trabajos fue realizado en la parte alta de la región de la cañada de Cuicatlán, en una comunidad cuicateca (Solís, 2005). En ese trabajo se documentó el

CUADRO IX.9 *Recursos animales encontrados en restos arqueológicos en el Valle de Tehuacán (Flannery 1967, y en la actualidad Solís, 2005)*

Especie	Nombre común	Años de antigüedad									Uso actual
		11 000[1]	8 500[2]	6 200[3]	4 900[4]	3 200[5]	2 550[6]	2 250[7]	1 100[8]	880[9]	
Insectos											
Atta mexicana	chicatana										1
Lepidoptera											
Fam. Saturniidae	gusano del jonote										1
Reptiles											
Kinosternon integrum	tortuga		X	X	X		X		X		
Gopherus berlandieri	tortuga del pleistoceno	X									
Iguana iguana	iguana verde							X	X	X	1
Ctenosaura pectinata	iguana negra							X	X	X	1
Ameiva Udulata	lagartija	X	X	X			X	X	X	X	
Sceloporus grammicus	lagartija										1
Crotalus basiliscus	víbora de cascabel								X		1, 2
Aves											
Anas cyanoptera	pato canela										
Colinus virginianus	codorniz	X	X					X			1
Meleagris gallipavo	pavo silvestre										
Charadrius vociferus	chichicuilote										

Especie	Nombre común	11 000[1]	8 500[2]	6 200[3]	4 900[4]	3 200[5]	2 550[6]	2 250[7]	1 100[8]	880[9]	Uso actual
Zenaida asiática	palomas		X		X		X		X		1
Zenaida macroura	palomas										1
Leptotilla cassinrii	torcaza										1
Columbina passerina	palomas		X		X		X		X		
Tyto alba	lechuza			X							
Caprimulgus ridgwayi	chotacabras									X	
Chordeiles acutipennis	chotacabras										
Corvus corax	cuervo							X		X	
Mamíferos											
Didelphys marsupiales	tlacuaches										2
Artibeus jamaicensis	murciélago									X	
Eptesicus fuscus	murciélago									X	
Lepus callaotis	liebres										
Sylvilagus spp	conejos	X									1
Spermophilus sp	ardillas	X									
Sciurus spp	ardillas										1

Especie	Nombre común	Ajuereado[1]	El Riego[2]	Coxcatlán[3]	Abejas[4]	Purrón[5]	Ajalpan[6]	Santa María[7]	Palo Blanco[8]	Venta Salada[9]	Usos
Hetorogeomys sp	ratones			X							
Cratogeomys sp	ratones										
Dipodomys spp	ratones										
Lyomis spp	ratones			X			X	X	X	X	
Peromiscus spp	ratones			X	X		X	X	X	X	
Neotoma sp	ratas			X	X		X	X	X	X	
Canis sp	coyotes			X	X		X			X	2
Urcyon spp	zorros			X	X			X	X	X	
Bassariscus astutus	cacomixtle			X							
Nasua narica	tejón						X				1
Procyon lotor	mapaches						X	X			1
Spilogale sp	zorrillos			X	X	X	X	X	X	X	1, 2
Conepatus sp	zorrillos			X	X	X	X	X	X	X	
Maphitis macroura	zorrillos										1, 2
Felis concolor	puma			X				X			
Lynx rufus	gato montes			X							
Pecari tajacu	jabalíes			X	X		X	X	X	X	1
Aguti paca	tepezcuincle										1
Odoicoleus virginianus	venados			X	X		X	X	X	X	1, 2

Fases: Ajuereado,[1] El Riego,[2] Coxcatlán,[3] Abejas,[4] Purrón,[5] Ajalpan,[6] Santa María,[7] Palo Blanco,[8] Venta Salada.[9] Usos: 1 = comestible, 2 = medicinal.

uso de, al menos, cuatro especies de insectos. Una de ellas es la hormiga llamada chicatana (*Atta mexicana*), que se recolecta durante el solsticio de verano, con el inicio de la temporada de lluvias, cuando las hormigas reinas salen del hormiguero y entonces son colectadas.

Las chicatanas se preparan asadas y en salsas, platillo que, debido a su alta calidad nutrimental y su sabor, es muy valorado por los pobladores. Otro insecto útil es el gusano del jonote, la larva de una mariposa (perteneciente a la familia *saturniidae* del orden *Lepidoptera*) que se alimenta de las hojas del árbol *Heliocarpus velutina*. La recolección de esta larva tiene lugar durante los meses de agosto y septiembre, y su preparación consiste en poner a secar los gusanos al sol y posteriormente asarlos en el comal. Solís (2005) encontró que 83% de los pobladores de la comunidad cuicateca, donde realizó su estudio, practican la recolección tanto de chicatana como de gusano del jonote cada año. Otro recurso producido por insectos es la miel (al menos se incluye la producida por *Apis mellifera* y *Mellipona spp*), cuya recolección es una actividad ocasional, cuando se detecta un panal durante las actividades cotidianas. Sin embargo, 76% de los pobladores de la comunidad estudiada recolectan miel cuando menos una vez al año (Solís, 2005).

Entre los reptiles utilizados en la actualidad, se cuenta con una especie de lagartija (*Sceloporus grammicus*) y dos especies de iguana (*Iguana iguana* y *Ctenosaura pectinata*). La recolección de la lagartija se realiza durante el mes de mayo, y es una actividad muy relacionada con la colecta de frutos de pitayas (*Stenocereus pruinosus*) y con la floración de otro cactus conocido como nanabuela (*Pilosocereus chrysacanthus*). Las lagartijas se preparan en caldo, con las flores de la nanabuela o simplemente asadas en las brasas. Las iguanas son atrapadas sobre todo durante el mes de octubre, y se preparan a las brasas, en mole o en barbacoa, aunque su consumo no es muy común en la comunidad estudiada. Las víboras de cascabel (*Crotalus spp*) son apreciadas por su uso medicinal, usándose para tratar cáncer, úlcera y enfermedades del riñón.

Entre las aves que representan alguna utilidad se cuentan las palomas montañeras (*Zenaida asiatica* y *Zenaida macrouora*), las torcazas (*Leptorilla cssinrii*), las chachalacas (*Orthalis poliocephala*) y las codornices (*Colinus virginianus*), todas las cuales son especies comestibles. Sin embargo, no es muy común la cacería de aves. En promedio, una familia, llega a cazar un par de palomas o torcazas al año. Sí es común, no obstante, la recolección de huevos o la captura de polluelos de los nidos, sobre todo de las palomas montañeras, los cuales son incubados y criados en jaulas como mascotas. La guacamaya (*Ara militaris*) y varias especies de colibríes son consideradas medicinales (Solís, 2005).

La cacería de subsistencia se basa principalmente en mamíferos, y continúa siendo una actividad importante entre los pobladores de la región, ya que con base en ella complementan su alimentación, pues en las comunidades rurales es bajo el consumo de carne de ganado. Los animales que actualmente se cazan con mayor frecuencia son el tejón (*Nasua narica*), el venado cola blanca (*Odoicolus virginianus*), diversas especies de ardilla (*Sciurus spp*), la zorra (*Urocyon cinereoargentus*), el conejo (*Sylvilagus sp*), el armadillo (*Dasypus novemicinctus*), dos especies de zorrillo (*Spilogale putorus* y *Maphitis macrura*), el tlacuache (*Didelphys virginiana*), el mapache (*Procyon lotor*), el jabalí (*Tayassu tajacu*) y el tepezcuincle (*Aguti paca*). Algunos mamíferos son considerados medicinales, como es el caso del coyote, que se usa para tratar enfermedades del riñón y el pulmón; el zorrillo, para tratar la tos, alergias y enfermedades del riñón. El armadillo y el tlacuache se utilizan para preparar infusiones que facilitan los partos.

IMPACTO HUMANO SOBRE LA DIVERSIDAD BIOLÓGICA

Los ecosistemas de la región se encuentran en continua transformación, debido a las diferentes prácticas productivas que lleva a cabo la gente. Algunas prácticas como, por ejemplo, la extracción de recursos del bosque, se han llevado a cabo desde las primeras fases de ocupación humana de la región hace alrededor de 10 mil años; otras, como la agricultura, se han realizado desde hace aproximadamente de nueve mil años, aumentando paulatinamente su peso específico en la economía de las unidades familiares del área. Otras, como la ganadería, se han practicado durante los siglos posteriores a la Conquista española, acumulando un impacto paulatino sobre el paisaje. Sin embargo, durante el siglo xx y hasta el presente, el impacto fue particularmente intenso debido al aumento del área utilizada para prácticas de producción primaria, a la expansión de asentamientos urbanos, al crecimiento de la población, así como a la introducción de nuevas tecnologías y prácticas productivas.

Las prácticas que implican mayores riesgos en la actualidad son:

1) La agricultura, que ha transformado completamente los valles aluviales y parcialmente las laderas ocupadas por bosque tropical caducifolio, bosque de encino y de pino. Esta práctica se inició en la prehistoria (MacNeish, 1992), y después de la Conquista española, la mayor parte de las tierras irrigadas fue utilizada para cultivos comerciales, lo que determinó un aumento en la apertura de terrenos de cultivo en las laderas de los cerros, para el cultivo de granos básicos. Esta presión ha aumentado durante el último siglo debido al crecimiento de la población y al cambio de estrategias tecnológicas, que determinan un uso más intenso del suelo, aumentando los periodos de uso y acortando los de descanso de la tierra, determinando una mayor apertura de terrenos, erosión significativa de suelos y menores oportunidades para su recuperación.

2) El pastoreo extensivo de cabras dentro de las áreas forestales, sobre todo en áreas con matorral xerófilo y bosque tropical caducifolio. El daño se debe principalmente al consumo de arbustos y árboles pequeños que funcionan como nodrizas para el establecimiento de plántulas de numero-

sas plantas suculentas, así como de plántulas de un amplio espectro de especies. La magnitud del impacto es considerable en donde la conducción de los hatos se practica en áreas reducidas.

3) La extracción de madera y otros productos forestales. Entre éstos se cuentan aproximadamente 200 especies de plantas que son utilizadas como combustible para consumo doméstico y para la manufactura de cerámica y ladrillos. También se incluye en esta práctica la extracción de madera y otros productos para la construcción (escapos de *Agave spp*, tallos de carrizo y otate, hojas de la palma *Brahea dulcis*, tejido vascular de cactáceas columnares gigantes, entre otras, alrededor de 75 especies), así como la extracción intensiva de productos no maderables de valor comercial (frutos de cactáceas, flores y escapos comestibles de *Agave spp* y sus tallos para elaborar mezcal, orégano, hojas de palma, candelilla, entre otros) (Casas *et al.*, 2001).

La extracción de leña se ha evaluado en varios estudios (Pérez-Negrón, 2002; Echeverría, 2003; Torres, 2004), los que han reportado que, en promedio, una unidad familiar campesina de la región consume anualmente 5.5 toneladas de leña, y en las comunidades rurales prácticamente todas las familias consumen leña. Las actividades de saqueo de recursos con fines de comercialización no han sido cuantificadas, pero debido a que la gente que vive en las comunidades locales informa con frecuencia sobre estas actividades y sobre los volúmenes de recursos que se extraen ("por camiones"), es de esperarse que su impacto sea de consideración.

4) La extracción ilegal de plantas (cactáceas, *Beaucarnea spp*, agaves, entre otras) para su comercialización, principalmente, en los Estados Unidos, Europa y Japón, llegando a constituir verdaderos saqueos que ponen en peligro el mantenimiento de las poblaciones naturales.

Los cambios en los patrones actuales de producción primaria y, en particular, los de explotación forestal, son indispensables para frenar el impacto destructivo en las comunidades vegetales, y para encontrar actividades productivas alternativas a la agricultura y ganadería extensivas.

Uso y mantenimiento de la diversidad

El objetivo central del desarrollo sustentable es satisfacer las necesidades humanas del presente, sin comprometer la capacidad de supervivencia y desarrollo de las generaciones futuras. Ello establece grandes desafíos para la ciencia y para la sociedad en la actualidad. Uno de ellos es cómo utilizar y al mismo tiempo mantener la biodiversidad. Bajo la óptica del manejo de recursos naturales específicos, diversos autores han señalado que el uso máximo sustentable que se puede hacer de un recurso renovable es equivalente a su tasa de renovación. Ejemplos en esta dirección han sido publicados en la literatura científica especializada, tomando como base la construcción y el uso de modelos demográficos, con base en los cuales se han hecho predicciones acerca del efecto de la intensidad del manejo y la consecuente tasa de regeneración poblacional. Otros autores han optado por evaluar si la biología reproductiva de las plantas utilizadas se ve afectada por el aprovechamiento humano y la fragmentación de los hábitats.

No obstante, cada vez resulta más claro que la consideración exclusiva de lo que ocurre a las especies que se aprovechan resulta insuficiente. Así, Valiente-Banuet et al. (1995) plantean que la sustentabilidad del aprovechamiento de un recurso implica, necesariamente, analizar los mecanismos ecológicos que mantienen la diversidad en las comunidades bióticas. Esta propuesta se basa en la consideración de que cada especie reacciona y evoluciona en respuesta a su ambiente, pero a su vez el ambiente reacciona en respuesta a procesos realizados por las especies que aloja. Esta consideración impone la necesidad de entender las complejas interrelaciones

que establecen las especies, cuyo resultado permite el mantenimiento de la biodiversidad total dentro de las comunidades bióticas (Valiente-Banuet y Godínez, 2002). En el caso de los sistemas
desérticos, por varias décadas se consideró que éstos son ecosistemas limitados fundamentalmente por el agua, suponiendo con
ello que el mantenimiento de su biodiversidad depende exclusivamente de los niveles de humedad provistos por las lluvias. Sin
embargo, durante los últimos 20 años, y como producto de un gran
número de investigaciones, se ha determinado que algunas interacciones bióticas son realmente las responsables del mantenimiento de las especies en esas comunidades (Valiente-Banuet *et al.*,
2002). Por ello, en términos del manejo de los recursos naturales, es
claro que el entendimiento de estas interacciones es fundamental
para determinar si las prácticas de aprovechamiento responden a
un objetivo sustentable.

A manera de ejemplo se puede mencionar el caso de los bosques de cactáceas columnares, que en la región incluyen nueve tipos de comunidades vegetales, en las que esas cactáceas son dominantes, alcanzando densidades de hasta 1 800 individuos mayores
de 1 m de altura por hectárea (Valiente-Banuet *et al.*, 2000, 2002).
En estos sistemas habitan, entre otras, 91 especies de aves, 34 de
murciélagos, 28 de hormigas (Ríos-Casanova *et al.*, 2004), así como
aproximadamente 350 especies de árboles y arbustos (Valiente-
Banuet *et al.*, 2000). Muchas de estas especies mantienen interrelaciones ecológicas entre sí en procesos de polinización, dispersión
de semillas y el establecimiento de diversas especies de plantas. En
estos sitios, los habitantes locales hacen un aprovechamiento múltiple de los recursos, por medio de actividades agrícolas, silvícolas, así como pastoriles de ganado caprino. El análisis de la sustentabilidad de tales actividades requiere visualizar que, tanto las
plantas como los animales de esos sistemas, están inmersos en una
compleja trama de interacciones, muchas de ellas de beneficio mutuo. Por ejemplo, nueve especies de murciélagos nectarívoros son
las responsables de la polinización de la mayoría de los cactus columnares, y entre ellas, el murciélago *Leptonycteris curasoae* es el

polinizador más importante. Diversos estudios indican que este murciélago es residente del centro de México y migratorio en el norte, lo que ha derivado en sistemas especializados de polinización por murciélagos en el centro de México y generalistas en el noroeste del país. La producción de frutos ocurre hacia finales de la primavera y durante el verano, cuando tiene lugar la máxima abundancia y riqueza específica de aves y murciélagos, quienes dependen fuertemente del consumo de los frutos y las semillas para su alimentación. Varias de estas especies, como las aves *Melanerpes hypopolius*, *Campylorinchus brunneicapillus*, *C. jocosus*, y de manera preponderante el murciélago nectarívoro *L. curasoae*, consumen los frutos y dispersan las semillas bajo la copa de árboles y arbustos al percharse en las ramas de los mismos. Entre estos organismos se establece una interacción de beneficio mutuo, en la que los dispersores dependen de las plantas para su alimentación, pero al mismo tiempo las cactáceas se regeneran bajo la copa de los arbustos y los árboles, a donde llegan sus semillas debido a la dispersión que de ellas efectúan los murciélagos y las aves que consumen los frutos. Diversos estudios han señalado que la fase de establecimiento de nuevos individuos por semilla es una de las más críticas y sensibles del ciclo de vida de las plantas. Ésta ocurre de manera exitosa bajo el dosel de plantas perennes, dado que en estos sitios se modifican las condiciones microambientales y se favorece la germinación y la sobrevivencia de las plantas juveniles. Entre los efectos positivos que hacen las plantas perennes, llamadas por ello plantas nodrizas, destacan la protección contra la radiación solar directa que redunda en la reducción de las temperaturas, incrementando a su vez la humedad disponible para la germinación y la sobrevivencia de las plantas recién germinadas. Las plantas nodrizas, a su vez, incrementan los niveles de nitrógeno y fósforo como producto de su interacción con los microorganismos del suelo, formando las llamadas "islas de fertilidad", en las que se llega a aumentar la tasa de crecimiento de las especies, permitiéndoles, con esto, evadir más tempranamente los estadios más susceptibles de mortalidad.

Frente a este escenario, en el que las cactáceas columnares dependen de manera estricta de la polinización y dispersión de semillas por murciélagos, es evidente que la afectación de las poblaciones de estos animales tendría un efecto poblacional negativo sobre las cactáceas. De hecho, la producción de pitaya (un cacto comestible) en la región de la mixteca depende de la presencia de estos animales. No obstante, en la actualidad estos animales enfrentan riesgos, como la destrucción por parte de los pobladores locales, de los refugios utilizados por los murciélagos nectarívoros porque los confunden con el vampiro *Desmodus rotundus*, una especie hematófaga que afecta al ganado.

Este animal transmite enfermedades como la tripanosomiasis tanto bovina como equina y el virus de la rabia paralítica, enfermedades con que se asocian pérdidas de hasta de un millón de cabezas al año en Latinoamérica. Durante los últimos años, la asesoría brindada a los pobladores locales ha jugado un papel fundamental para disminuir las prácticas destructivas de los refugios. En todo caso, el problema principal persiste, y en tanto no se cuente con un método de control de las poblaciones del vampiro, no será posible lograr una protección adecuada de los sistemas de polinización de cactáceas columnares más vulnerables de México, así como tampoco se podrá reducir la afectación de los hatos de ganado de los pobladores, los cuales constituyen una base fundamental de su economía (Valiente-Banuet, 2002). De manera similar, los procesos que afectan a las especies de árboles y arbustos reduciendo el dosel vegetal en las comunidades (clareo de la vegetación, pastoreo, incendios) afectan la regeneración, no sólo de cactáceas, sino también de otras especies, ya que cerca de 60 por ciento de las especies de una comunidad se establecen únicamente en estos espacios, y no en sitios abiertos.

A partir de lo anterior, resulta evidente que cualquier proceso que afecte interacciones entre las especies como las descritas, podría afectar el mantenimiento de estas últimas, y llevaría a prácticas de aprovechamiento no sustentables. En consecuencia, el diseño de estrategias sustentables para aprovechar los recursos requiere, necesariamente, del entendimiento cabal de los mecanismos del mantenimiento de la diversidad. Pero las propuestas tecnológicas a este respecto no provienen solamente de la ecología: el conocimiento tradicional también tiene importantes aportes que hacer. Actualmente, en sitios de manejo intensivo, en diferentes localidades del Valle de Tehuacán, los pobladores locales mantienen muchos de estos procesos de manera consciente o inconsciente. En consecuencia, el estudio de las diversas tecnologías campesinas para el manejo de los recursos de esta zona árida es, sin duda, una de las llaves que abrirá la puerta a propuestas de aprovechamiento sustentable, y que permitirá la conservación de esta área tan excepcionalmente diversa e importante.

BIBLIOGRAFÍA

Arizmendi, M. C. y A. Espinosa de los Monteros, 1996, "La avifauna de los bosques de cactáceas en el Valle de Tehuacán", en *Acta Zoológica Mexicana* (nueva serie), 67, pp. 25-46.

Banco Mundial, 2001, Proyecto Corredor Biológico Mesoamericano, Informe No. 21136-ME, Washington, D. C.

Casas, A., J. Caballero, C. Mapes y S. Zárate, 1997b, "Manejo de la vegetación, domesticación de plantas y origen de la agricultura en Mesoamérica", en *Boletín de la Sociedad Botánica de México*, 61, pp. 31-47.

_____, J. Caballero y A. Valiente-Banuet, 1999, "Use, Management and Domestication of Columnar Cacti in South-Central Mexico: A Historical Perspective", en *Journal of Ethnobiology*, 19, pp. 71-95.

_____, A. Valiente-Banuet, J. L. Viveros, J. Caballero, L. Cortés, P. Dávila, R. Lira e I. Rodríguez, 2001, "Plant Resources of the Tehuacan-Cuicatlan Valley, Mexico", en *Economic Botany*, 55(1), pp. 129-166.

_____ y G. Barbera, 2002, "Mesoamerican Domestication and Diffusion", en P. S. Nobel (ed.), *Cacti: Biology and Uses*, University of California Press, California, pp. 143-162.

Casas, A. Valiente-Banuet y J. Caballero, 2002, "Evolutionary Trends in Columnar Cacti under Domestication in South-Central Mexico", en T. H. Flemming y A. Valiente-Banuet (eds.), *Columnar Cacti and their Mutualists: Evolution, Ecology and Conservation*, University of Arizona Press, Tucson, pp. 137-163.

Canseco, L. M., 1996, "Estudio preliminar de la herpetofauna en la Cañada de Cuicatlán y Cerro Piedra Larga, Oaxaca", tesis de licenciatura, Facultad de Biología-Benemérita Universidad Autónoma de Puebla.

Dávila, P., J. L. Villaseñor, R. Medina, A. Ramírez, A. Salinas, J. Sánchez-Ken y P. Tenorio, 1993, *Listados florísticos de México: flora del Valle de Tehuacán-Cuicatlán, México*, Instituto de Biología-UNAM, México.

_____, M. C. Arizmendi, A. Valiente-Banuet, J. L. Villaseñor, A. Casas y R. Lira, 2002, "Biological Diversity in the Tehuacan-Cuicatlan Valley, Mexico", en *Biodiversity and Conservation*, 11, pp. 421-442.

Echeverría, Y., 2003, "Ecología de los recursos vegetales en una comunidad mixteca del Valle de Tehuacán", tesis de licenciatura, Universidad Michoacana de San Nicolás de Hidalgo, Morelia.

Felger, R. S. y M. B. Moser, 1985, *People of the Desert and Sea: Ethnobotany of the Seri Indians*, Arizona University Press, Tucson.

Flannery, K. V., 1967, "Vertebrate Fauna and Hunting Patterns", en D. S. Byers (ed.), *The Prehistory of the Tehuacan Valley. Volume one. Environment and Subsistence*, University of Texas Press, Austin, pp. 132-177.

Gispert, M. y H. Rodríguez, 1998, *Los coras: plantas alimentarias y medicinales de su ambiente natural*, Conaculta/Instituto de Ecología, Semarnap, INI, México.

MacNeish, R. S., 1967, "A Summary of the Subsistence", en D. S. Byers (ed.), *The Prehistory of the Tehuacan Valley. Volume one. Environment and Subsistence*, University of Texas Press, Austin, pp. 290-331.

_____, 1992, *The Origins of Agricultura and Settled Life*, University of Oklahoma Press, Londres.

Martínez, R. J., 1986, *Diversidad monolingüe de México en 1970*, UNAM, México.

Nabhan, G. P., 1982, *The desert smells like rain: A naturalist in Papago Indian country*, North Point Press, San Francisco, California.

O. Osorio, A. Valiente-Banuet, P. Dávila y R. Medina, 1996, "Tipos de vegetación y diversidad β en el Valle de Zapotitlán de Las Salinas, Puebla, México", en *Boletín de la Sociedad Botánica de México*, 59, pp. 35-58.

Pennington, C., 1963, *The Tarahumar of Mexico, their Material Culture and Environment*, University of Utah Press, Salt Lake City.

_____, 1969, *The Tepehuan of Chihuahua, their Material Culture*, University of Utah Press, Salt Lake City.

_____, 1980, *The Pima Bajo of Central Sonora. Volume 1. Material culture*, University of Utah Press, Salt Lake City.

Pérez-Negrón, E., 2002, "Etnobotánica y aspectos ecológicos de las plantas útiles de Santiago Quiotepec, Oaxaca", tesis de licenciatura, Universidad Michoacana de San Nicolás de Hidalgo, Morelia.

Ramírez, G., 2003, "El corredor biológico mesoamericano en México", *Biodiversitas* 47, pp. 4-7.

Rangel, S. y R. Lemus, 2002, "Aspectos etnobotánicos y ecológicos de los recursos vegetales entre los ixcatecos de Santa María Ixcatlán, Oaxaca", tesis de licenciatura, Universidad Michoacana de San Nicolás de Hidalgo, Morelia.

Ríos-Casanova, L., A. Valiente-Banuet y V. Rico-Gray, 2004, "Las hormigas del Valle de Tehuacán (*Hymenoptera: Formicidae*): una comparación con otras zonas áridas de México", en *Acta Zoológica Mexicana*, (nueva serie), 20, pp. 37-54.

Rojas-Martínez, A. y A. Valiente-Banuet, 1996, "Lista anotada de los murciélagos del Valle de Tehuacán-Cuicatlán", en *Acta Zoológica Mexicana*, (nueva serie), 67, pp. 1-23.

Rzedowski, J., 1993, "Diversity and Origins of the Phanerogamic Flora of Mexico", en Ramamoorthy, T. P., R. Bye, A. Lot y J. Fa. (eds.), *Biological Diversity of Mexico: Origins and Distribution*, Oxford University Press, Oxford, pp. 129-146.

Solís, L., 2005, "Etnoecología cuicateca: recursos bióticos y subsistencia campesina", tesis de maestría, México, UNAM.

Toledo, V. M. y M. J. Ordóñez, 1993, "The Biodiversity Scenario of Mexico: A Review of Terrestrial Habitats", en T. P. Ramamoorthy, R. Bye, A. Loty J. Fa (eds.), *Biological Diversity of Mexico: Origins and Distribution*, Oxford University Press, Oxford, pp. 757-777.

Torres, I., 2004, "Etnobotánica y aspectos ecológicos de los recursos vegetales en una comunidad popoloca de la reserva de la biosfera Tehuacán-Cuicatlán", tesis de licenciatura, Universidad Michoacana de San Nicolás de Hidalgo, Morelia.

Valiente-Banuet, A., P. Dávila, M. C. Arizmendi, A. Rojas y A. Casas, 1995, Bases ecológicas del desarrollo sustentable en zonas áridas: El caso de los bosques de cactáceas columnares en el Valle de Tehuacán y Baja California Sur, México, en Anaya, G. M. y C. S. F. Díaz (eds.), *Memorias del IV Curso sobre Desertificación y Desarrollo Sustentable en América Latina y el Caribe*, Colegio de Posgraduados, Montecillo, Estado de México, pp. 20-36.

Valiente-Banuet, A., A. Rojas-Martínez, A. Casas, M. C. Arizmendi y P. Dávila, 1997, "Pollination Biology of Two Columnar Cacti (*Neobuxbaumia mezcalaensis and Neobuxbaumia macrocephala*) in the Tehuacan Valley, Mexico", en *American Journal of Botany*, 84, pp. 452-455.

_____ *et al.*, 1997b, "Pollination Biology of Two Winter-blooming Giant Columnar Cacti in the Tehuacan Valley, Mexico", en *Journal of Arid Environments*, 37, pp. 1-11.

_____, A., A. Casas, A.Alcántara, P. Dávila, N. Flores, M. C. Arizmendi, J. L. Villaseñr y J. Ortega, 2000, "La vegetación del Valle de Tehuacán-Cuicatlán", en *Boletín de la Sociedad Botánica de México*, 67, pp. 24-74.

Valiente-Banuet, A. y H. Godínez, 2002, "Population and Community Ecology", en Nobel, P. S. (ed.), *Cacti: Biology and Uses*, University of California Press, Los Ángeles, California, pp. 91-108.

Valiente-Banuet A., M. C. Arizmendi, A. Rojas-Martínez, H. Godínez-Álvarez, C. Silva y P. Dávila-Aranda, 2002, "Biotic Interactions and Population Dynamics of Columnar Cacti", en T. H. Flemming, and A. Valiente-Banuet (eds.), *Columnar Cacti and their Mu-*

tualists. Evolution, Ecology, and Conservation, University of Arizona Press, Tucson, Arizona, pp. 225-240.

Valiente-Banuet, A., 2002, Vulnerabilidad de los sistemas de polinización de las cactáceas columnares de México, en *Revista Chilena de Historia Natural*, 75, pp. 99-104.

Villaseñor, J. L., P. Dávila y F. Chiang, 1990, "Fitogeografía del Valle de Tehuacán-Cuicatlán", en *Boletín de la Sociedad Botánica de México*, 50, pp. 135-149.

X. La agrobiodiversidad: la diversificación del maíz

PABLO ALARCÓN-CHÁIRES

INTRODUCCIÓN

Se denomina Mesoamérica a la región donde se desarrollaron antiguamente las civilizaciones de lo que hoy es México (centro y sur) y Centroamérica. Mesoamérica también es considerada uno de los centros más antiguos e importantes de domesticación de plantas en el mundo. Los estudios realizados durante varias décadas permiten identificar más de 100 especies de plantas domesticadas (cuadro X.1), lo que convierte a esa región en uno de los escenarios más notables de agrobiodiversidad del planeta.

Hablar de Mesoamérica conlleva inevitablemente a hablar del maíz, el cereal que diferentes culturas consideraron sagrado, y que sustentó momentos de crecimiento y esplendor civilizatorio durante diferentes momentos de la historia. Aún en la actualidad, el maíz continúa siendo un elemento básico dentro de la cosmovisión indígena. Y es que no sólo ha sido el eje de un sistema altamente productivo, que articula otras especies animales y vegetales esenciales para la alimentación humana, a través del despliegue de estrategias productivas que favorecieron la reproducción social y cultural de estos pueblos; también ha modelado una particular cosmovisión indígena que se expresa en diferentes mitos y ritos a lo largo y ancho del territorio mesoamericano, algunos de ellos presentes hasta nuestros días.

Difícilmente podríamos entender la compleja parafernalia ritual de esos pueblos sin tener el referente del maíz. Algunos ejem-

CUADRO x.1 *Plantas domesticadas en Mesoamérica durante la época precolombina*

CEREALES
Panicum sonorum (sauhui)
Zea Mays (maíz)
PSEUDOCEREALES
Amaranthus cruentus (amaranto)
A. leucocarpus (amaranto)
Hyptis suaveolens (chia gorda)
Salvia hipanica (chía)
LEGUMINOSAS
Canavalia ensiformis (haba blanca)
Leucaena collinsi (guaje)
Phaseopus acutifolius (ejotillo, ecomite, teparí)
P. coccineus (ayacote)
P. dumosus (ibes)
P. lunatus (frijol patashete)
P. vulgaris (frijol)
RAÍCES Y TUBÉRCULOS
Bomborea edulis (zarcilla)
Dioscorea spp (barbasco)
Ipomea batatas (camote)
Mainhot esculenta (yuca)

Nopalea spp (nopalito)
Opuntia spp (nopal)
Physalis philadelphica (tomate)
Piper sanctus (hoja santa)
Porophyllum tagetoides (papaloquelite)
Sechium edule (chayote)
Solanum nigrum (chichiquelite)
Vanilla planifolia (vainilla)
FRUTOS Y NUECES
Anacardium occidentale (marañón)
Ananas comosus (piña)
Annona cherimola (chirimoya)
A. diversifolia (ilama)
A. glabra (anona)
A. muricata (anona)
A. reticulata (anona colorada)
A. squamosa (anona)
Arachis hypogaea (cacahuate)
Brosimum alicastrum (ramón)
Byrsonima crassifolia (nanche)
Carica papaya (papaya)

Sambucus mexicana (saúco)
Spondias Bombin (ciruela)
Spondias purpurea (jocote)
ESTIMULANTES
Agave atrovirens (maguey pulquero)
A. mapisaga (maguey manso)
A. salmiana (maguey pulquero)
A. tequiliana (maguey tequilero)
Datura stramonium (toloache)
Lophophora williamsii (peyote)
Nicotiana tabacum (tabaco)
Theobroma angustifolium (cacao)
T. bicolor (cacao blanco o patashte)
T. cacao (cacao)
FIBRAS
Agave fourdroydes (henequén)
A. sisalana (henequén)
Yucca elephantipes (izote espadín)
CERCA VIVA
Gliricidia sepium (cacahuananche)
Pachicereus marginatus (órgano)

Maranta arundinacea (sagú)
Pachyrhizus erosus (jícama)

OLEAGINOSAS

Helianthus annuus (girasol)

VERDURAS Y ESPECIAS

Amaranthus spp (quintonil)
Capsicum Nahum (chile)
C. frutescens (chile)
Chamaedora tepejilote (tepejilote)
C. wendlandiana (pacaya)
Chenopodium ambrosoides (epazote)
C. berkandieri nuttalliae (huazontle)
Cnidoscolus chayamansa (chaya)
Crotolaria longirostrata (chipile)
Cucurbita ficifolia (chilacayote)
C. argyrosperma (calabaza)
C. moschata (calabaza amarilla o de bola)
C. pepo (calabacita)
Leucaena spp (guajes)
Lycopersicum esculentum (jitomate)

Casimiroa edulis (zapote blanco)
C. sapota (matasano)
C. viride (zapote blanco)
Chrysophyllum cainito (caimito)
Crataegus pubescens (tejocote)
Cystocarpa spp (chupandilla)
Diospyros digyna (zapote negro)
Hylocereus undatus (pitaya)
Manilkara zapota (chicozapote)
Mastichodendron spp (chupandilla)
Opuntia spp (nopales-tunas)
Parmentiera edulis (cuajilote)
Persea americana (aguacate)
P. schiedeana (chinini)
Pouteria campechiana (zapote amarillo)
P. hypoglauca (zapote amarillo)
P. sapota (mamey)
Prunus serotina subs. capuli (capulín)
Psidium guajava (guayaba)
P. sartorianum (guayabilla)

Eritrina americana (colorín)
Jatropha curcas (piñoncillo)

ORNAMENTALES

Dalia spp (dalia)
Euphorbia pulcherrima (nochebuena)
Montanoa spp (carablanca)
Polianthes tuberosa (nardo)
Tajetes spp (cempasúchil)
Taxodium mucronatum (ahuehuete)
Tigridia pavonea (oceloxochitl)

OTROS USOS

Bixa orellana (achiote)
Castilla elastica (árbol del hule)
Crescentia cujete (tecomate)
Gossypium hirsutum (algodón)
Indigofera suffruticosa (añil)
Lagenaria siceraria (guaje, bule)
Nopalea cochenillifera (nopal de cochinilla)
Protium copal (copal)

Fuente: Challenger, 1998.

plos de su papel dentro de la cosmovisión mesoamericana es que su cultivo marcaba los ciclos agrícolas a través de ceremonias propiciadoras de la lluvia y la cosecha. Era el maíz la vida en latencia resguardada en el seno de la madre tierra cuya semilla moría para renacer en una plántula, representación de la bonanza del año venidero. Dentro de la mitología de los mayas, que se consideraban a sí mismos como hombres de maíz, se cuenta que la diosa *Xmucane* molió la mazorca que después fue modelada por los dioses con sangre de danta y serpiente para dar origen al hombre de la presente edad cósmica.

Para los nahuas, el nombre del maíz es *toneuhcayotl*, que se puede traducir como "nuestra carne". La representación simbólica de la planta de maíz con el cuerpo humano entre los indígenas mochós de Chiapas, atestigua la profunda identificación indígena con esta planta (fig. X.1). En fin, ejemplos como éstos, con diferentes matices, abundan en cada una de las culturas que se han desarrollado en Mesoamérica, actualmente enmascarados en un sincretismo o mestizaje cultural presente en esa memoria indígena de la que habla Florescano (1999).

La agricultura del maíz, por lo tanto, fue un parteaguas dentro de la historia mesoamericana al trastocar social, cultural y tecnológicamente a los antiguos pueblos y su entorno natural, situación que no se había presentado con otros cultivos como el aguacate, amaranto, calabazas y chiles, de los que existe evidencia de ser las plantas cultivadas más antiguamente en la región mesoamericana, con una antigüedad de 9 600 años (Casas *et al.*, 1997).

La domesticación de una planta silvestre hacia otra con atributos inducidos, como fue el caso del maíz, favoreció el desarrollo del sedentarismo de los pueblos nómadas, además del incremento de la población humana y la urbanización, del tiempo excedente y de la especialización del trabajo, lo que con el transcurso del tiempo condujo a una sociedad más diferenciada. Hoy se reconocen alrededor de 35 razas y, dentro de éstas, muchas variedades de este cereal (véase Ortega-Paczka, 2003).

FIGURA X.1 *Representación simbólica entre el cuerpo humano y una planta de maíz, entre los indígenas mochós, de Chiapas* (Petrich, 1985)

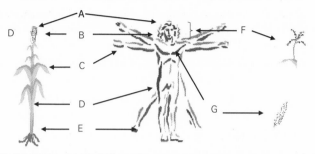

	Nombre en mochó	Equivalente en el cuerpo humano	Equivalente en la planta de maíz
A	si?	Cabello	Estigmas ("pelos de elote")
B	'cet	Cara	Mazorca
D	q'ab	Brazos	Hojas Grandes
D	ci'?	Piel	Dobladores, corteza
E	?oq	Pies	Parte inferior del tallo
F	wi'	Cabeza	Inflorescencia de la milpa
G	?a?nma	Corazón	Elote

En la actualidad, la importancia del maíz en México y en el mundo ha cambiado, no únicamente por el destino de la producción, que privilegia el consumo ganadero antes que el humano. También porque los principales países productores de maíz son los Estados Unidos, China y Brasil, que juntos producen alrededor de 73% de la producción global. México, cuarto lugar, produce en promedio 14 millones de toneladas al año en 6.5 millones de hectáreas, lo que representa 3% de la producción mundial, 5% del total de tierra mundial y 59% de la nacional dedicada a este cultivo.

En México, 84% de la proteína consumida por los estratos sociales con menos recursos económicos se ingiere a través del maíz, y específicamente en el ámbito rural representa 70% de las calorías ingeridas por las familias campesinas. A pesar de que el maíz es pobre en aminoácidos esenciales como la lisina y el triptófano, esta deficiencia es suplida con otro cultivo esencial en la estructura y dinámica de la milpa: el frijol, componente básico en la dieta tradicional campesina que, en conjunto, tienen un valor nutritivo equivalente a la leche. Pero, ¿cómo se originó esta planta? y ¿cómo se diversificó?

GÉNESIS DE UNA PLANTA SAGRADA

A pesar de ser uno de los cultivos que mayor investigación ha generado, el origen del maíz todavía es incierto, lo cual queda de manifiesto con las diversas explicaciones sugeridas por los especialistas, entre las que encontramos las teorías del teocintle, la del maíz silvestre extinto, la de la transmutación sexual, la ecológica, la antropogénica y la coevolución en dos niveles, entre otras (véase Galinat, 1971; Iltis, 1983). Actualmente, la más aceptada es la relacionada con el llamado teocintle (*Zea mays parviglumis*), pasto silvestre que es casi indistinguible del maíz, excepto por sus inflorescencias femeninas.

El teocintle se distribuye paralelamente con las antiguas civilizaciones mesoamericanas, y si bien diferentes autores reconocen su papel en la variabilidad y formación de razas presentes en esta región aún en nuestros días, no todos consideran que explique el origen del maíz. Ya Lumholtz informaba que en el occidente de México se sembraba el teocintle junto con el maíz para lograr "mejoras" (Wellhausen *et al.*, 1951; Mangelsdorf, 1974; Wilkes, 1979).

La experiencia y el conocimiento previo de domesticación aplicado en plantas como *Setaria geniculata* (mijo), allanó el camino que condujo a la domesticación del maíz como actualmente lo conocemos, implicando para los antiguos habitantes mesoamericanos siglos de experimentación y selección dirigida en el teocintle (en náhuatl significa "gran grano" o "grano divino") y cuyo resultado final fue la obtención de una planta de maíz no ramificada, robusta, con frutos grandes y protegidos por hojas. La distribución de esta especie de teocintle se remite a la Sierra Madre Occidental de México (Jalisco y Michoacán). Eubanks (2001) sugiere que la hibridación de teocintle con otra gramínea (*Tripsacum sp*) favoreció las mutaciones que lo transformaron en maíz, ayudado por la manipulación humana.

El lugar y fecha donde este proceso se pudo haber desarrollado es un tema que inquieta a los especialistas, aunque se acepta que los primeros indicios de la domesticación del maíz tuvieron lugar desde hace cinco mil a siete mil años, según investigaciones realizadas en el Valle de Tehuacán, Oaxaca, donde la evidencia biológica y arqueológica muestra la secuencia completa desde el maíz silvestre hasta el domesticado. Otros más argumentan que, dada la distribución del teocintle predecesor, la domesticación pudo haberse dado en la cuenca del Río Balsas, en Michoacán (Wang *et al.*, 1999), de donde habría sido trasladada al Valle de Tehuacán. La dispersión del maíz a Sudamérica se calcula que ocurrió hace aproximadamente seis mil años (Evans, 1995).

En general se acepta que el maíz es de origen mesoamericano, debido a que sus poblaciones de este grano presentan semejanzas mayores que en otros lugares, lo cual indica una mayor herencia genética compartida y un parentesco característico concretamente con las variedades de los altiplanos centrales de México. Aún así, la aseveración de que la domesticación de la gramínea se circunscribió a las latitudes altas de Mesoamérica también está sujeta a debate, a raíz de investigaciones palinológicas en Centro y Sudamérica (véase Bryant, 2003).

La hipótesis de que el maíz pudo haber tenido un origen independiente en Sudamérica se encuentra sujeta a debate, dado que no existen evidencias de teocintle o alguna otra gramínea potencialmente precursora del maíz. Por otro lado, la existencia de razas como la *Nal-tel*, distribuida en la costa de Oaxaca, entre los purépecha y mayas, que es fenotípicamente diferente a las del altiplano mexicano, pero similares a la raza pollo de Colombia (Wellhausen *et al.*, 1958; Benz, 1997), sugiere a algunos investigadores la posibilidad de intercambio genético de maíz entre estas regiones. De hecho, existen indicios de intercambio comercial y cultural andino-

mesoamericano (Huanchaco y Chincha, con Huatulco y Tehuantepec) a través del océano Pacífico (Melgar-Tisoc, 2003) que pudiera
apoyar esta teoría. Para MacNeish (1995), el origen del maíz es
multilineal, y cita la frontera cultural entre Costa Rica y Panamá,
donde recientes estudios paleobotánicos muestran la evidencia física de maíz cónico y maíz cilíndrico, cuya distribución es preferentemente mesoamericana y sudamericana, respectivamente. La
diversidad del tamaño del grano en las variedades de Perú y Bolivia puso en tela de juicio el origen del maíz en Mesoamérica, pero
hasta la fecha y a escala de países, México se considera el centro de
origen de este grano.

Por otro lado, se ha intentado relacionar el origen del maíz
comparando la perspectiva científica con la tradición oral indígena. El mito más generalizado en Mesoamérica sobre el origen de
este grano cuenta que una zorra, siguiendo a una hormiga, descu-
brió la planta en el interior de una montaña, la cual fue "liberada"
por intervención divina, que con un rayo abrió la montaña que la
resguardaba. Una interpretación es que estos acontecimientos presentes en la memoria cultural hacen referencia a los tiempos en
que el antecesor del maíz era un grano que sólo era comestible para los animales, y que mutaciones repentinas condujeron a su "liberación" (Salvador, 1997).

De acuerdo con el mito mesoamericano de origen del maíz, el
rayo que cayó sobre la montaña que lo resguardaba fue el causan-
te de sus diferentes colores: desde el negro, que por estar más expuesto a la acción del rayo recibió este color, al rojo, azul, amarillo
y finalmente el blanco, que se encontraba en el centro y protegido
de los efectos del rayo.

Dentro de los mitos de creación entre los indígenas mam, quiché y kakchiquel de Guatemala, está el que refiere que en tiempos
antiguos no había maíz, por lo que la gente se alimentaba de una
planta llamada txetxina ("madre maíz"), lo que ofrece una pista
para determinar la filogenia de este grano, así como el reconocimiento de que entre los antiguos mesoamericanos existían plantas
potencialmente domesticables (Salvador, 1997).

El maíz como planta sagrada

La reproducción de la cosmogonía indígena influye directamente en la estrategia agrícola, y un ejemplo es la variedad de colores del maíz cultivado. Para culturas como la maya, huichola y purépecha, cada uno de los cinco tipos de maíz, según su color (azul, amarillo, blanco, negro y pinto), reviste una importancia cosmológica. Para este último grupo indígena, por ejemplo, el maíz rojo es considerado como padre y jefe de todo maíz, y protector contra enfermedades, tormentas y heladas, por lo que todavía en algunos lugares se acostumbra sembrar al menos una planta de maíz rojo en los cultivos de maíz blanco (Mapes, 1987).

Por otro lado, existen tres momentos culminantes en la producción de maíz de los pueblos indígenas, todavía visibles en algunos grupos como los mayas, los huicholes y los nahuas, que permiten enmarcar la cosmovisión indígena más nítidamente: las ceremonias de la siembra, la cosecha y del pedimento de lluvia. En ellas se vuelca toda la sacralidad indígena hacia el maíz, la tierra, la lluvia y otros elementos de la naturaleza. Mientras el cantador shamán de los huicholes evoca a sus dioses para la pronta lluvia, el nahua acude a territorios dentro de su geografía sagrada a iniciar el intercambio recíproco con la naturaleza a través de ofrendas, o el maya quema copal y lanza una plegaria por la buena cosecha.

Distribución y diversificación del maíz en México

Actualmente se calcula en Latinoamérica la existencia de aproximadamente 250 razas de maíz, de las cuales 39 están en México (Brush *et al.*, 1988), país considerado como el centro de diversificación de maíz más importante del mundo (fig. X.2).

Antes de la llegada de los europeos a América, cuando la interacción entre este cultivo y los pueblos indios era más intensa, existían entre 200 y 300 razas de maíz (Beadle, 1972). Tal relación

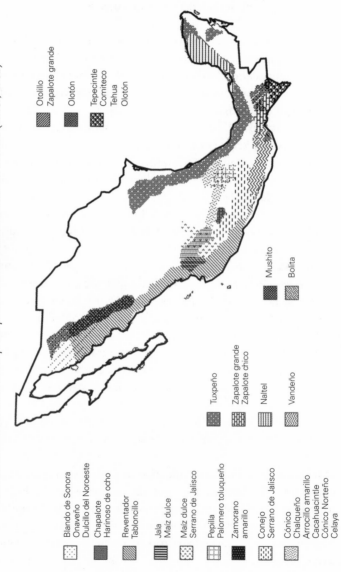

Figura x2 *Distribución de las principales razas de maíces criollos en México* (MNCP, 1982)

llegó a ser tan fuerte, que la producción de maíz fue la base material que sostuvo el desarrollo de las culturas mesoamericanas; a la vez, su domesticación, resultado de siglos de selección, hizo dependiente al maíz de la mano humana para su reproducción, a tal grado que actualmente no existen mecanismos naturales para que las semillas viables del maíz puedan ser liberadas de la mazorca y dispersadas para su germinación, por lo que depende completamente de la acción humana.

La milenaria herencia tecnológica de manejo agroecológico permitió el cultivo de maíz en regiones desérticas a través del desvío y almacenaje de agua de ríos y lluvia; en las laderas, a través de las terrazas; en los bosques, construyendo complejos sistemas agroforestales; en las selvas, con el sistema de roza-tumba y quema, y en lagos, creando islas artificiales o chinampas, además de aquellos sistemas que aprovecharon los niveles de agua cerca de pantanos, ríos, lagunas y lagos, para desarrollar la agricultura de jugo, entre otros. Cabe recordar que la energía utilizada en los inicios de estos sistemas, era exclusivamente humana, ya que los animales de tracción llegaron con los españoles, mientras que la gasolina y las máquinas, con la revolución industrial.

Bajo estas condiciones, los análisis efectuados en códices prehispánicos respaldados con evidencias arqueológicas, permiten estimar que una familia típica prehispánica compuesta por seis individuos podía tener un excedente productivo de 17 por ciento del maíz, después de satisfacer sus necesidades alimenticias a lo largo del año, cultivándolo en 2 ha de tierra distribuidas en hasta cuatro parcelas con diferentes calidades de suelo y microclima (Williams, 1990).

La domesticación y diversificación del maíz estuvo influida por factores genéticos, ecológicos y culturales íntimamente relacionados entre sí. La intensidad de estos factores sobre el maíz ha variado desde los primeros intentos de domesticación hasta nuestros días, en cada uno de los ambientes primigenios que vieron nacer nuevas razas y variedades de maíz junto con el despliegue tecnológico y cognitivo de la cultura que las desarrolló (Melgar-Tisoc, 2003).

Dentro de estos factores, características biológicas como la polinización cruzada, no únicamente contribuyeron a la amplia variabilidad morfológica del maíz, sino que también favorecieron considerablemente su adaptabilidad a diferentes ambientes eco-geográficos. Esta enorme plasticidad genética hace que el maíz se cultive casi en cualquier zona ecológica.

LA DIVERSIDAD DEL MAÍZ

Geográficamente, su cultivo se desarrolla desde los 50° latitud norte a los 40° latitud sur, por lo que está adaptado a diferentes ambientes ecológicos, desde las razas que crecen en los áridos desiertos, las lluviosas y cálidas selvas, hasta los fríos bosques, o los fluctuantes humedales; en altitudes de los 0 a los 4 000 msnm, con precipitaciones menores a los 500 mm, hasta por encima de los 1 500 mm/año, y en temperaturas que oscilan de los 28° a los 10° C.

Quizá lo que hace más evidente la diversidad de razas de maíz son los colores de sus granos: blancos, amarillos, rojos, azules, negros y aquellos que se encuentran manchados y con diferentes diseños y estriaciones. La diversidad del grano también se aprecia al analizar los rangos de altura de la planta (los cuales van de medio metro a los cinco), en sus tiempos de maduración (comprendidos entre los 60 y 330 días), en la producción de mazorcas (de una a cuatro por planta), en la cantidad de granos por mazorca (de 10 a 1 800), y en su producción por hectárea (de 200 kg a 8 ton).

Dentro de algún grupo cultural, los controles sociales directos o indirectos pueden determinar las características del maíz, lo que a su vez influye en la variabilidad de una raza específica. Esto es así, porque "toda civilización se presenta como una combinación de espacios (fragmentos de territorio organizados de acuerdo con ciertos valores, intereses y prácticas sociales), que dan lugar a paisajes que las caracterizan, siendo resultado de la aplicación de técnicas de producción (explotación, subsistencia del grupo y transformación de la materia) y emplazamiento (relaciones sociales y organización del espacio), los cuales determinaron, en su caso, los distintos tipos de maíz" (Castro Herrera, 1996) existentes a lo largo, no únicamente de México, sino de casi toda América. Al respecto, algunas investigaciones arqueológicas han mostrado las diferencias de las variedades usadas en diferentes estratos sociales, así como las utilizadas con fines ceremoniales (Doebley y Bohrer, 1983).

Así pues, el amplio espectro encontrado en la diversidad del maíz, es el resultado de diferentes procesos biológicos, ambientales y socioculturales. Los criterios para clasificar esta diversidad son múltiples, pero una forma de clasificación general está basada en la composición de su grano. En este caso se distinguen cinco grandes tipos:

a) *Reventador*. Presenta un grano esférico con un interior blando, recubierto de cáscara dura. Pertenece a las variedades antiguas y al tipo original domesticado.

b) *Duro*. Surgido probablemente de la selección del reventador ya que es similar a este pero con el grano más grande. Se desarrolla en lugares fríos y donde las condiciones de germinación no son muy idóneas.

c) *Blando*. Es un tipo de maíz que, dada su consistencia, es utilizado en la preparación de los clásicos alimentos tradicionales indígenas. El surgimiento de este tipo de maíz, permitió la rápida dispersión del cereal en diferentes ambientes.

d) *Dentado*. Dada la pérdida de humedad en algunas zonas del grano, éste adquiere un aspecto dentado. Es el más cultivado en todo el mundo.

e) *Dulce*. Como su nombre lo indica, su grano contiene un polímero de azúcar conocido como fitoglucógeno.

Otros criterios de clasificación habitualmente utilizados implican caracteres vegetativos, de la espiga y de la mazorca, así como los relacionados con la fisiología, genética y citología del maíz.

Dentro de las clasificaciones clásicas a partir de estos criterios resultan cinco grupos: indígena antiguo, exótico precolombino, mestizo prehistórico, moderno incipiente y un grupo de razas no bien definidas.

Actualmente, la manipulación genética del maíz criollo continúa a lo largo y ancho de México basándose en pequeñas poblaciones de este cereal con polinización abierta, las cuales son mantenidas por miles de campesinos quienes, a través de la presión de la selección, buscan adaptarlas a diferentes ambientes y microclimas, lo que contribuye a que exista una gran reserva genética de maíz en México. Se calcula que 75% de la tierra dedicada al cultivo del maíz está sembrada con variedades locales de polinización abierta, razas de campo y materiales criollos, además de que 85% de la producción proviene de razas tradicionales (Serratos-Hernández *et al.*, 2003).

Sin embargo y a pesar de esto, algunas razas y variedades de maíz no están a salvo de la extinción. La raza tehua casi ha desaparecido, seis más están en franco peligro de extinción, siete son de frecuencia rara, dos de distribución restringida, y cuatro que antes eran razas dominantes han sido paulatinamente desplazadas por el maíz mejorado (Ortega-Paczka, 2003).

La cultura del maíz

Pocos cultivos como el maíz pueden representar tan claramente la coevolución existente entre la sociedad humana y una especie domesticada. Dentro de los mitos de origen del mundo indígena, el maíz se encuentra inscrito profundamente en la conciencia ancestral, para lo cual basta ejemplificar el caso de los mayas en el que las dos figuras míticas progenitoras, Tepeuh y Guacumatz, deciden que la carne y sangre del hombre nuevo sean de caña de maíz.

De acuerdo con Bonfil (1982), este grano

condujo al surgimiento de una cosmogonía y de creencias y prácticas religiosas que hacen del maíz una planta sagrada; permitió la elaboración de un arte culinario de sorprendente riqueza; marcó el sentido del tiempo y ordenó el espacio en función de sus propios ritmos y requerimientos; dio motivo para las más variadas formas de expresión estética, y se convirtió en la referencia necesaria para entender formas de organización social, maneras de pensamiento y conocimiento y estilos de vida de las más amplias capas populares de México [...]

En la actualidad, este proceso coevolutivo es palpable dentro de los pueblos indígenas poseedores, no únicamente de mucho del germoplasma original de maíz (fig. X.3), sino del conocimiento técnico, ecológico y biológico aplicado durante la producción de este grano, que está amalgamado con un conjunto de creencias y mitos profundamente arraigados en la cosmovisión de esas culturas.

El sofisticado conocimiento que el campesino tiene sobre el cultivo del maíz incluye saberes sobre el clima, propiedades del suelo, fisiografía, relaciones ecológicas en la milpa o características de los cultivos asociados, entre otros. La aplicación de este conocimiento es de crucial importancia en la sobrevivencia de la unidad de producción campesina, tanto por la selección de variedades de maíz que determinan una estrategia de manejo, como por las características ambientales donde, entre otros factores, el clima juega un papel crucial. Así, por ejemplo, el indígena purépecha siembra el maíz blanco en lomeríos donde no siembra el de color, el que requiere de otros requerimientos que sólo en el solar campesino pueden presentarse. En el mismo sentido, por citar otro ejemplo, el conocimiento del indígena purépecha le permite realizar una lectura correcta de diferentes indicadores ambientales de acuerdo con la fase lunar y la posición del planeta Venus (Motte-Florac, 1997). Este mismo grupo indígena también pueden predecir el clima y distinguen al menos cuatro tipos (Barrera-Bassols y Zinck, 2003), lo cual es básico dentro de la producción agrícola, ya que, por ejem-

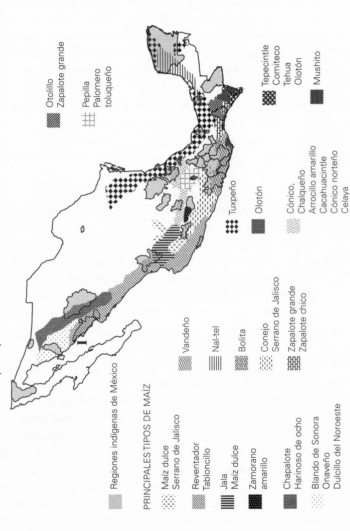

FIGURA X.3 *Distribución de las principales razas de maíces criollos en México.* (INI *et al.*, 1999; MNCP, 1982)

plo, predecir una helada es la diferencia entre lograr una mayor maduración del maíz o perder parte de la cosecha.

Otro de los ejemplos que muestra con detalle el elaborado conocimiento indígena sobre el maíz es la nomenclatura representada por un sistema natural que, además de crear categorías, establece relaciones y jerarquías entre ellas. Esta nomenclatura no incluye únicamente las faenas agrícolas o los distintos estadios de crecimiento del maíz, sino también una fina designación que nombra, por ejemplo, cada una de las partes del maíz recién germinado o las variaciones en el nombre de la misma estructura, según el estadio de desarrollo de la planta. Como lo muestra la figura X.4, cada grupo indígena posee nombres específicos para cada estructura de la planta del maíz.

El arte culinario tradicional en México es también sinónimo de maíz, junto con otros productos agrícolas asociados a este grano, como el frijol, el chile, el nopal, el aguacate, el amaranto y la calabaza. Los indígenas mochós de Chiapas consideran al maíz como el único alimento que se incorpora directamente a la sangre, además de que su cualidad de frío y caliente proporciona una dieta equilibrada (Petrich, 1985). Para los otomíes, los atributos de esta gramínea están en ser la única capaz de dar vida y conciencia a los seres humanos (Vega, 1998).

Como menciona Mapes (1987), el maíz como alimento es un producto ecológico y social, lo que significa que, al degustar los deliciosos platillos mexicanos, se está paladeando la diversidad biológica y ecológica del país. Y es que la variada y exquisita cocina mexicana representada en las diferentes maneras de preparar el maíz, es una de las grandes riquezas legadas por los antiguos mexicanos. El color del maíz define sus propiedades y con ello su uso culinario: el maíz rojo para pozole, el blanco para tortillas y atoles, y el negro para antojitos de diferentes tipos. Así, atoles, tamales, bebidas fermentadas, dulces, sopas, pozole y hasta el consumo directo de elotes representan esta herencia cultural que enaltece la comida mexicana en escala mundial.

FIGURA x.4 *Nomenclatura del maíz por diversos grupos indígenas de México* (Trabajo de campo y otros autores)

Partes del Maíz	Español	Tlapaneco	Tzeltal	Mocho	Amuzgo	Tojolabal	Zoque	Mixe
1	Polen	Idiuu	Stanol	n.d.	Canstiquic	Tz'utúj	Tio'na	n.d.
2	Espiga	Hiyuu'hxotoó	Nicho	n.d.	Tscoo	n.d.	Jio yo	Kojk
3	Hoja	Hxotoó	Yabinar	ï:a:qpata:n	Ndyu	Spohúil ixim	Lay	Mok'aay
4	Mazorca	Ya	Yiximul	na:l	Tsiom	Axan jiil ixim	Tiom	Xapaa
5	Caña	Túscat	Steel	ï:a:qpata:n:n	Ts'á	Kájmil ixim	Kiuy	Mok kipy
6	Raíz aérea	Diyúd	Yixim	-puela	n.d.	Ja yech	Piokj	n.d.
7	R. Subt.	Ájmoh	Slop	-lo k'pata:n	Nch'io	Ja ixim	Wiatsi	Mok aats
8	Bráctea	Nadu	Jojoch'al	Sagla?m	Tscuána	Patj aján	Ñaka	Ajkts
9	Pelos	Xmama	Sch'otzel	-j?wahi:l	Jndaa	Szóc ja aj'ani	Wiay	Mojk xapaa
10	Grano	Ishi	Jolo'stuc'	Pata:n ?¡-¡?¡m	Nnan	Sat aján	Ok'si	Mok pajk
11	Tallo	n.d.	Sit	-u:c	X'e tsiom	Stop aján	U'pi	n.d.
12	Germen	Acuiné	Yuxum	n.d.	Jndyu'nnan	Snibákal	Tso'koy	n.d.
13	Radicula	Ixcu'yu	Cham'al	n.d.	T'uee	n.d.	No'	n.d.
14	Retoño	Inu'u	Spul	n.d.	T'om	n.d	Ñayu	Nok muxy
15	Corazón	Amuú	Nocoi ta	n.d.	Jnda nnan	Wanxax olinel	n.d.	n.d.
16	Olote	I-taá	Chi'ihyel Yo'hiil Sbacalel	n.d.	Tsan	Bákal	Jo'pak	Jepk

Partes del Maíz	Español	Nahua de Veracruz	Chol	Huichol	Mixteco	Triqui	Mayo	Zapoteco	Purépecha
1	Polen	n.d.	Ytin-l	Mtayart	Tumi no yaca	Yo'ua yakoa	Is wa tanil	n.d.	n.d.
2	Espiga	Miabatl	Ynich	Watitzert	Yoco no itu	Kaa	Lih	Dao	Pintsi
3	Hoja	Tokxibitl	Yypal	Oxawart	Choo daa itu	Koj'rana	Le'	Xlajen	K'ani
4	Mazorca	Cintli	Wajt-n	Iku ik trt	Nii	Ta'a	Heek	Yeeza	Xanini
5	Caña	Milabal	Teel	Ktyey art	Asma	Yo'na	Sak'ab	Xia	Simba
6	Raíz aérea	Olipanebatl	Y tzcti	Turtya	Choó nino	Ya'naa	Chahua mats	n.d.	Tsi kindurhani
7	R. Subt.	Tok-nelbatl	Y wi	Nanã	Choó ñuú	Ya'naa	Mats	Ruen	Sirangua
8	Bráctea	Totçomochtli	Jomochol	Xama	Ñamá	Yumiaa	Holo'ach	n.d.	Xarácata
9	Pelos	Mozotl	Ctzotzel	Ktapaya	Yacha xenia	Yagunu'taa	Tsuk wa me'ex	n.d.	Jaujitakua
10	Grano	Tleotcintle	Y wut	Ikuyart	Nonçni noha	Nu'aa	Ixi'im	n.d.	Tsiri piukata
11	Tallo	Tsinteyotl	Yut bal	Tunuya	Itun shaa	n.d.	Chuuch	n.d.	Xanini
12	Germen	n.d.	Baquimi pasel	Muuya	Yamá	n.d.	n.d.	n.d.	Jakaratakua
13	Radícula	Tzonteco	Pacibal	Makunuy	Shitián	Yastaja	n.d.	n.d.	Tsikua
14	Retoño	Ixhuatl	Ch-mal	Martme	Shitián	Sto'a	Xanxite'en	n.d.	n.d.
15	Corazón	Yolota	Mi quiloquel	Jtmu	Dúcha itu	n.d.	Puksik'al	n.d.	n.d.
16	Olote	n.d.	Y b-c-lel	Ayaruy Martmet Kwauxa	Choo Sayaan	Ya'aa	Bakal	n.d.	n.d.

La figura X.5 permite tener una perspectiva general de esta riqueza, en la que el maíz se amalgama con otros productos agrícolas y pecuarios, muchos de ellos obtenidos por recolección, cultivo o caza. Cabe aclarar que la importancia de la producción de esta planta ha ido evolucionando a través del tiempo, ya que no siempre fue el alimento principal en Mesoamérica (Ortega-Paczka, 2003).

Si existe un intricado sistema de nomenclatura del maíz, lo mismo sucede en aspectos culinarios. Por ejemplo, la tortilla y los tamales tienen un nombre determinado según la región, la forma de preparación, el tamaño, el color, el relleno o la envoltura. Las bebidas elaboradas a base de maíz se nombran según combinen hierbas, frutas, vainilla, cacao o chile; también según su uso y forma de preparación, y en este sentido pueden ser alimenticias, alcohólicas o fermentadas (Solís, 1998), aunque el uso de la gramínea ha sido cuantificado en más de 2 500 formas (Miranda-Colín, 1986).

Finalmente, una de las grandes aportaciones de estas culturas del maíz ha sido el procesamiento de este grano a través de la llamada nixtamalización, un proceso fisicoquímico de acuñación prehispánica, que consiste en someter al grano en una solución álcali para favorecer la liberación de un aminoácido esencial, la niacina, que de otra manera no es accesible con su simple ingesta.

DIVERSIDAD DEL MAÍZ Y DIVERSIDAD DE CULTURAS

La relación entre cultura y maíz también puede ser abordada desde otra perspectiva. Como resultado de su milenaria manipulación genética, este cereal se ha amoldado a los requerimientos sociales, biológicos y ecológicos de diferentes culturas y condiciones ambientales, lo que a su vez ha sido una de las causas principales de su diversificación.

De acuerdo con Toledo (2000), en México es posible distinguir diferentes tipos de culturas indígenas según el hábitat en el que se desarrollan: del altiplano, de las montañas, de las selvas, del pan-

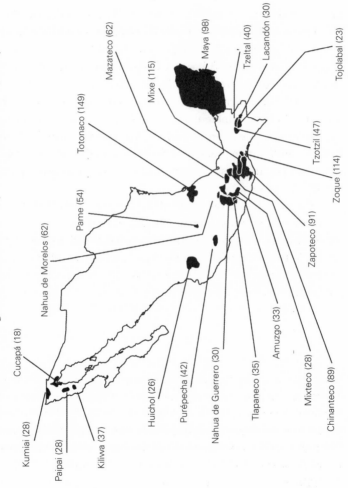

FIGURA x.5 *Diversidad gastronómica de México* (Alarcón-Cháires *et al.*, 2001)

tano, de los lagos, del desierto y de la costa. En el mismo sentido y como lo señala Hernández (1971), se diferencia cierto patrón en la distribución de las razas de maíz según la cultura y el hábitat en el que éstas se desarrollan, como se ilustra en el cuadro X.2. Esta relación ha sido analizada en un estudio de caso en el estado de Chiapas, concretamente entre los indígenas tzotziles de Chamula y los tzeltales de Oxchuc. Los resultados indican que al menos existen diferencias morfológicas y agronómicas entre los maíces sembrados (véase Perales *et al.*, 2005)

Es decir, las diferentes razas actuales de maíz respondieron a los requerimientos ambientales y antropogénicos en los diferentes lugares donde este cereal se cultivó. Así, algunas razas facilitaron la disponibilidad de grano en diferentes periodos del ciclo anual, resultando en un abastecimiento casi continuo del mismo para la familia campesina.

Algunas otras razas y variedades se adaptaron al cultivo en los solares o traspatios caseros, en regiones pedregosas, en laderas, en humedales, etcétera. Las que no fueron cultivadas para alimentación, lo fueron con fines ceremoniales. Así, la variedad del maíz representa un proceso evolutivo claramente permeado por la sociedad humana y su entorno natural.

LA MILPA

Hablar de la milpa implica hacer un análisis multidimensional de la producción maicera en México. Esto es porque la milpa, ese evolucionante agroecosistema de profundas y ancestrales raíces indígenas, sólo puede ser entendida a la luz del tiempo, del espacio, de la cultura, de las relaciones sociales implícitas y de las características biológicas y ecológicas que sustentan este cultivo.

Primeramente, es necesario señalar que algunas de las características de la milpa son producto del contacto indígena con el europeo durante el siglo XVI, una vez consumada la Conquista hispáni-

CUADRO X.2 *Principales razas de maíz y culturas indígenas*
en México, según el ambiente

Cultura según ambiente[a]	Principales razas de maíz[b]	
Del altiplano (*Mazahuas, nahuas y zapotecos*)	➢ Pepilla ➢ Cónico ➢ Chalqueño ➢ Arrocillo amarillo	➢ Cónico norteño ➢ Celaya ➢ Palomero toluqueño ➢ Cacahuacintle
De las montañas (*Tarahumaras, tepehuanos, coras, huicholes, mazatecos, tzeltales, tzotziles, tlapanecos y amuzgos*)	➢ Reventador ➢ Tabloncillo ➢ Chapalote ➢ Harinoso de ocho ➢ Jala ➢ Maíz dulce	➢ Conejo ➢ Serrano de Jalisco ➢ Vandeño ➢ Otolillo ➢ Zapolote grande ➢ Zapolote chico
De la selvas (*Huastecos, totonacos, mayas, lacandones, zoques y chinantecos*)	➢ Tuxpeño ➢ Nal-Tel ➢ Bolita ➢ Otolillo grande ➢ Atolón	➢ Tepecintle ➢ Comiteco ➢ Tehua ➢ Olotón
Del pantano (*Chontales*)	➢ Nal-Tel	➢ Tuxpeño
De los lagos (*Purépecha y matlatzinca*)	➢ Pepilla ➢ Palomeo toluqueño ➢ Maíz dulce ➢ Serrano de Jalisco ➢ Reventador ➢ Zamorano amarillo ➢ Tabloncillo	➢ Cónico ➢ Chalqueño ➢ Arrocillo amarillo ➢ Cacahuacintle ➢ Cónico norteño ➢ Celaya
De la costa (*Mayos, seris, nahuas y suaves*)	➢ Reventador ➢ Tabloncillo	➢ Vandeño ➢ Mushito
Del desierto (*Otomíes, kikapues, opatas, cucapa, kiliwa, diegueño, paipai, tipai*)	➢ Blando de Sonora ➢ Onaveño	➢ Dulcillo del noroeste

Basado en: Toledo[a] (2000) y MNCO[b] (1982).

ca en el antiguo México, así como de su evolución paulatina hasta conformar lo que es la milpa tradicional actual. La introducción de tecnología europea en América, en términos generales, modificó favorablemente la eficiencia de los sistemas agrícolas prehispánicos.

Dentro de estos cambios tecnológicos está la sustitución de la coa por un sistema de tracción más eficiente, como es el arado animal, o el uso de nuevas herramientas como el machete o el azadón; el uso de nuevos medios de transporte a partir de la rueda y la introducción de especies agropecuarias como el trigo, la cebada, el arroz, la caña de azúcar, el caballo, el ganado vacuno y bovino, entre otros. Todos estos elementos delinearon lo que durante muchos años sería uno de los sistemas agroecológicos más representativos de Mesoamérica: la milpa campesina. Hay que aclarar que las características de la milpa prehispánica, desarrollada bajo otro esquema tecnológico, permitió la producción de excedentes por encima de los requerimientos nutricionales de la familia, como lo demuestra el análisis de los códices, sobre los que se ha calculado que una típica familia integrada por seis individuos, podían cultivar 1.8 ha distribuidas en diferentes tipos de suelos (Williams, 1990).

La tradicional milpa está actualmente representada por un complejo agroecosistema caracterizado por el policultivo donde confluyen el maíz, el frijol, la calabaza, el amaranto y el chile, entre las especies más representativas, generalmente cultivadas en pequeños predios (<5 ha), en cuya periferia es posible encontrar diferentes arvenses comestibles, medicinales o toleradas y árboles frutales y maderables, y otras especies de importancia relevante para el agroecosistema. Por ejemplo, los quelites, que por un tiempo fueron eliminados de las milpas por ser considerados "malas hierbas" desde la perspectiva agroindustrial, actualmente han empezado a revalorarse y a tolerarse dentro del agroecosistema. Se calcula la existencia de alrededor de 100 especies de quelites pertenecientes a las familias de los amarantos, solanáceas, leguminosas y quenopodios, y que son de gran importancia dentro de la dieta campesina por ser fuente de vitaminas y minerales (Aguilar *et al.*, 2003).

A la amplia diversidad del maíz, se añaden cinco especies de frijoles, cuatro de calabaza y una amplia variedad de plantas cuya función social, económica y ritual está claramente determinada, llegando a encontrarse de 25 a 50 especies diferentes auspiciadas, toleradas o cultivadas dentro de la milpa (Aguilar *et al.*, 2003). Para el caso de la milpa maya, Terán *et al.* (1998), registraron 6 variedades de maíz, 9 especies de chile, 7 de tomates, 8 de "calabazas", 6 de frijoles, 7 de raíces y tubérculos, y otras 7 especies con diferentes usos (fig. X.6).

Esta diversidad biológica de la milpa tradicional permite, por un lado, el suplemento de calorías de origen diverso dentro de la dieta familiar campesina, lo cual es de vital importancia si consideramos que la milpa responde a la lógica campesina de encaminar la economía familiar hacia la autosuficiencia (Toledo, 1990). Por otro lado, la diversidad biológica permite el establecimiento de un complejo sistema agroecológico, donde las relaciones de cada uno de los componentes participan en el flujo de materia, energía y servicios, haciéndolo más estable. Además, las especies que la estructuran, delinean las características culinarias del grupo humano que las cultivan.

FIGURA X.6 *Diversidad productiva maya bajo un sistema de uso múltiple* (Terán *et al.*, 1998)

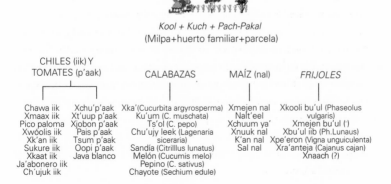

Kool + Kuch + Pach-Pakal
(Milpa+huerto familiar+parcela)

CHILES (iik) Y TOMATES (p'aak)		CALABAZAS	MAÍZ (nal)	*FRIJOLES*
Chawa iik	Xchu'p'aak	Xka'(Cucurbita argyrosperma)	Xmejen nal	Xkooli bu'ul (Phaseolus
Xmaax iik	Xt'uup p'aak	Ku'um (C. muschata)	Nalt'eel	vulgaris)
Pico paloma	Xjobon p'aak	Ts'ol (C. pepo)	Xchuum ya'	Xmejen bu'ul (·)
Xwóolis iik	Pais p'aak	Chu'ujy leek (Lagenaria	Xnuuk nal	Xbu'ul iib (Ph.Lunaus)
Xk'an iik	Tsum p'aak	siceraria)	K'an nal	Xpe'eron (Vigna unguiculenta)
Sukure iik	Oopi p'aak	Sandía (Citrilllus lunatus)	Sal nal	Xra'anteja (Cajanus cajan)
Xkaat iik	Java blanco	Melón (Cucumis melo)		Xnaach (?)
Ja'abonero iik		Pepino (C. sativus)		
Ch'ujuk iik		Chayote (Sechium edule)		

El papel social de la milpa puede analizarse al menos en dos escalas: la familiar y la comunitaria. En la producción tradicional de maíz, la fuerza de trabajo familiar es esencial y permite la reproducción de la unidad doméstica. En diferentes momentos del ciclo, la familia participa para el logro de una buena cosecha fortaleciendo los lazos familiares y con el territorio familiar productivo. La milpa se convierte en un gran "salón de clases" donde los adultos vierten sus enseñanzas en los más jóvenes. Uno de los momentos culminantes del ciclo de la milpa, no únicamente porque representa el cierre de un ciclo sino por las implicaciones sociales del mismo, es la cosecha. En esa reunión de celebración campirana se evalúan resultados, se proyecta el futuro y se fortalecen alianzas.

La participación comunitaria en las faenas agrícolas dentro de predios ajenos, permite el ahorro familiar, el intercambio de germoplasma, la socialización de problemas y la unificación y consolidación de los lazos comunitarios. Bajo el esquema de la "mano vuelta", la "faena" o el "tequio", los campesinos se organizan para ayudarse entre sí en las diferentes labores agrícolas (principalmente la cosecha), un acto de reciprocidad que a su vez evita la contratación de mano de obra.

Es importante aclarar el papel de la producción pecuaria dentro de la milpa tradicional. La interacción de ganado con los componentes del sistema se presenta de diferentes maneras: por un lado, cultivos asociados, como la calabaza y los esquilmos de maíz, son manejados y favorecidos para ser utilizados como alimento animal. La introducción de aves en milpas cercanas a la vivienda campesina, facilita el control de plagas y remueve el suelo. La presencia de ganado dentro de predios en periodo de descanso favorece tanto la fertilización del suelo por disposición de excretas, así como el control de arvenses indeseables. Así pues, la integración de los diferentes subsistemas productivos alrededor de la producción de maíz, representa un ejemplo donde la diversidad confluye como un acto estratégico campesino en busca de la optimización de materia y energía.

Sin embargo, el acceso a nueva tecnología y servicios como los fertilizantes químicos, los pesticidas, la semilla mejorada, los sistemas de riego, la asesoría, la mano de obra contratada bajo un sistema de monocultivo, ha permitido una transición de la agricultura tradicional a la agroindustrialización, lo cual dista mucho del concepto de milpa campesina.

Razas de maíz y zonas ecológicas

Dentro de las diferentes zonas ecológicas del país, existe al menos un sistema agrícola característico representado por aquellos altamente intensificados y tecnificados, pasando por una variada gama de agroecosistemas, hasta llegar a los que representan el arquetipo de la agricultura mesoamericana basados en el esfuerzo humano, tecnología rudimentaria y libres de insumos externos. De acuerdo con Toledo *et al.*, (2002), es en las zonas ecológicas tropicales subhúmedas, y templadas húmedas y subhumedas, donde se concentra la mayor superficie destinada al cultivo del maíz, preferentemente bajo el esquema de agricultura de temporal.

Para Ortega-Paczka (2003), tanto las razas como sus agrupamientos están relacionados con un área ecológica determinada: las partes altas del centro y norte del país (Grupo I); para las alturas intermedias de temporal y costas semiáridas de riego (Grupo II); para las regiones intermedias y altas del sur de México incluyendo los maíces cilíndricos tropicales (Grupo III); además de un grupo especial (Grupo IV) representado por los maíces chapalote, reventador y dulcillo del noroeste.

Los sistemas de producción de maíz

La existencia de una agricultura tradicional basada en las ancestrales prácticas agrícolas por un lado y la pujante agroindustria por otro, permite delinear la actual producción de maíz en México, en

la que es posible distinguir diferentes matices entre estas dos propuestas tecnológicas de producción. De acuerdo con Toledo *et al.*,
(2002), aplicado a unidades de producción rurales del país con cultivo de maíz, el país se encuentra en un punto medio tendiente
más hacia lo tradicional (0.46, en una escala que va desde 0, que
representa la agricultura tradicional, hasta 1, que representa la
agroindustria).

Así, los productores continúan siendo predominantemente
minifundistas por lo cual, los rendimientos por hectárea son bajos
aunque eficientes desde el punto de vista energético. Es posible
distinguir la carencia de asesoría especializada y carencia de créditos o financiamientos en casi todos los productores, lo que significa que continúa aplicándose el conocimiento tradicional y que
existe cierta autosuficiencia en la producción, a no ser por insumos
como el fertilizante, que pocos resultados ofrece en el aumento de
la producción y cuya única función parece ser la de acortar los periodos de descanso e intensificar el uso de la tierra. Cada vez existe mayor contratación de mano de obra remunerada, y esto como
producto de los procesos de emigración de la población laboral
agrícola de muchas comunidades rurales.

La información actualizada sobre la producción de maíz y en
general, sobre la producción rural en México, es una de las tareas
pendientes. Aún así, existen varios referentes importantes que ex-
presan las características de los sistemas de producción de maíz
en el país. Montañez y Warman (1985), dieron un perfil de la producción de este grano hacia principios de la década de los ochenta
de la siguiente manera: cuatro de cada cinco productores siem-
bran maíz; 67% de la producción de maíz es de temporal; la superficie promedio sembrada es de 3.3 hectáreas; el promedio obtenido
por hectárea fue de 1.4 toneladas; esta producción aporta 80% de
las calorías consumidas por los habitantes del país; 67% de la superficie cultivada y 70% de las unidades de producción utilizan la
tracción animal o mixta.

Dichos autores dividen los sistemas de producción de maíz
utilizando criterios de intensidad en el uso de suelo, disponibili-

dad y manejo de agua e intensidad en el empleo de mano de obra. La tipología resultante muestra los siguientes sistemas: a) anual de secano, b) tradicional de zonas áridas y semiáridas, c) de barbecho largo y medio, d) de barbecho corto, y e) intensivo de temporal. El anual de secano se caracteriza por tener una sola cosecha al año y depende de la precipitación, la que, a diferencia de la del tradicional de zonas áridas y semiáridas, es mayor y menos errática. El sistema de barbecho corto incluye al "año y vez", es decir, un periodo de descanso de la tierra de uno o dos años que depende de la lluvia. En el sistema de barbecho largo o medio se incluyen periodos de descanso de dos a siete años o mayores, y está incluida la agricultura de roza-tumba-quema o agricultura itinerante, en espacios geográficos y donde las relaciones sociales permiten un continuo aprovisionamiento de diferentes terrenos, los que generalmente prescinden del empleo de máquinas. Finalmente, los sistemas intensivos de temporal dependen de la precipitación y realizan dos cosechas al año. Otros sistemas que se encuentra agrupados dentro de la citada categorización son las chinampas, la agricultura de jugo o humedad practicada cerca de cuerpos de agua y la agricultura de riego. El cuadro X.3 muestra algunas características de estos sistemas productivos.

Reflexión final

La diversificación del maíz es el resultado de la coevolución de este grano con la sociedad, un proceso fuertemente permeado por el sistema de prácticas agrícolas, por las formas de conocimiento complejo inscrito en éstas (Klee, 1980) y por las características ambientales del territorio donde este proceso ocurrió, entre otras cosas. Estos sitios ubicados en Meso, Centro y Sudamérica, contienen los bancos naturales de germolasma del maíz, y resultan ser verdaderamente importantes en lo referente a la conservación y mejoramiento de la productividad de este grano.

CUADRO x.3 *Superficie, unidades de producción, rendimiento y aporte a la producción nacional de diferentes sistemas productivos de maíz en México*

Sistema productivo	Superficie	Unidades de producción	Rendimiento por hectárea	Aporte a la producción nacional	Ubicación geográfica
Anual de Secano	52.9%	56.2 %	1.6 ton	66.5%	Concentrado en los estados de México, Oaxaca, Chiapas, Puebla, Guerrero, Michoacán, Jalisco y Guanajuato.
Tradicional de zonas áridas y semiáridas	23.6%	16.33%	0.760 ton	13.12%	Chihuahua, Zacatecas, San Luis P., Durango, Hidalgo, Nuevo León, Aguascalientes, Guanajuato, México, Coahuila, Querétaro, Jalisco, Tlaxcala y Sonora.
Barbecho corto	5.5%	6.3%	1.4 ton	88%	Concentrado en Guerrero, Jalisco, Michoacán y Veracruz.
Barbecho medio y largo	10%	14.6%	1-1.5 ton	6.7%	Yucatán, Quintana Roo, Campeche, Oaxaca, Chiapas, Colima, Tabasco e Hidalgo, Guerrero, Sinaloa, Nayarit, Veracruz, Jalisco y Michoacán.
Intensivo de Temporal	5.6%	4.5%	1-1.5 ton	6.4%	Concentrado en Veracruz y Tamaulipas.

Fuente: Montañez y Warman, 1985.

Como se ha visto, la cultura y la diversificación del maíz en México representa una amalgama de gente, tiempos, espacios, prácticas, saberes y cosmovisiones que, desde tiempos prehispánicos hasta nuestra época, con la llamada revolución verde y más reciente, con la revolución genética, ha sido nutrida o desechada por diferentes causas, fuentes e intereses.

Las prácticas agrícolas tradicionales son paulatinamente desplazadas por una racionalidad, visible a través de la tecnología empleada, que optimiza el trabajo, pero degrada el ambiente; que brindan empleo, pero no evita la migración de la familia campesina; que maximiza la producción, pero condena a la dependencia y abate la autosuficiencia familiar; que abre el acceso a la tierra a los grandes productores, pero excluye al campesino; en fin, una racionalidad de carácter netamente mercantilista.

También es posible distinguir la existencia de mayor variedad de maíz en zonas con una población sumida en la pobreza, aislada y a menudo marginada del mundo en desarrollo (Altieri, 2004). Cálculos conservadores ubican que entre 1 900 y 2 200 millones de personas aún se encuentran al margen de la influencia, directa o indirecta, de la tecnología de la agricultura moderna (Pretty, 1995), a pesar de ser pueblos que históricamente y durante siglos, han participado en la diversificación agrícola que actualmente existe.

Aún así y contra todo pronóstico, esta cultura todavía fluye por la sangre del campesino y de otros sectores de Mesoamérica, en una constante lucha contra fuerzas que pugnan por la transformación de esta particular forma de ser y percibir el mundo.

Bibliografía

Aguilar, J., C. Illsley y C. Marielle, 2003, "Los sistemas agrícolas del maíz y sus procesos técnicos", en G. Esteva y C. Marrielle (coords.), *Sin maíz no hay país*, Conaculta, México, pp. 83-122.

Alarcón-Cháires, P., M. Olivo y L. Solís, 2001, "La diversidad gastronómica de Mesoamérica", en *Etnoecológica*, 6(8), pp. 100-102.

Altieri, M., 2004, *Aspectos socioculturales de la diversidad del maíz nativo*, en Secretariado de la Comisión para la Cooperación Ambiental de América del Norte (http://www.cec.org/files/PDF//altieri-s.pdf).

Barrera-Bassols, N. y A. Zinck, 2003, "Land Moves and Behaves: Indigenous Discourse on Sustainable Land Management in Pichataro, Patzcuaro Basin, Mexico", en *Geografiska Annaier*, 85, pp. 229-245.

Beadle, G. W., 1972, "The Mysteries of Mayz", en *Field Museum of Natural History Bulletin*, 43(10), pp. 2-11.

Benz, B. B., 1997, "Diversidad y distribución prehispánica del maíz mexicano", en *Arqueología Mexicana*, 25, pp. 16-23.

Brush, S. B., M. Bellon y E. Schmidt, 1988, "Agricultural Development and Maize Diversity in Mexico", en *Human Ecology*, 16, pp. 307-328.

Bryant, V. M., 2003, "Invisibles Clues to New World Pant Domestication", en *Science*, 299.

Casas, A., J. Caballero, C. Mapes y S. Zárate, 1997, "Manejo de la vegetación, domesticación de plantas y origen de la agricultura en Mesamérica", en *Boletín de la Sociedad Botánica México*, 61, pp. 31-47.

Castro Herrera, G., 1996, *Naturaleza y sociedad en la historia de América*, CELA, Panamá, 31 pp.

Doebley, J. y V. L. Bohrer , 1983, *The Kiva*, 49(1-2), pp. 19-37.

Evans, L. T., 1995, *Crop Evolution, Adaptation and Yield*, Cambridge University Press.

Eubanks, M. W., 2001, "An Interdisciplinary Perspective on the Origin of Maize", *Latin American Antiquity*, 12(1), pp. 91-98.

Florescano, E., 1999, *Memoria indígena*, Taurus, México, 403 pp.

Galinat, W. C., 1971, "The origin of Maize", en *Annual Review of Genetics*, 5, pp. 447-478.

Hernández, X. E., 1971, *Exploración etnobotánica y su metodología*, Colegio de Postgraduados-Rama de Botánica, Chapingo.

Iltis, H. H., 1983, "From Teosinte to Maize: The Catastrophic Sexual Transmutation", en *Science*, 222, pp. 886-894.

INI (Instituto Nacional Indigenista), Banco Mundial, y Grupo de Trabajo Gubernamental, 1999, *Perfil nacional de los pueblos indígenas de México*.

Klee, G. A., 1980, *World Systems of Traditional Resource Management*, J. Wiley & Sons, Nueva York.

MacNeish, R. S., 1995, "Investigaciones arqueológicas en el Valle de Tehuacán", en *Arqueología Mexicana*, 13, pp. 18-23.

Mangelsdorf, P. C., 1974, *Corn: its Origin, Evolution and Improvement*, Belknap Press, Harvard University Press, Cambridge, 262 pp.

Mapes, C., 1987, "El maíz entre los purépecha de la cuenca del lago de Pátzcuaro, Michoacán, México", *América Indígena*, XLVII(2), pp. 345-378.

Motte-Florac, E., 1997, "Santos, humores y tiempo: el clima y la salud entre los purépechas de la Sierra Tarasca (Michoacán, México)", en M. Goloubinoff, Katz y A. Lammel (eds.), *Antropología del clima en el mundo hispanoamericano*, t. II, Abya-Yala, Ecuador, pp. 99-134.

Melgar-Tisoc, E. R., 2003, "Navegación prehispánica y la ruta del maíz" (www.colciencias.gov.co/seiaal/M-IT3.htm), 3 de julio de 2004.

Mianda-Colin, S., 1986, *Usos del maíz (Zea mays L)*, Avances de Investigación, Colegio de Postgraduados, Chapingo.

MNCP (Museo Nacional de Culturas Populares), 1982, *El Maíz*, Museo Nacional de Culturas Populares, SEP, GV-Editores, México, 114 pp.

Montañez C. y A. Warman, 1985, *Los productores de maíz en México: restricciones y alternativas*, Centro de Ecodesarrollo, México, 226 pp.

Olivo, M., P. Alarcón Cháires y L. Solís, 2001, "Nomenclatura indígena de una planta sagrada", en *Etnoecológica*, 6(8), pp. 103-106.

Ortega-Paczka, R., 2003, "La diversidad del maíz en México", en G. Esteva y C. Marrielle (coords.), *Sin maíz no hay país*, Conaculta, México, pp. 123-154.

Perales, H. R., B. F. Benz y S. B. Brush, 2005, "Maize Diversity and Ethnolinguistic Diversity in Chiapas", Mexico, en *Proceedigs of the National Academy of Sciences*, 18(102), 3, pp. 949-954.

Petrich, P., 1985, *La alimentación Mocho, acto y palabra*, Universidad Autónoma de Chiapas, México.

Pretty, J., 1995, *Regenerating Agriculture*, World Resources Institute, Washington, D. C.

Salvador, R. J., 1997, "Maize", en M. S. Werner (ed.), *Encyclopedia of Mexico: History, Society and Culture*, Fitzroy Dearborn Publishers, Chicago.

Serratos-Hernández, J. A., F. Islas Gutiérrez y J. Berthaue, 2003, *Producción de maíz, razas locales y distribución del teozintle en México: elementos para un análisis GIS de flujo genético y valoración de riesgos para la liberación de maíz transgénico* (www.mesoamerica.org.mx/maiz/serratos.doc), 18 de septiembre de 2004.

Solís, F., 1998, *La cultura del maíz*, Clío, México, 95 pp.

Teran, S., C. Rasmussen y D. May Cavich, 1998, *Las plantas de la milpa entre los mayas: etnobotánica de las plantas cultivadas por los campesinos mayas en las milpas del noroeste de Yucatán*, Fundación Tun Ben Kin, Yucatán.

Toledo, V. M., 1990, "The Ecological Rationality of Peasant Production", en Altieri, M. y S. Hecht (eds.), *Agroecology and Small-Farm Development*, CRC Press, pp. 51-58.

Toledo, V. M., 2000, *La paz en Chiapas: ecología, luchas indígenas y modernidad alternativa*, México, UNAM, Quinto Sol, 256 pp.

_____, P. Alarcón Cháires y L. Barón, 2002, *La modernización rural de México: un análisis socioecológico*, INE-Semarnap, UNAM, México, 130 pp.

Vega Lázaro, M. de la (comp.), 1998, *Crónica otomí del Estado de México*, Instituto Mexiquense de la Cultura, CEDIPIEM, Toluca.

Wang, R. L., A. Stee, J. Hey, L. Lukens y J. Doebley, 1999, "The Limits of Selection During Maize Domestication", en *Nature*, 398, pp. 236-239.

Wellhausen, E. J., L. M. Roberts y E. Hernández X., 1951, *Razas de maíz en México*, Folleto Técnico 5, S. A. G., México, 237 pp.

_____, A. Fuentes, E. Hernández y P. C. Mangelsdorf, 1957, "Races of Maize in Central America", National Academy of Sciences, National Research Council Publ. 511. Washington, 128 pp.

Wilkes, H. G., 1979, "Mexico and Central America as a Center for Origin of Agriculture and the Evolution of Maize", *Crop Improvement*, 6, pp. 1-18.

Williams, B. J., 1990, "La producción y el consumo de maíz: un estudio preliminar de Tlanchiuhca, Tepetaoztoc", en T. Rojas Rabiela (ed.), *Agricultura indígena: pasado y presente*, CIESAS, México, pp. 209-226.

XI. La diversidad genética y la biotecnología

Sol Ortiz García

Introducción

La biodiversidad suele definirse como la variedad de formas de vida, de roles ecológicos que éstas llevan a cabo y de la diversidad genética que dichas formas de vida contienen (Wilcox, 1984). Por ello, la biodiversidad abarca tres niveles jerárquicos de organización: los ecosistemas, las especies y los genes. La diversidad genética se manifiesta en las distintas formas y variedades que se observan dentro de cada especie. Por medio de la diversidad genética se logra distinguir las distintas formas de vida a las que llamamos especies y, finalmente, es la diversidad de especies y sus interacciones las que conforman los diferentes ecosistemas. Así pues, la vida con su inmensa diversidad tiene como fuente primaria de ésta a los genes y sus interacciones. Además la evolución, que es la transformación de lo vivo, se debe al cambio progresivo en la composición genética de las poblaciones de organismos.

Cada gen tiene la información de una función particular y ocupa un lugar específico en un cromosoma. Muchos genes se presentan en una sola variante mientras que otros tienen formas alternativas, ligeramente distintas, que se conocen con el nombre de alelos. Estos alelos o formas alternativas de un gen, reflejan en gran medida una parte de la variación morfológica que observamos entre los individuos de una misma especie vegetal o animal. La información que guardan los genes y que corresponde a las instrucciones para construir las proteínas está escrita en un alfabeto de cuatro letras, que representan cuatro distintos nucleótidos llamados: adenina, timina, citosina y guanina. La secuencia de nucleótidos forma una molécula llamada ácido desoxirribonucléico, mejor conocida como ADN. El ADN es una molécula con la forma de una doble hélice, ya que los nucleótidos se encuentran apareados de manera complementaria. Esta doble hélice junto con proteínas especiales llamadas histonas, forma los cromosomas (fig. XI.1).

El ADN codifica la información genética mediante el arreglo sucesivo de tres nucleótidos que forman lo que llamamos un codón. Los diferentes codones determinan distintos aminoácidos que son la unidad que conforma las proteínas. La correspondencia entre cada triplete de nucleótidos o codón y el aminoácido que codifica es lo que se le conoce como código genético (cuadro XI.1). Debido a que las proteínas pueden tener miles de formas tridimensionales distintas, pueden también tener miles de funciones. Así, hay proteínas que transportan oxígeno, otras que forman los poros que comunican las membranas celulares; hay proteínas estructurales, otras que catalizan diferentes funciones metabólicas, etcétera. Las secuencias de los nucleótidos que conforman los ge-

FIGURA XI.1 *Representación de la molécula de* ADN, *con las histonas formando un cromosoma que se encuentra en el núcleo de las células*

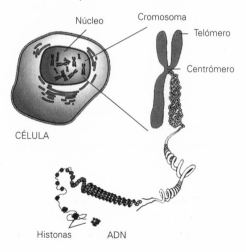

Cuadro XI.1 *El código genético*

	A	G	U	C	
A	AAA Lys	AGA Arg	AUA Ile	ACA Thr	A
	AAG Lys	AGG Arg	AUG Met	ACG Thr	G
	AAU Asn	AGU Ser	AUU Ile	ACU Thr	U
	AAC Asn	AGC Ser	AUC Ile	ACC Thr	C
G	GAA Glu	GGA Gly	GUA Val	GCA Ala	A
	GAG Glu	GGG Gly	GUG Val	GCG Ala	G
	GAU Asp	GGU Gly	GUU Val	GCU Ala	U
	GAC Asp	GGC Gly	GUC Val	GCC Ala	C
U	UAA alto	UGA alto	UUA Leu	UCA Ser	A
	UAG alto	UGG Trp	UUG Leu	UCG Ser	G
	UAU Tyr	UGU Cys	UUU Phe	UCU Ser	U
	UAC Tyr	UGC Cys	UUC Phe	UCC Ser	C
C	CAA Gln	CGA Arg	CUA Leu	CCA Pro	A
	CAG Gln	CGG Arg	CUG Leu	CCG Pro	G
	CAU His	CGU Arg R	CUU Leu	CCU Pro	U
	CAC His	CGC Arg R	CUC Leu	CCC Pro	C

En mayúsculas están los nucleótidos A = adenina, G = guaniana, C = citosina, U = uracilo, que es el nucleótido que sustituye a la timina del ADR en la molécula que traduce el código genético, que es el RNA. Las letras en minúscula corresponden a los nombres abreviados de los distintos aminoácidos que conforman las proteínas. Existen, además, tres codones que detienen el proceso de traducción; éstos están señalados con "alto".

nes —o bien las secuencias que regulan su funcionamiento— son las que confieren la especificidad del ADN, y es además en esta molécula donde queda el rastro de toda historia evolutiva.

De una forma u otra, la especie humana ha podido influir y sigue influyendo sobre la información genética de muchas especies. Uno de estos efectos ha sido la extinción, ya sea por la caza o el exterminio de poblaciones enteras de organismos, o debido a la degradación de sus hábitats y el drástico cambio climático que han propiciado la contaminación industrial y la deforestación. Cuando una especie se extingue, se pierde la información genética que lleva consigo. Es por esto que los biólogos reconocen que la extinción es para siempre. También hemos influido enormemente en la diversidad genética de las especies con las que interactuamos directamente, en particular las especies que hemos domesticado. Esto lo hemos logrado de manera indirecta, mediante la selección de determinados atributos que nos interesan y el control de las cruzas de los padres o progenitores a lo largo de cientos de años, e incluso miles, en varias especies de importancia agrícola y pecuaria.

Ésta ha sido una influencia indirecta porque los atributos que los seres humanos seleccionan, aunque están codificados por determinadas porciones de ADN con los métodos de selección tradicional, no requiere de un conocimiento profundo. Más aún, para poder influir sobre los patrones de la herencia de las especies que se han domesticado, ni siquiera se ha necesitado un conocimiento profundo sobre cómo funciona la herencia. Ha sido en los últimos 100 años cuando se ha iniciado la comprensión del fenómeno de la herencia, pues hace apenas 50 años que James Watson y Francis Crick descubrieron la estructura del ADN, y hace apenas tres décadas desde que se inició el desarrollo de la tecnología del llamado ADN recombinante.

La ingeniería genética

La biotecnología se puede definir como el conjunto de técnicas que involucran la manipulación de organismos vivos o sus componentes subcelulares, para producir sustancias, desarrollar procesos o proporcionar servicios (Newell y Burke, 2000). A partir del desarrollo de la biotecnología moderna y distintas técnicas moleculares, llamadas de ADN recombinante, se ha establecido una manera distinta de tener acceso y utilizar la diversidad genética. La tecnología del ADN recombinante permite modificar directamente el ADN y uno de los componentes claves para esto es el uso de unas proteínas particulares llamadas enzimas de restricción. Estas proteínas, llamadas también endonucleasas, se pueden considerar como las "tijeras moleculares", ya que pueden cortar las hebras de ADN en porciones internas y en sitios específicos. Las endonucleasas se pueden usar muy fácilmente; pues sólo se requiere añadir la cantidad adecuada de enzima a una solución *buffer* que contiene el ADN que se requiere cortar, y mantener una temperatura de 37° centígrados. El gran valor de las endonucleasas recae en su especificidad, cada una reconoce una secuencia específica de nucleótidos dentro de ADN y es ahí donde lleva a cabo el corte. Otro componente esencial para la producción de moléculas de ADN recombinante son las ligasas. Como su nombre lo indica, estas enzimas ligan porciones separadas de ADN, y por lo tanto las podemos considerar "el pegamento" entre estas moléculas. Así pues, la habilidad de cortar, modificar y pegar moléculas de ADN, actividades clave de la ingeniería genética, es lo que posibilita crear ADN recombinante.

La tecnología del ADN recombinante tiene varios usos, uno de éstos es el desarrollo de organismos genéticamente modificados (OGM), aplicación biotecnológica que ha generado recientemente una gran controversia. Este tema es controvertido debido, por un lado, a que aún requerimos de investigación sobre los posibles efectos de la modificación de los genomas en la expresión y el funcionamiento de los genes, así como sobre los efectos que los OGMs pueden tener sobre el medio ambiente y la biodiversidad. Por otro lado, existe la controversia porque estos cambios y posibilidades de manipular la esencia de la vida conllevan la revisión de aspectos éticos, culturales, sociales y económicos. Paradójicamente, esta aplicación de la biotecnología nos permite acceder y utilizar, de manera relativamente más precisa, a la diversidad de genes pero, al mismo tiempo, implica nuevas incertidumbres y puede tener el potencial de disminuir la diversidad genética si no se usa de manera adecuada.

Los organismos genéticamente modificados

Los OGMS son organismos a los que el ser humano les ha modificado su material genético mediante el uso de la técnicas de ADN recombinante. Un grupo de estos OGM abarca los organismos transgénicos, en los que la modificación genética incluye la transformación de su genoma mediante la inclusión de secuencias de ADN de otras especies. Los primeros organismos transformados con técnicas de ADN recombinante fueron bacterias. Una de las aplicaciones más exitosas de la transgénesis en bacterias es el caso de la producción de insulina humana. En este caso, se ha insertado el gen que produce la insulina humana en cepas de bacterias especialmente seleccionadas para funcionar como "fábricas vivientes". Estas bacterias transgénicas funcionan produciendo una proteína humana de vital necesidad para los millones de diabéticos en el planeta que son dependientes de la insulina. Este tipo de microorganismos transgénicos que tienen usos farmacéuticos o medicinales, que nos proporcionan un claro beneficio y que se producen en un ambiente contenido, han sido más fácilmente aceptados por la sociedad.

La producción de un organismo transgénico, por ejemplo una planta, involucra varias etapas (fig. XI.2). Primeramente se debe identificar la porción de ADN que se desea insertar. Generalmente se trata de un gen que proporciona una función específica, por ejemplo, un gen que codifica para una proteína que proporciona resistencia a algún insecto o tolerancia a un herbicida. Una vez identificado el gen se corta de su organismo portador, mediante enzimas de restricción y se *pega* con las secuencias de ADN necesarias, para que pueda funcionar en otro organismo. Entre éstas se encuentran las secuencias de ADN que se conocen como secuencias reguladoras, que se encargan de determinar cuándo inicia y termina la expresión de un gen. Además, se deben añadir secuencias de un gen marcador que nos permita, posteriormente, seleccionar las células que fueron transformadas exitosamente.

FIGURA XI.2 *Diagrama simplificado de cómo se produce una planta transgénica. Maíz resistente a insectos, a partir de un gen de* Bacillus thuringensis (Bt)

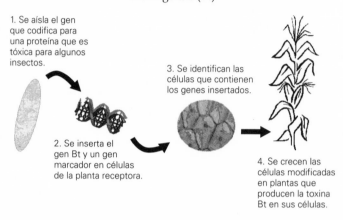

1. Se aísla el gen que codifica para una proteína que es tóxica para algunos insectos.

2. Se inserta el gen Bt y un gen marcador en células de la planta receptora.

3. Se identifican las células que contienen los genes insertados.

4. Se crecen las células modificadas en plantas que producen la toxina Bt en sus células.

Una vez que tenemos la construcción transgénica completa, es decir el o los genes de interés, y sus secuencias reguladoras, debemos insertar esta construcción en células del organismo receptor, que es el organismo que queremos transformar. Existen distintos métodos de inserción. A grandes rasgos, los podemos dividir en métodos físicos y métodos biológicos. Entre los métodos físicos el más usado es el de la biobalística, mientras que en los métodos biológicos el vector es un virus o una bacteria. El paso siguiente consiste en detectar qué células de las cientos o miles que se expusieron al método de inserción elegido han recibido la construcción transgénica en su material genético. Para esto, estas células se cultivan en un medio con una determinada sustancia; por ejemplo, un antibiótico. El antibiótico utilizado debe corresponder con el gen marcador dentro de la construcción transgénica. Así, en este medio únicamente sobreviven las células que recibieron adecuadamente el transgén, y éste es funcional, ya que el gen marcador les confiere la resistencia a dicho antibiótico, mientras que el resto de las células se mueren y, de esta manera, podemos seleccionar las células transformadas. Finalmente, debemos llevar a cabo el cultivo de estas células en un medio con las hormonas necesarias, para que ocurra diferenciación celular y obtengamos una planta transgénica completa.

La selección tradicional y la ingeniería genética

Regal (1994) reconoce que existen diferencias importantes por considerar, entre la selección tradicional empleada durante la creación de plantas y animales domesticados y las técnicas de la ingeniería genética utilizadas para producir organismos transgénicos. Este autor basa su análisis en los cultivos agrícolas. Por lo general, la selección tradicional involucra únicamente la recombinación genética de atributos entre individuos de una misma especie o entre especies que están cercanamente relacionadas, capaces de reproducirse entre sí en la naturaleza. El entrecruzamiento es posible porque su información genética es similar. En cambio, la ingeniería genética, mediante el uso de las técnicas de ADN recombinante, posibilita transferir genes entre organismos por completo diferentes con características muy distintas; por ejemplo, de una bacteria a una planta. Esto ofrece oportunidades únicas de crear poblaciones de organismos, con características nuevas que, generalmente, son benéficas para algún uso o servicio. Sin embargo, la nueva tecnología dificulta nuestra capacidad de poder predecir el efecto de los genes insertados sobre el resto del material genético del organismo receptor, dado que los genes insertados y el genoma receptor no comparten una historia evolutiva reciente. Además, aún no están del todo claros los efectos que, a largo plazo, puede tener la inserción de varios cientos o miles de pares de nucleótidos funcionales en un contexto genómico totalmente diferente, y tampoco sabemos aún con certeza qué efecto tendrá el uso de esta nueva tecnología sobre las tasas de mutación, o durante la recombinación de material genético que ocurre, en forma habitual, durante la reproducción. Poco a poco podremos conocer más sobre estos efectos conforme se avance en el desarrollo de nuevos OGMS, para lo cual es muy importante mantener los programas de seguimiento y monitoreo sobre estos organismos.

Otra diferencia importante entre la selección tradicional y el uso de la tecnología del ADN recombinante es que, mientras las prácticas de selección tradicional comúnmente involucran la sustitución de alelos o formas alternativas de un gen que ya se encuentra en la población, favoreciendo que se reproduzcan organismos con las características que satisfacen las necesidades de los agricultores, la ingeniería genética, por su parte, involucra la inserción de nuevos genes, no la sustitución de formas alternativas de un gen. Este evento tiene implicaciones ecológicas y evolutivas, ya que se facilita la posibilidad de generar cultivos con características útiles, que además mantendrán características que posibiliten su capacidad de sobrevivir y reproducirse en el ambiente. Esto es nuevo, porque la mayoría de los cambios en los organismos seleccionados por métodos convencionales disminuyen su capacidad de sobrevivir y reproducirse en un ambiente natural, sin la ayuda del ser humano.

La selección tradicional y la ingeniería genética difieren, además, en el tipo de variación genética a la que pueden acceder. La selección tradicional se ha restringido, en forma habitual, en elegir características morfológicas que varían siguiendo las leyes de Mendel. Muchas características son funcionalmente monomórficas; esto es, que aunque están bajo control genético no presentan variación. Es obvio que para estas características no pueden seleccionarse distintas formas o fenotipos mediante la selección tradicional. En cambio, la ingeniería genética posibilita insertar de manera sistemática variación *de novo* en los organismos, y también posibilita la reprogramación de funciones que, por lo regular, son inaccesibles a las técnicas tradicionales de mejoramiento fitogenético.

Las diferencias entre la selección tradicional y la ingeniería genética, mencionadas arriba, no necesariamente indica que la ingeniería genética y las técnicas de ADN recombinante sean de modo automático peligrosas, sino que su uso amerita un enfoque distinto al que hemos utilizado hasta ahora. Los científicos y quienes regulan el uso de cultivos transgénicos deben entender con clararidad los atributos biológicos que cambian durante el proceso de domesticación y cómo podrían éstos verse alterados por la introducción de nuevos atributos mediante técnicas de ADN recombinante. Por ello, internacionalmente, se están buscando mecanismos para regular y garantizar el uso seguro de los OGMS de forma tal, que se protejan la biodiversidad y la salud humana.

La liberación al ambiente de los OGMS

En general, el uso de OGMS en un ambiente contenido no representa mayor problema, siempre y cuando se mantengan las medidas de bioseguridad necesarias para que el OGM no salga de su contención. En cambio, la liberación al ambiente de OGMS, en particular cultivos, implica una serie de retos diferentes. Así pues, como cualquier nueva tecnología, la tecnología del ADN recombinante tiene sus riesgos, y éstos parecen incrementarse cuando se pretende liberar los OGMS al medio ambiente. Para el caso de los cultivos transgénicos, algunos de los peligros que se han identificado son los siguientes: efectos sobre los organismos benéficos o que no están contemplados, evolución de resistencia a plagas, creación de malezas y supermalezas, erosión genética, extinción de especies silvestres, efectos no esperados, y flujo genético a variedades criollas y parientes silvestres. Es obvio que en un contexto ambiental donde existe mayor diversidad biológica —y genética—, y donde además se encuentran los centros de origen y los centros de diversidad genética de los cultivos genéticamente modificados, el manejo de los riesgos se vuelve más complejo. Por lo anterior, antes de liberar un organismo transgénico, se debe evaluar de manera muy rigurosa cuáles son los efectos del uso de cultivos genéticamente modificados en centros de origen y centros de diversidad genética, así como en un contexto de mayor diversidad biológica, como es el caso de México. Además, se deben establecer cuáles son los peligros detectados, y determinar cuál es su probabilidad de ocurrencia. Por último, se debe estipular cuáles son las consecuencias de dichos riesgos en un ambiente particularmente valioso en términos de diversidad genética, como es el caso de los centros de origen, o bien, de los países considerados megadiversos.

El flujo genético, que es el intercambio de material genético entre y dentro de poblaciones producto del cruzamiento o la migración, ocurre entre la mayoría de las plantas cultivadas y sus parientes silvestres (Ellstrand *et al.*, 1999). Por lo tanto, es de esperarse que ocurra flujo genético entre las plantas transgénicas, las variedades convencionales y con sus parientes silvestres, una vez que aquéllas sean liberadas al ambiente. Hay quienes consideran que esto no es deseable *per se*, ya que no debería cambiarse de esa forma el acervo genético de las variedades criollas ni de sus parientes silvestres de forma "artificial". Sin embargo, existe evidencia de que la transferencia de genes entre organismos distintos ha ocurrido en la naturaleza. Por ejemplo, Intrieri y Buiatti (2001) reportan la transferencia ancestral de genes desde una bacteria, hacia plantas del género *Nicotiana*, y demuestran que estos genes se han incorporado al genoma y se mantienen aparentemente funcionales en algunos linajes. De cualquier forma, no sabemos aún qué tan frecuentes son estos eventos de "transgénesis natural" y habrá que seguir investigando estos fenómenos.

El problema real en relación con la ocurrencia de flujo genético entre cultivos transgénicos y sus parientes silvestres o variedades criollas, está en que no podemos estar seguros de cuáles serán sus consecuencias. En la actualidad se están desarrollando distintas tecnologías que permitirán la contención de los transgenes (Daniell, 2002). Pero mientras su uso no se generalice, habrá que analizar, caso por caso, cada uno de los posibles riesgos antes mencionados, y también sopesar los beneficios reales que el uso de determinados cultivos transgénicos pueden proporcionar. Por ejemplo, si propician la disminución del uso de pesticidas, si posibilitan el crecimiento de cultivos en condiciones de falta de agua, o bien, si actúan para la mitigación de la presencia de algún contaminante, quizá su uso en una valoración general sería positivo. Sin embargo, para cerciorarnos de esto, una actividad sumamente importante es el monitoreo de los cultivos genéticamente modificados, así como el desarrollo y disponibilidad de métodos confiables de detección de cultivos transgénicos.

El riesgo de erosión genética, que significa una disminución en la diversidad de los genes existentes en una determinada población o especie, se asocia al flujo genético entre cultivos transgénicos y variedades criollas convencionales o parientes silvestres. Sin embargo, para que ocurra erosión genética deben cumplirse varios supuestos. En principio, se requiere que los transgenes otorguen atributos adaptativos que se seleccionen con toda solidez de manera positiva al llegar a dispersarse en las poblaciones silvestres o los cultivos convencionales. Si esto es así, la progenie de los individuos transgénicos tendría una ventaja competitiva mucho mayor, y, por lo tanto, los individuos que tengan estos genotipos podrían eliminar o desplazar otros genotipos; de esta manera, podrían reducir la cantidad de variación genética en las poblaciones afectadas. Las implicaciones prácticas de la erosión genética son muy importantes, ya que los fitomejoradores podrían perder genes útiles de los bancos de germoplasma. De cualquier forma, se requiere una mayor cantidad de estudios sobre estos riesgos, además de ser necesaria la comparación del impacto de los transgénicos con otros factores que ya causan erosión genética, así como conocer cuál es la interacción entre éstos.

El caso de los cultivos Bt

Existe una bacteria llamada *Bacillus thuringiensis* (*Bt*), que habita en el suelo y produce proteínas cristalinas con propiedades insecticidas. La resistencia a insectos en maíz y otros cultivos transgénicos es conferida por la presencia de estas proteínas cristalinas llamadas endotoxinas. Las variedades transgénicas de maíz que han sido genéticamente modificadas mediante la inserción de estos genes son conocidas como maíz *Bt*, por las siglas del nombre de la bacteria que es el organismo "donador" de estos genes. La forma como actúa esta toxina se debe a que la proteína se liga a sitios específicos que se localizan en el epitelio del intestino medio de los insectos susceptibles. Después de este ligamiento, se forman unos poros o aberturas en las células del intestino medio, que alteran el intercambio de ciertos elementos, causando primero la parálisis y, posteriormente, la muerte del insecto que las consume. Por ejemplo, una de las proteínas *Bt* más utilizadas es la conocida como Cry1Ab. Se trata de un insecticida que afecta únicamente a insectos lepidópteros (mariposas), y su acción específica se debe a la presencia de determinados sitios de ligamiento en el intestino de las larvas de estos insectos blancos. No existen sitios de ligamiento para las delta-endotoxinas de *B. thuringiensis* en la superficie de las células del intestino de aves, ni mamíferos, por lo tanto ni el ganado y ni los humanos son susceptibles al efecto de estas proteínas.

El uso de cultivos *Bt* debe incluir la investigación sobre los efectos que estas toxinas pueden tener sobre otros insectos a los que no se les considera plaga. El caso de estudio más conocido es el de la mariposa monarca. Losey y sus colaboradores (1999) presentaron evidencia de que el polen de maíz transgénico depositado sobre las hojas de las plantas de las que se alimentan las larvas de la mariposa monarca, afectaba significativamente su supervivencia y crecimiento en condiciones de laboratorio. Como respuesta a este estudio, muchos otros investigadores exploraron los efectos del polen de maíz *Bt* sobre las larvas de la mariposa monarca y otras mariposas, en condiciones naturales. Ha habido cierta controversia al respecto; en algunos casos se encontraron efectos sobre el crecimiento y la sobrevivencia de las larvas, mientras que en otros no se observaron diferencias significativas (Wraight *et al.*, 2000) en estos parámetros. Lo importante del hecho es que suscitó un entusiasmo entre la comunidad científica, se alertó principalmente a ecólogos y biólogos evolutivos, y se generó un gran número de investigaciones y valiosa información para la toma de decisiones respecto al uso de estos OGMS, todo con un enfoque más ecosistémico.

La controversia en torno a los ogms

Existe un fuerte debate sobre el uso de la biotecnología moderna y las técnicas de ADN recombinante. Brañes y Rey (1999) describen dos posturas polarizadas. Están, de manera muy simplificada, quienes sólo se refieren a los beneficios de los ogms sin mencionar sus riesgos, y quienes sólo se refieren a sus riesgos sin mencionar sus beneficios. Entre estos dos grupos hay, además, todo un espectro de opiniones; están quienes admiten los beneficios en el uso de ogms pero respaldan un manejo más regulado y seguro, y quienes rechazan, por lo menos, algunos de los eventuales beneficios de los ogms al estimar de mucha mayor magnitud sus riesgos. Una manera más constructiva de llevar a cabo esta discusión es mediante la contextualización de cada caso. No se puede generalizar a los ogms como un conjunto único con características únicas. El análisis de cada ogm debe hacerse considerando el trinomio compuesto por el ogm —que es el organismo receptor de la modificación—, la modificación en sí —es decir, qué genes y secuencias reguladoras se insertaron y cómo se llevó a cabo la inserción— y finalmente el ambiente receptor, esto es, en dónde se llevará a cabo la liberación.

Lo anterior es muy importante, porque tanto los riesgos como los beneficios se darán en función de la combinación de estos elementos. De esta forma, las posturas contrastantes podrán discernir en gran medida sobre el uso de un cultivo transgénico en una determinada región de alta diversidad de cultivos locales, o bien liberar un cultivo genéticamente modificado para la limpieza de metales pesados, por ejemplo, en una mina abandonada.

Otro componente importante que polariza aún más la discusión es que, casi sin excepción, son las grandes transnacionales las que hasta ahora han desarrollado y comercializado los ogms. Las decisiones que se toman en las grandes empresas respecto a qué organismos desarrollar y cuáles características genéticas utilizar, generalmente no responden a una demanda social local o regional, sino meramente a intereses económicos particulares (véase cuadros XI.2 y XI.3).

CUADRO XI.2 *Empresas que utilizan transgénicos en sus productos* y las que no garantizan que estén libres de ellos*

Empresa	Producto	Empresa	Producto
Maseca*	Harina de maíz con vitaminas	Estec	Harina
Minsa*	Masa de nixtamal	Nutella	Nutella
La Única*	Tortillas y tostadas	Pronto	Betún
Misión*	Tortillas	Royal	Polvo para hornear
Milpa Real*	Tostadas	Tres estrellas	Harina para pastel
Kellogg's*	Cereal de maíz	Ades	Bebida de soya
Clemente Jaques	Mermelada	Del valle	Jugo de Frutas
Smucker's	Mermelada	Florida 7	Jugo
Del Fuerte	Enlatados, catsup	Fresquibon	Bebida
Del Monte	Enlatados, catsup	Kool Aid	Polvo para bebida
Herdez	Enlatados	Maizena	Atole
Karo	Alimentos para bebés, miel	Pepsi	Refresco de cola
Nestlé	Alimentos para bebés, helados, cereales, leche, golosinas	Sonrisa	Jugo de frutas
Capullo	Aceite vegetal comestible	Tang	Polvo para bebida
Great Value	Catsup, mayonesa, cereales	Holanda	Helados
Helman's	Aderezo y mayonesa	Santa Clara	Helados
Knorr	Mole, adobo y pipián	Maizoro	Cereales
Nissin	Sopas	Crecilac	Alimentos para cachorros

Mafer	Botanas de cacahuate	Gatina	Alimento para gatos
Pringles	Papas, pizzas y queso	Ladrina	Alimento para perros
Sabritas	Doritos y Rufles	Grupo Modelo	Cervezas
Danone	Danette, Dan'up	Cervecería Cuauhtémoc	Cervezas
Ferrero Rocher	Chocolates	Delimex	Taquitos
Gamesa	Mamut, Galletas Florentinas, Saladitas, María Gamesa, Arcoiris, Crackets y Emperador	Aurrerá	Marcas propias
Kinder	Chocolate	Comercial Mexicana	Marcas propias
Marinela	Gansito, Pingüinos, Choco Roles, Rocko, Triki-Trakes, Lors, Barritas y Submarinos	Nutrisa	Marcas propias
Bimbo	Bimbollos, Medias Noches, Pan Blanco, Pan Multigrano, Pan Integral, Colchones, Conchas, Negrito y Donas	Wal-Mart	Marcas propias
Betty crocket	Arroz, Brownies y Betún	Oreo	Galletas
Jell-o	Gelatinas	Macma	Galletas

Fuente: Green Peace, 2004.

CUADRO XI.3 *Empresas que controlan la producción*
de transgénicos en el mundo

Transnacionales	Influencia
a) Syngenta (suiza)	Controlan:
b) Aventis	— aproximadamente la tercera
c) Monsanto (estadunidense)	parte del comercio mundial
d) Dupont (estadunidense)	de semillas, que está valua-
e) Dow (estadunidense)	do en 23 mil millones de dó-
f) Grupo Pulsar (mexicana)	lares.
g) Novartis (suiza)	— más de 90% del mercado
h) Limagrain (francesa)	mundial, valuado en 30 mil
i) Advanta (anglo-holandesa)	millones de dólares.
j) AgroBiotech (estadunidense)	— cerca de 50% de las ventas
k) Sakata (japonesa)	mundiales de productos mo-
l) KMS AG (alemana)	dificados genéticamente y
m) Takii (japonesa)	agroindustriales.
	— y poseen 74% de todas las
	patentes en ese sector.

Fuente: www.rafi.org; www.grain.org

Es importante que podamos reconocer que nos encontramos
en un momento clave, ya que es ahora cuando estamos tomando
las decisiones respecto al uso y aprovechamiento de los OGMs; es
ahora cuando estamos decidiendo cómo debe regularse la liberación al ambiente de organismos transgénicos. Dado que nuestro
país es el centro de origen de muchos cultivos como el maíz, y
además es un país megadiverso, tenemos frente a nosotros el pri-
vilegio de contar con la materia prima para el desarrollo de la biotecnología del ADN recombinante, pero además estamos frente al
enorme reto de proteger y conservar esta materia prima que es la
biodiversidad. El objetivo a conquistar será buscar obtener los beneficios del uso de la biotecnología moderna, de manera tal, que
minimicemos los riesgos.

Finalmente, una forma en que se podría enfrentar esta situación es con información acerca de cómo se desarrollan y se evalúan estos productos, además de respetar la decisión informada de los consumidores. Sin embargo, esto último es también un reto, ya que requiere sistemas de detección y certificación detalladas de productos libres de transgénicos, así como medidas de segregación o contención en los sitios donde éstos se cultiven.

Bibliografía

Brañes, R. y O. Rey, 1999, *Política, derecho y administración de la bioseguridad en América Latina y el Caribe*, Comisión Económica para América Latina y el Caribe, Programa de Naciones Unidas para el Medio Ambiente, Asociación Latinoamericana de Derecho Ambiental, México.

Daniell, H., 2002, "Molecular Strategies for Gene Containment in Transgenic Crops", en *Nature Biotechnology*, 20, pp. 581-586.

Ellstrand, N. C., H. C. Prentiee y J. F. Hancock, 1999, "Gene Flow and Introgression from Domesticated Plants into their Wild Relatives", en *Annual Review of Ecology and Systematics*, 30, pp. 539-563.

Intrieri, M. C. y M. Buiatti, 2001, "The Horizontal Transfer of *Agrobacterium Rhizogenes* Genes and the Evolution of the Genus *Nicotiana*", en *Molecular Phylogenetics and Evolution*, 20, pp. 100-110.

Losey J. E., L. S. Rayón y M. E. Carter, 1999, "Transgenic Pollen Harms Monarch Larvae", en *Nature*, 399, p. 214.

Newell McGloughlin, M. y J. I. Burke, 2000, *Biotechnology-Present Position and Future Developments*, Teagac Pub, 307 pp.

Regal, P. J., 1994, "Scientific Principles for Ecologically Based Risk Assessment of Transgenic Organisms", en *Molecular Ecology*, 3, pp. 5-13.

Wilcox, B. A., 1984, "In Situ Conservation of Genetic Resources: Determinants of Minimum Area Requirements", en J. A. McNeeley y K. R. Miller (eds.), *National Parks, Conservation, and Development: the*

Role of Protected Areas in Sustaining Society, Smithsonian Institution Press, Washington, pp. 639-647.

Wraight, C. L., A. R. Zangerl, M. J. Carroll y M. R. Berenbaum, 2000, "Absence of Toxicity of *Bacillus Thuriengiensis* Pollen to Black Swallowtails Under Field Conditions", en *Proceedings of the National Academy of Sciences*, 97, pp. 7700-7703.

XII. La conservación de la biodiversidad

Víctor M. Toledo

Introducción

En su versión amplia, el concepto de biodiversidad contiene cuatro acepciones: variedad de paisajes, hábitats, especies y genes, incluyendo sus diferentes procesos funcionales y, de alguna forma, su historia. Por lo tanto, la conservación de la biodiversidad demanda esfuerzos en esas cuatro dimensiones. Mientras que el primer concepto está orientado a la preservación de conjuntos de paisajes, distinguidos muchas veces por su simple particularidad visual, el segundo se concentra en la protección de hábitats específicos, por ejemplo una cierta vegetación, un lago, una cueva, un oasis, en los cuales viven conjuntos particulares de organismos (poblaciones) y donde tienen lugar procesos, fenómenos y mecanismos de interés especial.

En el tercer concepto, la conservación se orienta a proteger ciertas especies de organismos o conjuntos de especies. En la actualidad, ésta es la dimensión privilegiada, tanto en el ámbito de la investigación científica, como en el de las políticas conservacionistas de tal forma, que buena parte de los criterios en la llamada "biología o ciencia de la conservación" hace énfasis en aquellos sitios, áreas o regiones con altas concentraciones de especies.

Finalmente, el cuarto punto se refiere a la variedad o diversidad genética, es decir, enfatiza la variación genética de las poblaciones por debajo del nivel de especie (variedades y razas). Por ello, los esfuerzos de protección en esta dimensión incluyen no sólo especies silvestres sino, especialmente, plantas y animales domesticados y sus parientes. La conservación del germoplasma, es decir, de la variedad genética de las especies, tanto *in situ*, es decir en su hábitat natural, como *ex situ*, por ejemplo, en colecciones llevadas a jardines botánicos y zoológicos, o a bancos de semillas y esporas, dicha conservación, decíamos, se vuelve en esta esfera el objetivo primordial. En esta perspectiva, la reproducción o propagación de los organismos mediante técnicas biotecnológicas y genéticas se ha vuelto algo común en la preservación de los recursos genéticos, tanto vegetales como animales.

El presente capítulo hace una revisión del estado que guarda actualmente la conservación de la biodiversidad en México, con énfasis en la protección de paisajes y hábitats. El capítulo pasa revista también a los principales debates teóricos, corrientes, problemas, desafíos y políticas que tienen lugar en el ámbito mundial y en el campo de la conservación biológica y su viabilidad para el caso particular de México. Para ello, se examina y discute el presente y futuro del Corredor Biológico Mesoamericano, un ambicioso proyecto que intenta llevar a la práctica una modalidad avanzada de conservación.

La biodiversidad utilizada, domesticada y conservada

Como ente biológico, como especie animal, los seres humanos necesitan de la naturaleza para alimentarse, respirar, albergarse, curarse y garantizar su reproducción y continuidad. Las formas más elementales de utilización humana de la biodiversidad surgieron cuando el desarrollo y la complejidad del cerebro, a la par de la aparición del lenguaje y la creación de instrumentos, lograron trascender los actos meramente animales de la predación y el forrajeo para volverlos acciones humanas de caza y de recolección (después o casi al unísono vino la pesca). Éste fue, sin duda, el primer paso en la humanización de la naturaleza.

La naturaleza utilizada en su modalidad más simple significa obtener o extraer de los ecosistemas (masas de vegetación, suelos, cuerpos de agua) piezas previamente identificadas y seleccionadas por su utilidad a partir de las especies de plantas, animales, hongos y otros grupos de organismos. Por ejemplo, la flora ofrece frutos, semillas, hojas, raíces, cortezas, exudados o la planta entera para ser utilizados como alimento, medicina, materiales de construcción, combustible, instrumentos, utensilios y otros muchos productos o, ya en tiempos recientes, materias primas para la producción, manufactura o transformación industrial. De los recursos animales se obtienen insumos similares, además de vestimentas, medios de transporte y de trabajo, defensa y compañía.

En México, como en el resto del mundo, los productores rurales indujeron un primer proceso de humanización de la naturaleza a través de la recolección, la caza, la pesca y la extracción (forestal o minera). Este fenómeno genera una miríada de productos, desde plantas medicinales y aromáticas, alimentos (desde insectos comestibles hasta carne de peces, mamíferos, reptiles, anfibios y aves), pasando por materias primas diversas (substancias, gomas, ceras, resinas) y materiales para la construcción o la generación de energía.

Tuvieron que pasar varios miles de años desde que el ser humano, esencialmente cazador, recolector y pescador, lograra la domesticación prematura de una especie animal, el perro, para que se diera un verdadero periodo de domesticación de la naturaleza. Iniciada hace unos 10 mil años en diferentes regiones del planeta, la llamada "revolución neolítica" se caracterizó por la domesticación masiva de especies de plantas y animales, lo que permitió a las sociedades humanas pasar de su fase nómada o cinegética a una etapa sedentaria.

Ello implicó la existencia de un conocimiento refinado sobre la ecología de los recursos locales, lo cual permitió no sólo el manejo y la manipulación de las masas de vegetación, sino la selección artificial de las poblaciones de determinadas especies de plantas y animales. La naturaleza domesticada, puesta de manifiesto por los sistemas agrícolas, ganaderos, acuícolas y silvícolas, significó entonces un salto cualitativo en el proceso general de humanización del universo natural.

México fue escenario, hace por lo menos unos 9 600 años, de uno de los principales procesos de domesticación de la naturaleza en el mundo. Aunque la domesticación de animales se redujo al guajolote, el perro escuintle y, posiblemente, las abejas sin aguijón (meliponas), las antiguas culturas de Mesoamérica fueron extraordinariamente pródigas en el manejo de las plantas. A los restos más antiguos de plantas cultivadas (aguacates, amaranto, calabazas y chiles), le siguieron cultivos tan importantes como el tomate, el cacao, las chías, los frijoles, los guajes, la vainilla, el barbasco, la jícama o el epazote, y otras 35 especies de frutales (entre los que destacan aguacates, anonas, zapotes, tejocote, jobo, capulín y guayaba). Sin embargo, ninguna de las 110 especies de plantas domesticadas en Mesoamérica alcanzó la importancia de una sola de ellas: el maíz (véase capítulo X: "La agrobiodiversidad: la diversificación del maíz").

Además de las dos formas anteriores de manejo y uso de la biodiversidad, existe una tercera: la conservación, que es en el fondo una forma de "no manejo" o manipulación para establecer y mantener porciones aisladas de "naturaleza intocada". En efecto, como un acto consciente y universal de los seres humanos, la conservación es un fenómeno reciente que ha surgido como una reacción a la impresionante depredación de los recursos naturales y del ambiente, provocado por la expansión del mundo industrializado. La necesidad de preservar áreas con naturaleza supuestamente prístina o intocada surgió, primeramente, más por razones éticas o estéticas que como un mecanismo de protección de especies o genes.

Los avances en el conocimiento de la destrucción de los hábitats del planeta y la desmesurada expansión de las últimas décadas acentuó las preocupaciones conservacionistas, y aceleró lo que ha sido hasta ahora la principal acción de la mayoría de las políticas de conservación en el mundo: el aislamiento de toda actividad humana, de porciones de espacios terrestres o marinos y su transformación en áreas naturales protegidas tales como parques nacionales, reservas, zonas de protección, santuarios y otras.

El caso de México

En el territorio mexicano, no obstante que se tienen registros de jardines botánicos y zoológicos desde la época prehispánica, la conservación de la biodiversidad en su versión moderna se inicia en 1894, año en el que se decreta la primera reserva natural. Sin embargo, esta primera iniciativa se perdió durante los años convulsos de la revolución social y agraria de principios del siglo xx, de tal suerte que, en sentido estricto, los esfuerzos pioneros del conservacionismo mexicano se iniciaron hasta apenas las décadas segunda y tercera del siglo pasado. En efecto, se debe a Miguel Ángel de Quevedo tanto la promulgación de la primera ley forestal en 1926, como el establecimiento en 1935 de una primera red de 39 parques nacionales con una extensión aproximada de 650 mil hectáreas durante el gobierno de Lázaro Cárdenas. Fue también, durante ese periodo, que se crea la primera oficina gubernamental dedicada a la conservación: el Departamento de Reservas y Parques Nacionales (Challenger, 1998). En las décadas siguientes, sólo una institución logró mantener de manera casi heroica la defensa por la diversidad biológica: el Instituto Mexicano de Recursos Naturales, fundado, mantenido y animado por Enrique Beltrán, el primer doctor en biología del país.

Hubo que esperar el desarrollo de una comunidad científica dedicada, primero a la biología y después a la ecología, un proceso que tomó cuatro décadas (de mediados de los cincuenta a la actualidad), para que surgiera una comunidad conservacionista moderna tanto dentro de la sociedad civil, como en los sectores público y privado (Castillo y Toledo, 2001). Hoy el país dispone no sólo de instituciones académicas, sociales, privadas y públicas dedicadas específicamente a la tarea de conservar la biodiversidad de México, sino que, resultado de la discusión y de la integración de esfuerzos, este país se ha convertido en un pionero mundial, tanto por lo avanzado de sus concepciones, como por los espectaculares logros alcanzados en todo el territorio.

A la fecha, el país dispone de un sistema nacional de áreas naturales protegidas con una superficie superior a los 17 millones de hectáreas (cuadro XII.1), distribuidas en 34 reservas de la biosfera, 65 parques nacionales y 26 áreas de protección de la flora y la fauna, las cuales se reparten por prácticamente todos los rincones del territorio mexicano (fig. XII.1). El país también posee mecanismos institucionales, de información y legales para la protección y el uso adecuado de la biodiversidad, tales como las llamadas Unidades de Manejo Sustentable de los Recursos Silvestres (que hoy manejan una superficie de 13 millones de hectáreas), diversos programas forestales y de pesca responsable, e instituciones como el Consejo Nacional para el Conocimiento y Uso de la Biodiversidad (Conabio) fundado en 1992, la Comisión Nacional de Áreas Naturales Protegidas (Conanp) y el Fondo Mexicano para la Conservación de la Naturaleza (FMCN), este último dedicado a impulsar, apoyar económicamente y acrecentar las áreas protegidas.

De igual forma, la nación dispone de alrededor de 50 jardines botánicos, distribuidos principalmente en el centro del territorio,

Cuadro XII.1 *Áreas naturales reconocidas (2005) por la Comisión Nacional de Áreas Naturales Protegidas y sus diferentes categorías*

Número	Categoría	Superficie en hectáreas
34	Reservas de la Biosfera	10 479 534
65	Parques Nacionales	1 397 163
4	Monumentos Naturales	14 093
2	Áreas de Protección de los Recursos Naturales	39 724
26	Áreas de Protección de Flora y Fauna	5 371 930
17	Santuarios	689
148	6	17 303 133

FIGURA XII.1 *Ubicación geográfica de las áreas naturales protegidas de México* (CONANP, 2004)

los cuales en conjunto albergan unas tres mil especies de plantas, y unos 35 zoológicos, algunos de los cuales realizan tareas de conservación, así como viveros, criaderos, acuarios y bancos de germoplasma.

Como en el resto del mundo, el principal mecanismo de conservación en México lo constituyen las Áreas Naturales Protegidas (ANPS), que son porciones terrestres o acuáticas del territorio nacional representativas de los diversos ecosistemas, donde el ambiente original no ha sido alterado en lo esencial, y que generan beneficios diversos. Los objetivos que se han establecido para las ANPS son: preservar los ambientes naturales representativos de las diferentes regiones biogeográficas y ecológicas del país, así como los ecosistemas más frágiles, para asegurar el equilibrio y la continuidad de los procesos evolutivos y ecológicos; asegurar la preservación y el aprovechamiento sustentable de la biodiversidad en sus tres niveles de organización, en particular de las especies en peligro de extinción, amenazadas, endémicas, raras y las sujetas a protección especial.

Las Áreas Naturales Protegidas se crean mediante un decreto presidencial, y las actividades que pueden llevarse a cabo en ellas se establecen de acuerdo con la Ley General del Equilibrio Ecológico y Protección al Ambiente, el programa de manejo y los programas de ordenamiento ecológico. Dichas áreas están sujetas a regímenes especiales de protección, conservación, restauración y desarrollo, según las categorías establecidas en la citada legislación

Las condiciones que permitieron el establecimiento, consolidación y crecimiento de un sistema nacional de áreas naturales protegidas fueron tres: la política gubernamental, la participación social y una exitosa estrategia de financiamiento a largo plazo (González-Montagut, 2001). Durante el periodo 1994-2004, un equipo de profesionales técnicamente competentes y comprometidos con la conservación ha venido impulsando, desde la secretaría o ministerio del medio ambiente, la creación y crecimiento de ANPs; de tal suerte que, en tan sólo una década, el territorio del país pasó de algo más de 8 millones de hectáreas protegidas en 1994, a 17 millones de hectáreas en 2005 (fig. XII.2).

FIGURA XII.2 *Superficie (en millones de hectáreas) de las áreas naturales protegidas de México durante el periodo 1994-2004* (CONANP, 2004 y Conabio, 1996)

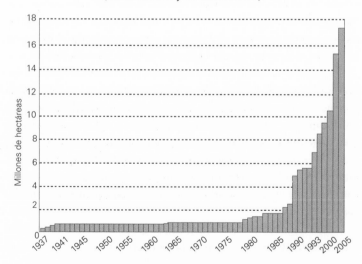

Estos esfuerzos fueron complementados y reforzados por dos iniciativas: la creación de consejos regionales, estatales y nacionales de ANPS que garantizan la participación de los diferentes sectores sociales involucrados en las tareas conservacionistas, y el establecimiento de una estrategia de financiamiento de largo plazo, que capta recursos provenientes de los sectores público, privado e internacional, mediante un mecanismo original que deja en manos de un custodio no gubernamental (el Fondo Mexicano para la Conservación de la Naturaleza) la captación, manejo y distribución de los apoyos (véase www.fmcn.org).

LAS ÁREAS NATURALES PROTEGIDAS COMO EJE DE LA CONSERVACIÓN

La protección de los hábitats es la forma más común y bajo ciertas circunstancias y condiciones, la más efectiva para preservar la diversidad biológica del planeta. Por lo anterior, la creación de áreas naturales protegidas se ha convertido en el objetivo por excelencia de toda política conservacionista en el mundo. Hoy en día existen en el planeta 105 mil áreas naturales protegidas en 220 países, con una superficie equivalente a 11.5 por ciento de la superficie planetaria (World Database on Protected Areas Conservation 2005), de las cuales aproximadamente 480 son Reservas de la Biosfera.

No obstante este indiscutible logro, hoy existe un intenso debate en los medios académicos y en las instituciones nacionales e internacionales dedicadas a la conservación, sobre la procedencia y viabilidad de concentrar todos los esfuerzos a la sola creación de áreas naturales protegidas (ANPS), (Boada y Toledo, 2003). De un lado, un grupo de científicos de alto nivel y prestigio académico, agrupados en torno a la organización Conservation International (www.conservation.org) han estado realizando valiosos estudios, con la colaboración de decenas de investigadores de todo el mundo, con el objeto de acrecentar, extender y optimizar la estrategia de creación de ANPS.

De acuerdo con esa corriente, la protección de la biodiversidad mundial es posible si se logran identificar, mediante la investigación científica de escala global, estrategias prioritarias que sean adoptadas tanto por gobiernos nacionales como por organismos de carácter internacional. A la fecha se han planteado, mediante abundantes evidencias y datos, tres principales estrategias de conservación a escala global: a) la identificación de países megadiversos; b) la identificación de ecorregiones terrestres claves ("hotspots"), y c) la identificación de regiones silvestres o vírgenes.

En el primer caso, se han logrado reconocer 17 países megadiversos (entre los que se encuentra México), que en conjunto albergan más de las dos terceras partes de toda la biodiversidad terrestre, dulceacuícola y marina del planeta (Mittermeir *et al.*, 1997). En el segundo caso, siguiendo una idea originalmente propuesta por el ecólogo inglés N. Myers, hoy es posible identificar en el mundo 34 regiones clave ("hotspots") donde se concentran altos niveles de biodiversidad, pero cuyos hábitats naturales han perdido 88% de su distribución original. Dado lo anterior, estas regiones claves contienen en sólo 1.4% de la superficie terrestre del planeta, un extraordinario depósito de riqueza biológica estimado en 40% de biodiversidad global (Mittermeier *et al.*, 1999 y 2004; Myers *et al.*, 2000; Myers, 2003). Aunque esta propuesta no ha estado exenta de críticas, su aporte ha convencido a innumerables instituciones gubernamentales, privadas y civiles de todo el mundo involucradas en la conservación.

Por último, la localización de 37 áreas consideradas las "últimas regiones vírgenes del mundo" con las más bajas densidades de población humana, han permitido establecer otra estrategia prioritaria. En conjunto, esas regiones contienen áreas intocadas o silvestres equivalentes a 46% de la superficie terrestre, es decir, casi la mitad del planeta sin incluir los mares, habitada por solamente 2.4% de la población humana del mundo (Mittermeier *et al.*, 2003).

Los análisis realizados y las conclusiones formuladas por los estudios de Conservation International hoy marcan las pautas conservacionistas y las políticas de buena parte de los gobiernos y de las principales organizaciones de nivel internacional, tales como el World Wildlife Fund for Nature (www.worldwildlife.org), y la International Union for Conservation of Nature (www.iucn.org).

Las áreas naturales protegidas son necesarias pero no suficientes: otra visión de la conservación

Contrarios a las posiciones anteriores, un creciente número de estudiosos ha comenzado a cuestionar los principales planteamientos de una estrategia conservacionista basada exclusiva o centralmente en las anps. Sus argumentos son varios. En primer lugar, se han multiplicado los análisis que ponen en duda el carácter prístino o intocado de muchas de las áreas o regiones consideradas como silvestres por su carácter remoto o su baja o nula presencia humana (Gómez-Pompa y Kaus, 1992). Aún en regiones aparentemente poco habitadas, como es el caso de la hoya Amazónica, existen registros antiguos y evidencias actuales de presencia e intervención humana.

Otro planteamiento establece que, por muy extendida y significativa que sea una red de anps, éstas estarán permanentemente amenazadas si más allá de sus límites ocurren cruentos fenómenos de irracionalidad ecológica, pues las islas de naturaleza intocada no son "campanas de cristal", impermeables o inmunes a los procesos de deterioro que tienen lugar en los ámbitos externos, sino que son sistemas abiertos, inmersos en un espacio y, por lo mismo, dotados de una cierta escala (véase el caso de la Reserva de la Biosfera de Montes Azules, en la figura XII.3).

También existen dudas sobre si la dimensión y extensión de las anps alcanzan a proteger fenómenos de clara importancia biológica y ecosistémica, tales como tamaños de territorios de especies vegetales y animales, movimientos de especies migratorias o de polinizadores, áreas de dispersión de plantas o servicios ambientales. De enorme interés son las críticas y propuestas surgidas desde la llamada ecología del paisaje y desde la teoría de la resiliencia

FIGURA XII.3 *Localización de asentamientos humanos dentro de los límites de la Reserva de la Biosfera Montes Azules, Chiapas*

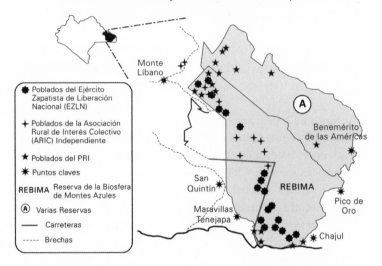

ecológica (Bengtsson *et al.*, 2003), que cuestionan la idea de las ANPS, porque no logran incorporar los procesos de gran escala y de larga duración, por los cuales los paisajes y los ecosistemas responden, dinámicamente, a los disturbios naturales o humanos.

La reciente aparición de nuevos fenómenos catastróficos de escala regional o global, tales como incendios forestales, huracanes o inundaciones, aparentemente provocados por una progresiva acumulación de procesos ecológicamente irracionales (contaminación industrial, mal uso de recursos naturales, etcétera), están afectando no sólo a reservas aisladas, sino a conjuntos o redes de ANPS. Estos fenómenos de gran escala (el cambio climático global) han contribuido a reconsiderar el valor de las áreas protegidas como refugios duraderos para la conservación (Hannah *et al.*, 2002; Lovejoy y Hanna, 2005).

Una visión diferente de la conservación, concibe entonces la creación de ANPS en permanente interacción con las áreas adyacentes y, finalmente, con los fenómenos externos, es decir, promueve la conservación biológica en íntima correlación con el desarrollo y, por lo mismo, con los factores sociales, económicos, culturales, demográficos y políticos que la afectan y la determinan (Primack *et al.*, 2001). Ello ha llevado a replantear la estrategia de la acción conservacionista. Esta visión se nutre, tanto de las intensas reflexiones teóricas de la conservación biológica que tuvieron lugar desde la década de los ochenta del siglo pasado, como de las dificultades, limitantes y amenazas surgidas durante la implementación de las áreas protectoras.

En suma, de acuerdo con esos críticos, la protección de la biodiversidad del planeta no se logrará a través de un conjunto limitado de áreas sustraídas al uso especializado y depredador de los modelos de producción industrial, es decir, mediante la mera creación de una suerte de "museos naturales", donde lo que suceda por fuera de esas islas de "naturaleza congelada" quede excluido de la preocupación protectora. Dicho de otra forma: *las ANPs son indudablemente necesarias, pero no suficientes* para preservar la diversidad biológica.

La estrategia bio-regional:
repensando la conservación

En un mundo que se vuelve más y más globalizado, donde los fenómenos sociales y naturales que ocurren en el espacio planetario se tornan cada vez más articulados y recíprocamente condicionados en la escala, el tiempo y la geografía, pensar en la conservación supone reconocer al menos tres principales postulados: a) el bio-social; b) el bio-cultural, y c) el bio-productivo (Toledo, 2005).

El postulado bio-social supone una concepción de la conservación, en íntima reciprocidad con el desarrollo social a diferentes escalas (local, regional, nacional, internacional y global). Nutrida por los avances logrados en la teoría del manejo de los ecosistemas y en la nueva filosofía del desarrollo sustentable, visualiza los esfuerzos protectores como parte de un conjunto de actos que tienden a lograr una interacción adecuada entre la sociedad y la naturaleza. Así, conservación de la biodiversidad, primero, y de los recursos naturales, en general después, es concebida como parte de una búsqueda mayor e incluso suprema: armonizar el metabolismo entre los procesos sociales y naturales.

El postulado bio-cultural, por su parte, pregona la imposibilidad de preservar la biodiversidad sin proteger la diversidad cultural y viceversa (Maffi, 2001; Toledo, 2001). Esta propuesta surge de la investigación acumulada en las últimas tres décadas por investigadores pertenecientes a los campos de la biología de la conservación, la lingüística y la antropología de las culturas contemporáneas, así como de la etnobiología y la etnoecología. Este postulado se ha nutrido de cuatro principales conjuntos de evidencias (véase Toledo, 2001): i) la superposición geográfica entre la riqueza biológica y la diversidad lingüística y ii) entre los territorios indígenas y las regiones de alto valor biológico (actuales y proyectadas), iii) la reconocida importancia de los pueblos indígenas como principales pobladores y manejadores de hábitats bien conservados y, iv) la certificación de un comportamiento orientado al conservacionismo entre los pueblos indígenas, derivado de su complejo de creencias-conocimientos-prácticas, de carácter premoderno.

Por último, el postulado bio-productivo impulsa acciones que buscan combinar la creación de un sistema (nacional, regional y global) de áreas naturales protegidas, con el manejo adecuado de la biodiversidad y otros recursos y servicios de los ecosistemas del planeta, bajo el principio general de "producir conservando y conservar produciendo". Por ello, los avances en la investigación, tales como el manejo autorregulable de los recursos naturales, el manejo participativo, o el manejo sustentable de los recursos naturales, sirven de base a una visión más amplia y eficaz del conservacionismo.

En esta perspectiva, la conservación de la biodiversidad no se limita a las áreas aisladas de la acción humana y de sus procesos productivos, sino que también se ocupa de su preservación en el resto de los espacios, tales como áreas agrícolas, pecuarias, de pesca, de recolección, caza y de manejo forestal y agroforestal, fragmentos o islas de vegetación, o zonas de "barbecho" con hábitats en diferentes estados de regeneración ecológica. Se trata de una suerte de "ecología de la reconciliación", donde el uso ecológicamente adecuado de los recursos naturales supone el mantenimiento y la salvaguarda de la biodiversidad en sus cuatro dimensiones (como variedad de paisajes, hábitats, especies y genes).

Finalmente, estos tres postulados desembocan, es decir, toman cuerpo en el espacio concreto, en una concepción cualitativamente superior a la de conservación: la creación y mantenimiento ya no de ANPS sino de bio-regiones (Halffter, 1996; Miller *et al.*, 2001), donde la protección de la biodiversidad se logra mediante la promoción y el manejo de mosaicos de paisajes, que incluye toda una gama de zonas de diferentes tamaños, formas y con distintos grados de intensidad de manejo.

La última parte de este ensayo estará dedicado a revisar someramente el caso del Corredor Biológico Mesoamericano, proyecto que busca llevar a la práctica esta última visión de la conservación en el sureste de México.

EL CORREDOR BIOLÓGICO MESOAMERICANO

El Corredor Biológico Mesoamericano (CBM) es un proyecto regional e internacional que tiene como propósito promover, tanto la conservación de la biodiversidad, como el desarrollo sustentable en los países centroamericanos y el sureste de México. El proyecto, que es financiado tanto por el llamado Fondo Fiduciario para el Medio Ambiente Mundial (GEF por sus siglas en inglés), como por los gobiernos de cada uno de los países involucrados, busca crear áreas de manejo adecuado de la biodiversidad y el resto de los recursos alrededor y entre las ANPS localizadas en los territorios seleccionados.

En México, el proyecto se inició en enero de 2002 y tendrá una duración de siete años y un costo de aproximadamente 90 millones de dólares. El proyecto involucra prácticamente a todos los sectores de la sociedad: gobiernos (federal, estatal y municipal), organismos no gubernamentales, organizaciones sociales (ejidos, comunidades, cooperativas), iniciativa privada e instituciones académicas y de investigación (Ramírez, 2003).

En territorio mexicano, el CBM contempla la creación de tres corredores: uno en Chiapas (norte y Sierra Madre); uno en la costa norte de Yucatán, que conectará las reservas de Ría Lagartos y Ría Celestún, y otro que unirá las reservas de Calakmul y Sian Kaan (de Campeche y Quintana Roo) (véase figura XII.4). Dentro de los corredores se han identificado, además, 16 áreas focales de acuerdo con criterios ecológicos y socioculturales. Según el estudio prospectivo del proyecto, 39% de la población registrada en los corredores (430 mil habitantes) es hablante de una lengua indígena y se reconoce como parte de alguna de las siete culturas identificadas (lacandones, choles, zoques, tojolabales, tzeltales, tzotziles y mayas yucatecos). Existe, además, en pocos números una población indígena proveniente del centro del país o refugiados de Guatemala. Aunque la presencia de la población indígena varía en cada área focal, desde 5 a 10% del total como es el caso del corredor del norte de Yucatán y el sur de Chiapas, hasta entre 50 y 100%, como sucede en Quintana Roo, Campeche y en tres de las cinco áreas focales del norte de Chiapas (Banco Mundial, 2001), su presencia se considera crucial por razones culturales, históricas y etnoecológicas (fig. XII.4).

El proyecto contempla la creación de por lo menos cuatro tipos de áreas alrededor de, y entre, las ANPs ya constituidas (Miller *et al.*, 2001): i) las *áreas núcleo*, que son las áreas excluidas de todo uso humano establecidas para preservar especies, procesos ecológicos y servicios ambientales, y que en esencia coinciden con el concepto de ANP; ii) las *áreas de amortiguamiento*, que son franjas de transición entre las anteriores y los espacios utilizados; iii) los *corredores*, que son áreas terrestres o acuáticas que facilitan el movimiento, dispersión y migración de las especies entre las áreas núcleo, y que por lo común están formadas por zonas de uso de

FIGURA XII.4. *El Corredor Biológico Mesoamericano y sus áreas focales*

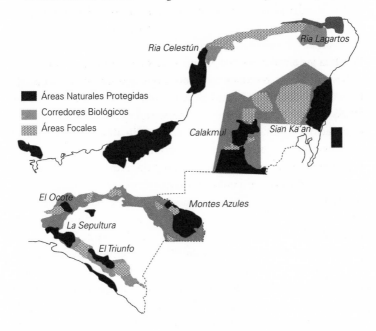

bajo impacto ecológico que ofrecen condiciones que reproducen, en diferentes grados, las condiciones de los hábitats naturales, y iv) las *áreas de uso múltiple*, que incluyen zonas dedicadas a toda una gama de actividades (agricultura, ganadería, pesca, extracción forestal, caza, agroforestería, etcétera) de pequeña escala y que contienen espacios bajo diferentes grados de intensidad de uso.

Estas últimas áreas coinciden conceptualmente con los principios de lo que se denomina el "manejo sustentable de los recursos naturales", es decir, son áreas donde se adopta una estrategia productiva dirigida a una nueva generación de productos y de servicios "ecológicos", "orgánicos" o "sustentables" por medio de procesos productivos que respetan los umbrales, ciclos y ritmos de los ecosistemas que se apropian.

La estrategia indígena del uso múltiple
y el futuro del cbm

Frente a las tendencias simplificadoras de la modernización agro-industrial en las regiones tropicales, que termina transformando toda la variedad de paisajes y su correspondiente riqueza de flora y fauna en monocultivos agrícolas, pecuarios (pastizales) o forestales (plantaciones), las comunidades rurales difícilmente logran niveles adecuados de calidad de vida y, por lo contrario, con frecuencia entran en crisis. Los análisis derivados de numerosos estudios de caso tanto en México como en otras partes del mundo, parecen indicar que las comunidades rurales sólo alcanzan a remontar esa situación de colapso cuando logran mantener una situación de carácter híbrido, que combina los logros de la "tradición" con los aspectos positivos de lo "moderno". Ello significa mantener una estrategia de uso múltiple que combine una producción que garantice el autoabasto familiar, comunitario y regional, con otra dirigida a colocar productos de alto valor en los mercados.

Las investigaciones realizadas en México han revelado que en el caso de las regiones tropicales, como las que dominan en las regiones atendidas por el cbm, existe una tendencia en numerosas comunidades indígenas a mantener un uso múltiple de los recursos como una estrategia para articularse exitosamente con los mercados, manteniendo e incluso incrementando la biodiversidad local y regional (Toledo *et al.*, 2003). Bajo esa estrategia, una sola comunidad utiliza entre 300 y 500 especies de plantas y animales mediante el manejo de mosaicos de paisaje y de los procesos de sucesión ecológica que tienen lugar en ellos (cuadro XII.2). Lo anterior hace que se mantenga un balance adecuado entre las diferentes actividades productivas y, por consecuencia, una variedad de paisajes, hábitats y especies.

El éxito del cbm dependerá de su habilidad para integrar adecuadamente, no sólo a los diferentes sectores involucrados en su

Cuadro XII.2 Biodiversidad útil (número de especies utilizadas) registrada en una comunidad indígena totonaca del norte de Veracruz bajo la estrategia del uso múltiple

	Bosque secundario		Milpa	Huerto familiar	Bosque maduro		Total
	Manejado	No manejado			Manejado	No manejado	
Plantas	108	13	72	97	58	32	234
Hongos	0	0	3	0	12	12	13
Mamíferos	13	0	8	11	12	5	30
Aves	40	0	13	41	18	5	61
Reptiles	3	0	0	2	2	0	3
Insectos	12	12	8	3	6	1	14
Total	176	25	104	154	108	55	355

Fuente: Toledo *et al.*, 1994.

puesta en práctica, sino especialmente a los actores productivos locales: las comunidades indígenas. Ello supone comprender cabalmente las maneras en que se deben articular los procesos productivos y sociales de dichas comunidades con las áreas núcleo, es decir, se deben establecer los principios de las áreas de amortiguamiento, de los corredores mismos y de las áreas de usos múltiples.

Todo parece indicar que es en el reconocimiento de la estrategia indígena del uso múltiple, que no es sino una recreación o adaptación endógena de un rasgo inherente a lo "tradicional", para enfrentar los retos del "mundo moderno", donde se encuentran las claves para alcanzar lo anterior. En su versión completa o ideal, la estrategia del uso múltiple (fig. XII.5) no sólo supone el mantenimiento de mosaicos donde coexisten fragmentos de selva

FIGURA XII.5 *Uso múltiple de los recursos naturales locales entre los mayas yucatecos. La estrategia incluye la producción agrícola de pequeña escala por medio de la milpa y otros sistemas, el aprovechamiento de las etapas sucesionales durante la regeneración de la selva, las selvas maduras, los huertos familiares, las selvas manejadas y los cuerpos de agua* (Barrera-Bassols y Toledo, 2005)

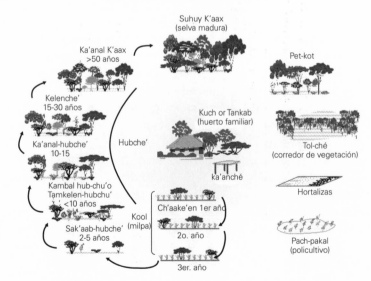

madura con áreas agrícolas, pecuarias agroforestales y de vegetación secundaria, sino el manejo de procesos ecológicos como el de la sucesión o recuperación de los ecosistemas.

En las últimas dos décadas, las comunidades indígenas de México han venido experimentando con innovadores proyectos productivos de inspiración ecológica, especialmente en el sur y sudeste del territorio, que se inscriben en la perspectiva del desarrollo rural sustentable (véase el capítulo VI: "La biodiversidad, las culturas y los pueblos indígenas"). Una parte representativa de esas experiencias exitosas se encuentra ubicada en, o cerca de, las áreas focales del CBM, y sus proyectos están dirigidos a realizar una producción adecuada tanto desde el punto de vista económico, como social y ecológico. Éste es el caso de las cooperativas y comunidades productoras de café orgánico de Chiapas, de miel en Campeche, de manejo de selvas tropicales para chicle y madera en Quintana Roo, y de turismo comunitario y ecológico en Yucatán y Chiapas (fig. XII.6).

Prácticamente sin excepción, los casos descritos en la figura XII.6 constituyen ejemplos que ilustran lo anterior. Productos como el café, la pimienta, la palma xiate, el chicle, las maderas o la miel, o bien servicios como el turismo comunitario, sirven como elementos para potenciar su inserción en los mercados regionales, nacionales e incluso globales, en tanto que la re-creación de la estrategia del uso múltiple garantiza, tanto la autosuficiencia familiar y comunitaria, como el mantenimiento de la biodiversidad local.

Por ejemplo, los estudios realizados recientemente sobre los sistemas agroforestales de café de las comunidades indígenas (café bajo sombra), han mostrado no sólo su valor como refugios de biodiversidad (Moguel y Toledo, 1999; Toledo *et al.*, 2003), sino su papel en la reforestación de áreas degradadas mediante el manejo de las dinámicas de los paisajes locales por parte de los productores indígenas y la restauración de las masas forestales. A conclusiones similares se puede llegar con los casos de las comunidades productoras de chicle, miel o madera que tienen lugar en Campeche y Quintana Roo.

FIGURA XII.6 *Principales experiencias de manejo sustentable de recursos naturales por organizaciones o comunidades indígenas de Chiapas, Quintana Roo, Campeche y Yucatán* (Toledo, 2005)

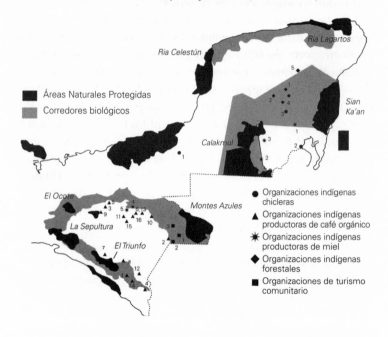

REFLEXIONES FINALES

En un contexto dominado por un industrialismo esencialmente depredador que, en el último siglo, ha acentuado la destrucción de los recursos naturales del planeta, conservar la biodiversidad en el ámbito de un país significa sostener un foco de resistencia ecológico, social y cultural frente a las fuerzas descomunales de un mundo cada vez más globalizado. Ello implica una orquestación de esfuerzos provenientes de prácticamente todos los sectores de la sociedad: oficinas gubernamentales en todos sus niveles, productores rurales, asociaciones de conservacionistas nacionales e internacionales, organismos no gubernamentales e instituciones diversas. Lo anterior también requiere de políticas adecuadas de conservación, información científica proveniente de los centros de investigación y financiamientos suficientes.

Como ha sido mostrado en este capítulo, hoy México está viviendo uno de los experimentos socioecológicos más avanzados y esperanzadores del orbe, porque está logrando esfuerzos colectivos y participativos de uso adecuado y conservación de la biodiversidad, en los que convergen dos tradiciones conservacionistas: la que proviene de una secuela histórica de varios miles de años, que hunde sus raíces en la antigua Mesoamérica, hoy representada por las comunidades indígenas, campesinas y pesqueras; y la que, surgida hace apenas unas décadas, representa la visión posmoderna, alternativa y ecológica de la conservación, y que incluye instituciones académicas, dependencias gubernamentales, iniciativa privada (nacional e internacional) y organizaciones no gubernamentales, todos ellos convergiendo en lo que puede llamarse el movimiento conservacionista.

Va a depender de las instituciones y de los actores individuales el que este esfuerzo de conservación de la biodiversidad del país se mantenga, crezca y se consolide de manera irreversible durante los próximos años.

Bibliografía

Banco Mundial, 2001, Proyecto Corredor Biológico Mesoamericano. Informe núm. 21136-ME, Washington, D. C.

Barrera-Bassols, N. y V. M. Toledo, 2005, "Ethnoecology of the Yucatec Maya: Symbolism, Knowledge and Management of Natural Resources", en *Journal of Latin American Geography*, 4(1), pp. 9-41.

Bengtsson, J., P. Angelstam, T. Elmqvist, U. Emanuelsson, C. Folke, M. Ihse, Moberg y M. Nystrom, 2003, "Reserves, Resilience and Dynamic Landscapes", en *Ambio*, 32(6), pp. 389-396.

Boada, M. y V. M. Toledo, 2002, *El planeta es nuestro cuerpo: ecología, ambientalismos y modernidad alternativa*, FCE, México.

Castillo, A. y V. M. Toledo, 2000, "Applying Ecology in the Third World: the Case of Mexico", en *Bioscience*, 50, pp. 66-76.

Challenger, A., 1998, *Utilización y conservación de los ecosistemas terrestres de México: pasado, presente y futuro*, Conabio, Instituto de Biología de la UNAM, Agrupación Sierra Madre, A. C.

Conanp (Comisión Nacional de Áreas Naturales Protegidas), 2002, *2° Aniversario: Perspectivas y Logros*, México.

Gómez-Pompa, A. y A. Kaus, 1992, "Taming the Wilderness Myth", en *Bioscience*, 42, pp. 271-279.

González-Montagut, R., 2001, "Una nueva estrategia de conservación en México", en R. Primack *et al.* (eds.), *Fundamentos de Conservación Biológica: perspectivas latinoamericanas*, FCE, México, pp. 650-652.

Halffter, G., 1996, "Biodiversity Conservation and Protected Areas in Tropical Countries", en Di Castri, F. y T. Younès (eds.), *Biodiversity, Science and Development*, International Union of Biological Sciences, CAB International, Wallingford, pp. 212-222.

Hannah, I., G. F. Midgley, T. Lovejoy, W. J. Bond, M. Bush, J. C. Lovett, D. Scott y F. I. Woodward, 2002, "Conservation of Biodiversity in a Changing Climate", en *Conservation Biology*, 16, pp. 11-15.

Lovejoy, T. E. y L. Hanna (eds.), 2005, *Climate Change and Biodiversity*, Yale University Press.

Maffi, L. (ed.), 2001, *On Biocultural Diversity: Linking Language, Knowledge and the Environment*, Smithsonian Institution Press, Washington, D.C., 578 pp.

Miller, K., E. Chang y N. Johnson, 2001, *Defining Common Ground for the Mesoamerican Biological Corridor*, World Resources Institute, Washington, D.C., 45 pp.

Mittermeier, R. y C. Goetsch-Mittermeier, 1997, *Megadiversidad: los países biológicamente más ricos del mundo*, Cemex, Agrupación Sierra Madre, México.

—————, N. Myers, P. Rohles-Gil y C. Goetsch-Mittermeier, 1999, *Hotspots: las ecorregiones biológicamente más ricas y más amenazadas del mundo*, Cemex, México.

—————, C. Goettsch-Mittermeier, P. Robles-Gil, J. Pilgrim, G. Fonseca, T. Brooks y W. R. Konstant, 2002, *Áreas silvestres: las últimas regiones vírgenes del mundo*, Cemex, Conservation International, Agrupación Sierra Madre, México, pp. 576 pp.

Mittermeier, R., P. Robles-Gil, M. Hoffmann, J. Pilgrim, T. Brooks, C. Goetsch-Mittermeier, J. Lamoreux y G. Fonseca, 2004, *Hotspots Revisited Earth's Biologically Richest and Most Endangered Ecoregions*, Cemex, México.

_____ *et al.*, *Earth's Biologically Richest and Most Endangered Ecoregions*, Cemex, México.

Moguel, P. y V. M. Toledo, 1999, "Biodiversity Conservation in Traditional Coffee Systems in Mexico", en *Conservation Biology*, 13, pp. 1-11.

Myers, N., 2003, "Biodiversity Hotspots Revisited", en *Bioscience*, 53, pp. 916-917.

_____, C. Goetsch-Mittermeier, 2000, "Biodiversity Hotspots for Conservation Priorities", en *Nature*, 403, pp. 853-858.

Primack, R., Rozzi, R. Feisinger, P. Dirzo, R. y F. Massardo (eds.), 2001, *Fundamentos de conservación biológica: perspectivas latinoamericanas*, FCE, México, 797 pp.

Ramírez, G., 2003, "El corredor biológico mesoamericano en México", *Biodiversitas*, pp. 4-7.

Toledo, V. M., 2001, "Indigenous Peoples and Biodiversity", *Encyclopedia of Biodiversity*, Academic Press, 3, pp. 451-463.

_____, 2005, "Re-pensar la conservación: ¿áreas naturales protegidas o conservación bio-regional?" en *Gaceta ecológica*, 77, pp. 67-83.

_____, P. Alarcón Chaires, P. Moguel, M. Olivo, A. Cabrera y A. Rodríguez-Aldabe, 2002, "Biodiversidad y pueblos indios en México y Centroamérica", en *Biodiversitas*, 43, pp. 1-8.

_____, B. Ortiz, L. Cortés, P. Moguel y M. J. Ordóñez, 2003, "The Multiple Use of Tropical Forests by Indigenous Peoples in México: a Case of Adaptive Management", en *Conservation Ecology*, 7(3), p. 9.

Notas sobre los autores

Verónica Aguilar. Dirección Técnica de Análisis y Prioridades, Comisión Nacional para el Conocimiento y Uso de la Biodiversidad (Conabio); correo electrónico: vaguilar@xolo.conabio.gob.mx

Pablo Alarcón-Cháires. Centro de Investigaciones en Ecosistemas, Universidad Nacional Autónoma de México (unam); correo electrónico: palarcon@oikos.unam.mx

Eckart Boege. Instituto Nacional de Antropología e Historia (inah); correo electrónico: eboege@prodigy.net.mx.

Javier Caballero. Jardín Botánico, Universidad Nacional Autónoma de México (unam); correo electrónico: jcnieto@servidor.unam.mx.

Alejandro Casas. Centro de Investigaciones en Ecosistemas, Universidad Nacional Autónoma de México (unam); correo electrónico: acasas@oikos.unam.mx

Laura Cortés. Jardín Botánico, Universidad Nacional Autónoma de México (unam); correo electrónico: zarraga@ibiologia.unam.mx

Leticia Durand. Centro Regional de Investigaciones Multidisciplinarias, Universidad Nacional Autónoma de México (unam); correo electrónico: leticiad@servidor.unam.mx

Carlos Fragoso. Departamento Biología de Suelos, Instituto de Ecología A. C.; correo electrónico: fragosoc@ecologia.edu.mx

Jordan Golubov. Universidad Autónoma Metropolitana-Xochimilco; correo electrónico: jgolubov@miranda.unam.mx

Raúl Jiménez. Dirección General de Bioinformática, Comisión Nacional para el Conocimiento y Uso de la Biodiversidad (Conabio); correo electrónico: dgb@xolo.conabio.gob.mx

Patricia Koleff. Dirección Técnica de Análisis y Prioridades, Comisión Nacional para el Conocimiento y Uso de la Biodiversidad (Conabio); correo electrónico: pkoleff@xolo.conabio.gob.mx

Andrea Martínez-Ballesté. Jardín Botánico, Universidad Nacional Autónoma de México (unam); correo electrónico: mba@ibiolo gia.unam.mx

Patricia Moguel. Etnoecología, A. C.; correo electrónico: patric moguel@yahoo.com.mx

Lucila Neyra. Programa Recursos Biológicos Colectivos, Comisión Nacional para el Conocimiento y Uso de la Biodiversidad (Conabio); correo electrónico: lneyra@xolo.conabio.gob.mx

Sol Ortiz García. Instituto Nacional de Ecología (ine); correo electrónico: solortiz@ine.gob.mx

Edgar Pérez-Negrón. Centro de Investigaciones en Ecosistemas, Universidad Nacional Autónoma de México (unam); correo electrónico: esouza@oikos.unam.mx

Patricia Rojas. Departamento Biología de Suelos, Instituto de Ecología A. C.; correo electrónico: rojaspat@ecologia.edu.mx

Jorge Soberón. Instituto de Ecología, Universidad Nacional Autónoma de México (unam); correo electrónico: jsoberon@xolo.cona bio.gob.mx

Leonor Solís. Centro de Investigaciones en Ecosistemas, Universidad Nacional Autónoma de México (unam); correo electrónico: lsolis@oikos.unam.mx

Víctor M. Toledo. Centro de Investigaciones en Ecosistemas, Universidad Nacional Autónoma de México (unam); correo electrónico: vtoledo@oikos.unam.mx

Alfonso Valiente-Banuet. Instituto de Ecología, Universidad Nacional Autónoma de México (unam); correo electrónico: avalient@ecologia.unam.mx

Enriqueta Velarde. Centro de Ecología y Pesquerías, Universidad Veracruzana (uv); correo electrónico: enriqueta_velarde@yahoo.com.mx